戴维斯王朝

The
Davis Dynasty
Fifty Years of Successful Investing on Wall Street

约翰 · 罗斯柴尔德（John Rothchild）◎ 著
杨天南 ◎ 译

中国人民大学出版社
· 北京 ·

图书在版编目（CIP）数据

戴维斯王朝/约翰·罗斯柴尔德著；杨天南译. —北京：中国人民大学出版社，2018.11
ISBN 978-7-300-26204-8

Ⅰ.①戴… Ⅱ.①约… ②杨… Ⅲ.①金融家—家族—史料—美国
Ⅳ.①K837.125.34

中国版本图书馆 CIP 数据核字（2018）第 209100 号

戴维斯王朝
约翰·罗斯柴尔德 著
杨天南 译
Daiweisi Wangchao

出版发行	中国人民大学出版社		
社　　址	北京中关村大街 31 号	**邮政编码**	100080
电　　话	010－62511242（总编室）		010－62511770（质管部）
	010－82501766（邮购部）		010－62514148（门市部）
	010－62515195（发行公司）		010－62515275（盗版举报）
网　　址	http://www.crup.com.cn		
	http://www.ttrnet.com（人大教研网）		
经　　销	新华书店		
印　　刷	涿州市星河印刷有限公司		
规　　格	148 mm×210 mm　32 开本	**版　　次**	2018 年 11 月第 1 版
印　　张	12.375 插页 2	**印　　次**	2022 年 6 月第 11 次印刷
字　　数	210 000	**定　　价**	69.00 元

译者序：一生杠杆戴维斯

杨天南

北京金石致远投资管理有限公司 CEO

这是一本关于一个家族祖孙三代的投资故事。投资界有一个如雷贯耳的名词——戴维斯双击（Davis Double Play），就出自戴维斯家族。

《戴维斯王朝》是我翻译的第四本有关投资的书。翻译投资经典、撰写专栏文章，这些并非我的主业。之所以工作繁忙之际还做这些，是因为这符合我“边际成本增量不大”的原则。翻译不但可以促进自己的学习、思考，还可以分享知识、泽被他人。令人意想不到的是，随着读者的日益增多，在被称为“投资界写文章最好的人”之外，我又有了一个新的称呼：“被投资耽误了的翻译家”。

十多年前，当我第一次读《戴维斯王朝》时，最吸引我的地方是该书所覆盖的宏大历史画卷。该书记录的戴维斯家族投资历程，经历了2次漫长的牛市、25次调整、2次严酷的熊市、1次大崩盘、7次温和的熊市、9次衰退；第二次世界大战、冷战、人类登月、石油危机、“漂亮五十”的崛起与崩溃；1次总统遇刺、1次总统辞职、1次总统遭到弹劾；34年的利率上升和18年的利率下降……

戴维斯家族打破了“富不过三代”的魔咒，历经经济的盛衰兴替，股市的牛熊起伏，屹立华尔街50年而不倒，的确值得我们认真研读。

在人们的印象里，美国股市一直很规范，似乎应该到处都是“巴菲特”。以至于我20年前在洛杉矶遇见的一位来自北京的朋友竟天真地抱怨：“不都说美国股市规范吗，怎么我买了美股也亏钱啊!”

当我们有机会读完《戴维斯王朝》这本书后，认真的读者至少会得到一个印象：没有谁的成功是容易的。如果我们觉得别人的成功是容易的，那是因为没有看到别人背后的付出。

戴维斯1909年出生于一个普通家庭，后来与企业家的女儿凯瑟琳结婚，以女方5万美元嫁妆做投资本金，在其85岁离世时创造了9亿美元的财富。历时47年，年化复利回报达23.18%。

家族第二代谢尔比掌管的基金，20年中有16年战胜标普500指数，累计收益37.9倍，年化复利回报19.9%，超越同期标普指数4.7%。

家族第三代克里斯掌管的基金，1995—2013年年化复利回报 11.95%，同期标普表现为 7.61%。

众所周知，股价（price）＝ 每股盈利（EPS）× 市盈率（PE）。在不同的市场阶段，投资人会给出不同的估值水平（PE）。对于同一个标的，熊市中人们或许只愿意给 10 倍 PE 或更低的估值，而在牛市中却愿意给出 20 倍或更高也无所谓。

所以，如果伴随着公司盈利的提升，恰好又遇见牛市中信心的提振，股价就会出现正向戴维斯双击效应。例如，每股盈利 1 元、PE 为 10 倍的股票，价格为 10 元；当公司盈利提升到 2 元，正好遇见牛市，PE 估值提升至 20 倍，此时的股价会达到 40 元。即在盈利上升 100%的情况下，股价可以上升 300%。这就是著名的戴维斯双击理论。

但当遇见公司盈利下滑，同时遭遇熊市时，就会出现极其惨烈的反向作用，可以称为“戴维斯双杀”。老戴维斯正是靠着双击的绝技，以保险股为母矿，积累了巨额财富，投资对象包括巴菲特的伯克希尔以及很多日本保险公司。他之所以投资金融类股票，根本的原因是“金钱永不过时”。

戴维斯家族极其注重节俭，甚至引发两代人之间的纷争。一天小孙子跟着老戴维斯上街溜达，想向爷爷要 1 美元买个热狗吃。爷爷严肃地说：“如果你将这 1 美元进行投资，每 5 年翻一番，等你到了我的年纪，50 年之后，这 1 美元就会变成 1 024 美元。你现在有这么饿吗?”克里斯多年之后回忆，这个 1 000

美元热狗的故事教会了他三件事：(1) 金钱的价值；(2) 复利的价值；(3) 自己有钱的重要性。

书中还披露了很少有人留意的一点，在贯穿戴维斯一生的投资生涯中，几乎始终保持一倍的财务杠杆，也就是有100万美元时，持股200万美元；有1 000万美元时，持股2 000万美元。

使用杠杆投资可以说是双刃剑，一直是个广受争议的话题。2018年7月美国科技股巨头脸书因成长未达预期，股价一天大跌20%，蒸发1 200亿美元；过去半年，腾讯市值也跌去1万亿港元（约合四分之一市值）。遇见这样的大跌，杠杆的使用可能导致投资爆仓的致命危险。

在戴维斯的投资生涯中也屡遭这样的打击，例如他担任美国驻瑞士大使期间，遭遇了70年代初的惨烈熊市，财富缩水严重。但尽管如此，整体而言，杠杆的运用对于戴维斯奇迹的产生有着不可忽视的巨大作用。

看到这里，一定会有人跳出来大声叫道："戴维斯根本就不是一个价值投资者!"如果戴维斯还活着，或许会云淡风轻地来一句："到底是投资成功重要？还是成为一个价值投资者重要?"这倒是更值得深思的一个话题。

序

彼得·林奇

通过《戴维斯王朝》这本书，约翰·罗斯柴尔德为我们讲述了一个家族了不起的真实投资故事，反映了华尔街变迁的上上下下，记录了戴维斯家族投资的前前后后，从最近的经济情况回溯到历史上的无数次经济衰退、通货膨胀、牛市、熊市，等等。通过这些，人们可以看到这个家族在不断变化的世界中所做出的应对。同时，对于当下股市流行的短线思维，这本书所显现出来的长期历史观是一剂良药。历史从来都是牛熊交替，循环不已。

通过这本书，我们会看到两个层面的东西。在个人层面，我们将会看到老一代的谢尔比·戴维斯如何教会儿子谢尔比·戴维斯（就像乔治·布什给儿子起名也是乔治·布什一样，连“小”都没有加上，老一代的戴维斯给儿子起的名字与自己的一模一样。为了避免混淆，下文我将父亲称为“戴维斯”，将儿子称为“谢尔比”。）节俭生活，以及如何通过股票投资积累财富（通过运用父亲的方法，戴维斯家族第二代成功地运营着一家共同基金）。在经济层面，戴维斯家族一直以来面对的挑战，也是长期投资者在未来必须面对的问题。无论投资资金规模大小，每一个家庭的投资管理者都会从这本书中找到答案，受益匪浅。

当年，我在富达麦哲伦基金担任基金经理时，与老戴维斯见过几次面。我们在讨论会上或电话里进行过讨论，还有一两次是在我的办公室，我们的话题常常围绕保险类和金融类的股票。

我很荣幸地注意到，老戴维斯提到的很多投资箴言，都出现在我写的书中。对此，我并不应贪功归己，因为他比我早 20 年就已经将这些理论付诸实践。他的儿孙们继续运用这些选股技能，就像我在管理麦哲伦基金时一样。而他们的整个投资理念简直与我如出一辙，真可谓“英雄所见略同”。

对于那些天天在股票投资中焦虑不安的家庭而言，罗斯柴尔德这本书提供的引人入胜的真实故事，绝对能起到令人心平气和的效果，因为戴维斯一家将长期投资的时间框架从一代人延伸至三代。在此期间，无论富足还是贫穷，无论牛市还是熊市，他们都坚持不懈。与他们最终获得的富足相比，那些曾经的艰苦岁月早已无足轻重；与他们多年耕耘的资本硕果相比，那些当初有限的工薪收入早已微不足道。通过持有保险类股票，戴维斯取得的成就比业内绝大多数行家都更为显著，甚至说在这个圈子里无出其右者，也并不为过。

社会上有一句流行语误导人的观点：“股票是年轻人的，债券是老年人的。”这个观点在这里被颠覆了。虽然债券有时也会胜出，但为了复利最大化，股票可以被永久性持有。尽管通常而言投资起步早好过起步晚，但老戴维斯以自己的亲身经历证明了，一个人即便起步晚也能取得投资成功。1947 年，当老戴维斯开始他的保险股投资生涯的时候，已经 38 岁，但他最终依然赚得了九位数的财富。这些精彩故事都收录在这本书中。

我一直主张，每个投资者应该投资于自己熟悉的领域。这个策略常常被人忽视，无论是医生、工程师等专业人士，还是非专业人士。我见证了太多人放弃自己熟知的领域，这山望着那山高，蜂拥投身于青葱勃发的互联网投机大军。与此相反，老戴维斯利用在纽约州政府保险司工作岗位上学到的知识，将资金投资在自己所了解的行业里。当他意识到如何解码这些保险公司之后，他知道自己遇到了人生的大金矿，罗斯柴尔德称之为“母脉”。那是 20 世纪 40 年代后期，当时很多保险公司的股价没有反映出它们背后所隐藏的资产。面对这种物超所值的机会，老戴维斯没有袖手旁观、坐而论道，而是即刻开始行动。他辞去政府公职，放弃了稳定的薪水，开始了自己的保险投资生涯。当发现无法说服客户投资保险股票之后，他用自己的钱践行心中认定的规划。伟大的投资要求独立的精神和勇气，人弃我取，众人不屑往往是捡便宜货的大好时机。

在我管理麦哲伦基金的早期，有一小段时间，我曾经将超过15%的资金放在保险类股票上。6个月后，基本面的情况恶化，我改变了主意，仓皇出清大部分持股。在那之后，我虽偶然会发现某只喜欢的股票（例如美国家庭人寿保险公司AFLAC），但我再也没有重仓过市场上的某一类企业或板块。我遇见过各种投资机会，小型的或大型的、国内的或国外的、快速成长的或慢速成长的、兴旺繁荣的或遇到麻烦又涅槃重生的。

在这些选择过程中，我与戴维斯家族的方法有所不同，但有一个重要的地方我们是相同的。我有相当大部分的获利来源于低增长行业的股票，而它们看起来利润乏善可陈，预期回报也低。在各行各业大多数普通公司里，寻找那些能令人眼前一亮的具有竞争力的公司，我常常会发现价格适中的了不起的成长型公司（例如玩具反斗城、拉昆塔汽车旅馆、塔可钟快餐等）。

同样，在保险板块和之后的银行板块，戴维斯父子以便宜的价格买入了行业的佼佼者。而在同期，他们有意避开的那些高度竞争的高科技公司正命运逆转，光芒耀眼。

今天保险公司已经不再是热门，你不会听到很多大学毕业的年轻人说他们的梦想是进入保险业。尽管保险行业对于大多数人不再具有吸引力，但它依然吸引了一些杰出的运营管理者，例如美国国际集团（AIG）的汉克·格林伯格。自20世纪70年代，AIG逐渐在格林伯格手中锻造成为一台股东的赚钱机器。戴维斯家族持有AIG和其他一些具有优秀领导者的公司股票，并由此获得了巨大收益。

根据罗斯柴尔德的记述，戴维斯是个十分节俭的人。例如，对于他而言，换一个新的网球拍是举手之劳，可他一直用着老旧的网球拍。这本书充满了戴维斯家族极端节俭的例子，甚至一些读者会觉得这种节俭有些病态、怪异、烦人。但这种将钱包攥得紧紧的行为方式给儿孙们留下了极为深刻的印象，也为他们上了很好的一堂经济课，那就是量入为出，将所有节省下来的钱投资在股票上。近年来，美国储蓄率达到了历史最低水平，但少花钱、多储蓄是一件利国利民的好事情。

戴维斯拒绝将财富留给下一代，他传给儿子——谢尔比·戴维斯一件世代相传的礼物，就是理解复利以及如何选股的常识。这也是典型的华尔街智慧，授之以鱼不如授之以渔。戴维斯决定将“鱼”直接输送给各个大学和基金会，以及他所支持的研究智库，而教育后人如何成为一个好的渔夫。

戴维斯家族的第二代——谢尔比在年轻时就成为了一名基金经理，并在1969年接手了纽约风险基金。那时，我还是刚刚加入富达基金的新兵。我们曾经碰面寒暄过，但没有机会长谈。

在我的印象中，他风度翩翩，脚踏实地，埋头于工作。但他并没有像他父亲那样热衷于保险类股票，他将戴维斯的选股方法运用扩展到了其他行业。

我们的投资风格依然不同，我持有大量零售业和连锁餐馆的股票，它们的年成长率在15%～20%。但谢尔比回避零售业股，他喜欢那些看起来不那么诱人的稳健型股票，它们的年成长率在10%～15%。经历了20世纪70年代早期的熊市，我们都避开了那些遭到惨重打击的“漂亮五十”股票，而在其他领域寻找机会。有时，我们会不约而同地选中同一家公司，例如一度陷入困境的房利美公司，它的业务是买卖和打包房屋按揭贷款。我们不会仅仅因为股价低廉而买入一家陷入困境的公司，我们买入房利美的股票是因为看到了它可以有效处理麻烦的执行力。

在20世纪50年代后期的储贷危机中，我们都发现了银行业的投资机会。我一度持有相当多的储贷行业的股票，如有任何将储贷社上市的可能性的话，那它很可能就在我的组合之中。在权威人士大谈特谈花旗银行是否会倒闭的时候，谢尔比却乘低出手了。我们对于金融机构运作原理的熟悉，令我们在该行业悲凉恐慌之时，敢于大举买入。我们清楚我们的目标公司都具备偿付能力，而且其基本面在不断改善之中。

戴维斯于1994年离世，3年后，谢尔比也从活跃的基金管理岗位退休了。戴维斯家族第三代——克里斯和安德鲁——正服务于纽约风险基金和其他戴维斯系列的基金。我相信他们从爷爷和父亲身上得到的投资传承将继续大放异彩，对此我不会有丝毫的意外。他们对于世界的预期既不乐观，也不悲观，这有利于他们的事业发展。

我们都听说过，忽视历史的人将会重蹈覆辙。在华尔街，历史周而复始地循环上演，正如同调整和熊市迟早会迎来牛市一样。那些对于这些规律无知的投资者，他们的命运本来并非注定，但他们可能会因为在不恰当的时候卖出股票而亏钱。罗斯柴尔德的这本《戴维斯王朝》在字里行间充满着智慧，并给读者提供了观看戏剧般的享受，可谓文质彬彬、表里俱佳的作品。

戴维斯家族简史

1906—1909 年

谢尔比·卡洛姆·戴维斯，1909 年出生于皮奥里亚。旧金山饱受地震与火灾肆虐已达三年之久。华尔街的恐慌情绪令道琼斯指数下跌 32%，跌至 53 点。带着高礼帽的金融家 J. P. 摩根拯救了美国银行体系。

1928—1930 年

戴维斯毕业于普林斯顿大学，他未来的妻子凯瑟琳·沃瑟曼毕业于韦尔斯利（旧译卫斯理）学院。两人攻读的都是国际政治学*。他们对于股市都毫无兴趣，没有受到 1929 年大崩溃的影响。

---

* 此处疑有误，根据后文，二人攻读的当为俄国历史。——译者

1930—1931 年

未来的投资家（谢尔比・戴维斯）与未来的资助者（凯瑟琳・沃瑟曼）在法国的火车上相遇。两人随后返回纽约，都在哥伦比亚大学攻读硕士学位。大萧条开始了，但这对年轻人没有消沉。

1932 年

戴维斯和凯瑟琳这对勤奋好学的年轻人在纽约按照民间仪式举行了婚礼。股市在底部盘桓，道琼斯指数跌至 41 点。新婚夫妇乘船去欧洲。戴维斯在哥伦比亚广播公司找到一份工作。

1933 年

蜜月结束了，戴维斯在姐夫的投资公司里第一次接触到股票。5 年的隐形牛市令一小部分手中有资金并勇敢买入的人大获其利。这段意外的牛市行情在历史上经常被忽略，对于这段历史的记录，充满了无家可归者和失业大军。

1937 年

戴维斯从姐夫的投资公司辞职，成为一名自由作家。股市的牛市结束了，道琼斯指数从 194 点跌至 98 点。戴维斯的儿子谢尔比出生，成为尚未成形的戴维斯投资法的传人。

1938 年

戴维斯的女儿戴安娜出生。戴维斯的著作《面向四十年代的美国》准备面世。托马斯·E. 杜威（纽约州州长，总统竞选人）读了戴维斯的著作，对其很满意，聘请他作为经济顾问兼演讲撰稿人。

1941—1942 年

戴维斯未能抗拒低价诱惑，以 33 000 美元买入一个纽约证券交易所的席位。道琼斯指数下滑至 92 点，回到 1906 年的水平。美国卷入第二次世界大战。

1944 年

作为戴维斯担任顾问的回报，杜威州长提名他做州保险司副司长。在这里，戴维斯遇到了他一生中的大金矿，即“母脉”：保险行业。战时，股市反弹，道琼斯指数涨至 212 点。

1947 年

38 岁的戴维斯辞去州政府公职，拿着从妻子凯瑟琳那里借来的 5 万美元，开始了他的保险股投资生涯。他的办公室开在华尔街附近。平和的气氛中透着不安，道琼斯指数暴跌至 161 点，因为人们担心平和的氛围反而不利于经济的发展。专家给出的建议是：“买债券吧！”但债券市场的表现实在令人大失所望，长达 34 年的债券熊市开始了。

1952 年

戴维斯成为账面上的百万富翁。经历了 23 年漫长努力之后，道琼斯指数终于超越了 1929 年的 381 点。

1957 年

戴维斯的儿子谢尔比从普林斯顿大学毕业，进入华尔街，在纽约银行担任股票分析师。股市奔腾，道琼斯指数直逼 1 000 点。

1961 年

对于 380 万美元的信托基金安排，戴维斯与女儿戴安娜意见不合。这件家庭纠纷连续数日成为纽约大报小报的头版新闻。

1962 年

戴维斯飞往日本，访问多家保险公司并进行投资，这是他一生中收获最丰的旅行。

1963—1965 年

戴维斯家族第三代降生，谢尔比的妻子温迪在纽约曼哈顿诞下安德鲁和克里斯。谢尔比离开纽约银行，和其他两位合伙人成立了一家小型投资公司。

1965—1968 年

自 20 世纪 20 年代以来，出现了前所未见的基金狂热。道琼斯指数在 1 000 点上下波动，这一水平一直到 17 年之后才被打破。权威人士宣称，前景无限的高科技所带来的永久性繁荣的“新时代”已经到来。连续三波大熊市开始了第一波下跌。

1969 年

戴维斯被任命为美国驻瑞士大使，他与妻子凯瑟琳收拾行装前往伯尔尼。儿子谢尔比和助手杰里米·比格斯接手纽约风险基金。三波熊市的第二波继续打击着投资者，那些曾经前景无限的科技股板块持续重挫、风光不再。

1970 年

谢尔比的纽约风险基金成为年度表现最佳基金，荣获《商业周刊》赞誉。但不久，也成为表现垫底的基金。

1973—1974 年

三波大熊市的第三波，这是 1929—1932 年世界大危机以来最糟糕的市况。道琼斯指数从 1 051 点跌至 577 点，大跌 45%。曾经风光无限的“漂亮五十”成分股跌得更厉害，跌幅在 70%～90%。最初参与谢尔比纽约风险基金的投资人，在时隔 5 年之后依然没有一分钱的盈利。

1975 年

戴维斯大使从瑞士归来，他 3 年前价值 5 000 万美元的股票投资组合，现在蒸发得仅剩下 2 000 万美元。儿子谢尔比与妻子温迪离婚，很快与盖尔·兰辛结婚。谢尔比领导的纽约风险基金采用了新的选股投资方法，使得基金此后长盛不衰。

1981 年

肆虐 20 世纪 70 年代的通货膨胀终于得到遏制。长达 20 年的利率下跌开始了，长达 20 年的股市好时光开始了。但仅有少数乐观派预测到了这一点。

1983 年

谢尔比作为单独基金经理，带领旗下的纽约风险基金连续七年跑赢标普 500 指数。

1987 年

股市崩盘，全球恐慌。戴维斯大幅加仓，抢入便宜货。

1988 年

戴维斯名列福布斯美国 400 富豪榜，他的投资组合价值 4.27 亿美元。由于旗下基金可靠的优异表现，儿子谢尔比名列福布斯荣誉榜。

1990 年

戴维斯之孙克里斯在爷爷的纽约办公室里任职。

1991 年

戴维斯之孙克里斯出任戴维斯基金的投资经理。道琼斯指数为 3 000 点。

1993 年

戴维斯之孙安德鲁掌管戴维斯可转换和房地产基金（由其灵感触发而成立）。移居圣达菲。

1994 年

戴维斯离世，留下 9 亿美元的信托。其子谢尔比、其孙克里斯将戴维斯的原有持股抛出，将变现资金投入纽约风险基金和其他戴维斯基金。戴维斯的财产与智慧最终汇集在这些投资账户里。

1995 年

戴维斯之孙克里斯出任纽约风险基金共同管理人，他的兄弟安德鲁对于稍低一些的职位也感到满意。道琼斯指数达到 5 000 点。

1997 年

在纽约风险基金成立 28 周年之际，戴维斯之子谢尔比六十大寿，他退居幕后充当顾问角色，由儿子（戴维斯之孙）克里斯独挑大梁。谢尔比将自己的 4 500 万美元捐给了世界联合学院的奖学金项目。这是他给孩子们的一个信号：他们不会继承父辈的财富，就像他没有继承爷爷的财富一样。

1998—2000 年

戴维斯之孙安德鲁、克里斯和新的合作伙伴肯・范伯格一起，面对着气喘吁吁的牛市。

目录

CONTENTS

导言

纵横华尔街三代50年的家族

这本书最初的想法是描述基金经理谢尔比·戴维斯。他管理纽约风险基金长达28年，为他的投资人创造了辉煌的业绩，每一个最初投资的1万美元成长为37.9万美元。但谢尔比和他的基金很低调，很少大肆宣扬。在这28年中，他有22年击败市场大盘。这个纪录足以令他与富达公司管理麦哲伦基金的彼得·林奇比肩。我对此非常好奇，他是如何做到的？

我们在佛罗里达州棕榈海滩的一个海鲜馆共进晚餐。周围来来往往的都是穿着蓝色运动衣、灰白头发的人，谢尔比也穿着蓝色运动衣。他体型精瘦，有着一张大男孩的脸。他既有趣又谦虚，聊着聊着，他避开关于自己的话题，转而谈到惠普公司最近公布的季度财报上。对于房利美公司能够摆脱经济荣枯周期而表现出盈利持续增长，他大加赞赏。当他谈起富国银行与西北银行的合并，听起来像是一场令人激动的法国式幽会。

5万美元到9亿美元的传奇

我们更进一步的交流是在纽约的世界贸易中心97层，谢尔比在那里有一间办公室。在会议桌前，他详细谈到了其激动人心却鲜为人知的职业生涯。根据他的讲述，对他选股智慧影响最大的是另外一位谢尔比·戴维斯——他的父亲。谢尔比说："我父亲比我更擅长股票投资。他将5万美元变成了9亿美元，绝大多数投的是保险股。"他这样说，倒是让我觉得他父亲本身就可以作为很好的一本书的主题。

9亿美元可绝对是个引人注目的焦点。谢尔比详细描述了他的父亲。戴维斯曾经是一位自由作家、共和党竞选顾问、纽约州保险司的公务员。1947年，戴维斯38岁时，在没有工商管理专业硕士（MBA）的背景和正式经济方面培训的情况下，辞去公职，成为一名全职的保险行业股票的探路者。亲友们对他的选择都抱怀疑态度。那时"中年危机"这个词还没出现，否则，他们一定会给戴维斯戴上一顶这样的帽子。

在接下来的45年中，戴维斯精心驾驭着他的投资组合，成为华尔街最伟大的富豪之一。从他的经历看，基本上可以说，无论是经历繁荣还是萧条，爵士乐的衰落还是披头士的流行，他始终牢牢抓住保险股不放。当美国的保险股价格过于昂贵时，他就买入日本的保险股。到了20世纪60年代，他持有的日本保险股票就像鞭炮声中受惊的鸽子一样，腾空而起。到1994年他离世时，他已经赚了1.8万倍。

这不是一个白手起家的故事，这更像是一个经营有道而致富的故事。戴维斯最初的投资本金来自他的夫人凯瑟琳·沃瑟曼，她是费城一个地毯大亨的女儿。在1947年，绝大多数美国人只能在梦中才可能有5万美元进行股票投资。当然，这个故事的结尾还是激动人心和充满希望的：一个中年才开始投资的前专栏作家最终成为一个身价近10亿美元的大富翁。尽管在保险圈子之外，戴维斯就像谢尔比一样，并不广为人知。

“我父亲名列福布斯富豪榜是在1988年，”谢尔比说，“那只不过是15秒的名气而已。”福布斯富豪榜倒是提醒了我，这里缺乏所谓的“被动投资者”。富豪榜中满是硅谷精英、企业狙击手、房地产开发商、发明家、零售商、制造商、媒体大亨、石油巨头、银行家等，这些人是这个榜单的常客。如果说通过选择其他公司股票而上榜的人，我只能想到一个：沃伦·巴菲特。

戴维斯与巴菲特

我问谢尔比，他父亲是否与巴菲特见过面。“见过几次，”他说，“他们算是熟人，并且他们有很多共同之处。”谢尔比继续道，他们两人都在数十年的时间里，让自己的资金取得了23％～24％的年化增长率，这令人印象深刻。① 两人都是在保险业赚了大钱，而且，巴菲特还直接拥有两家保险公司。保险行业被华尔街那些老于世故的专家斥为“乏味”“无聊”“不值得理会”，而这两位探路者却在这里发现了埋藏的宝藏，难道这仅仅是巧合吗？保险这个天使迷人而有趣，但我们应该全身投入吗？

戴维斯和巴菲特，这两位都是大名鼎鼎的铁公鸡，虽拥有亿万家财，却勤俭节约。戴维斯穿的是磨出洞的鞋子，虫蛀的毛衣，打网球用的也是旧球拍和球。巴菲特穿的是老土的西

---

① 巴菲特拥有一家上市公司，这给予他比戴维斯更多的资本优势，戴维斯的资本仅仅来自配偶。戴维斯只能依靠融资的方式来提高回报率，他从银行获得贷款，买进更多的股票。当融资手段可以人为提高回报的同时，也有其不利的一面。在熊市期间，很多能力不佳的使用融资杠杆的投资者会被迫卖出组合投资以偿还负债。但是，戴维斯总是能履险如夷，保持其投资组合的完好无损。在 20 世纪 90 年代的牛市中，伴随着社会稳定和电缆箱的运用，很多投资者都认为，20％的年回报率是理所应当的。但着眼于股市时间越长，人们开始意识到 20％是非常稀罕的回报，所以，当彼得・林奇在长达 16 年的时间里取得年化 20％的回报时，声名大振。所以，23％的复利回报极为罕见，戴维斯由此登上福布斯富豪榜，巴菲特也是如此。巴菲特名列美国榜第一或第二位，这取决于比尔・盖茨在该年度的表现。

装，喜欢将零钱攒起来。根据罗杰·洛温斯坦写的巴菲特传记，在巴菲特已经是大富翁之后，有一次在机场，他的同伴说需要用机场的付费电话打一个简短的电话。（当时付费电话是每次通话需要一个 10 美分的硬币。）巴菲特从自己的钱包里摸出一个 25 美分的硬币，但他并没有直接将硬币递给他心急火燎的朋友，而是走过长长的走廊，找到一个报摊去换零钱。

当他们的财富增长到七位数、八位数、九位数的时候，他们依然住在 20 世纪 40 年代、50 年代购买的并不豪华的房子里。戴维斯的房子在纽约的塔里敦，巴菲特的房子在内布拉斯加的奥马哈。当巴菲特的妻子为朴素的居所购买了 1.5 万美元的家具时，“就像杀了巴菲特一样”。洛温斯坦的书《巴菲特传：一个美国资本家的成长》记录了他们的一位朋友的评价。巴菲特说：“你知道这些钱以复利增长，20 年之后会是多少钱？”戴维斯在拒绝他的小孙子想用 1 美元买一个热狗时，说过几乎同样的话。

当巴菲特的财富越过 10 亿美元大关后，一向低调的巴菲特咬着牙买了一架商务飞机，命名为“无可原谅号”。戴维斯从来没有像巴菲特这样买过如此奢侈的东西。

巴菲特和戴维斯的共同之处很多，可以这么一直比较下去。巴菲特拥有财富超过 200 亿美元，经常出现在福布斯排行榜的顶部；戴维斯的名字虽然也出现在富豪榜很多次，但处于榜单不太起眼的中部。巴菲特的成就广受赞誉，而戴维斯并非尽人皆知。谢尔比建议我只写他父亲，对此，我认真考虑过，题目可以定为“你从来没有听说过的最好的投资家”或“来自世界上第二伟大的选股者的秘密”。

节俭与复利

戴维斯本人已经无法为我们提供故事的细节了，他于1994年离世，留下了巨额的账面财富，却几乎没有留下什么账面的记录。他不写日志或日记，他也没有保存过去发行的保险周刊的副本。一些内在的洞见，例如“买进100股丘博股票”，他会写在旧信封上，或票根上，这样可以节省买记事本的钱。这样的草草记录也早已被丢入垃圾桶。

戴维斯投资早期的那些密友和搭档都渐渐离世，他的妻子凯瑟琳（谢尔比的母亲，最初5万美元投资本金的提供者）答应尽可能地配合回忆当初的细节，但她已经九十高龄，虽然精神不错，却也无法回忆起当年丈夫的投资策略。她那一代人，丈夫们认为商业和家庭是区分开来的。

提供信息最多的是其同名同姓的儿子，也就是我原本打算写的主角谢尔比。1937年谢尔比出生，他在成长过程中，看着父亲如何分析公司，跟着父亲一起会见上市公司首席执行官（CEO），学习金钱如何以72法则[①]方式增值。这个简单的计算公式经过美国国父之一、大腹便便的本·富兰克林的解释，便具有了激动人心的结果。一个便士的储蓄不再仅仅意味着一个便士的所得，如果它能翻25番将会达到67.1万美元！

凡是买过乐透彩票的人都知道，赢得百万美元大奖的概率比基于DNA检测而判定O. J. 辛普森无罪的概率还小。如果一个年轻人有每周用10美元买乐透彩票的习惯，现在他放弃赢大奖的幻想，转而用同样的习惯坚持投资于一个每年10%回报（这是戴维斯回报的低配标准）的普通基金，那么，30年后他一定能成为百万富翁。

对于他的儿子，戴维斯将一些理念传递了下来，例如拥有精心挑选的公司的股票（他称之为“复利机器”）、拥有最好的复利机器会获得无法想象的报偿、反对不必要的开支（为什么将可以投资的钱浪费掉？）以及对于工作的狂热。谢尔比承认，他作为一个基金经理的成功源于小时候所受到的

① 72法则告诉人们，基于回报率的不同，需要多长时间可以将投资本金翻一番。如果是投资债券，回报率是可预测的，但投资股票，你只能有根据地推测回报率。一旦你得到了具体的回报率数值（例如10%，20%等），就用72除以该数值。例如，以10%作为回报率，得到的结果是7.2（72/10），这意味着你需要7.2年可以将投资翻一番。如果是20%，你需要3.6年翻一番。快速的计算显示，在超过40年时间里，戴维斯的年化回报率为23%。万一你有兴趣在家里试一试，可以看看一笔钱如果以20%的复利增长18年，会如何让你以神奇的“复利”形式变得富有：10万美元会变成320万美元；25万美元会变成800万美元。

训练。戴维斯不仅构建了穿越半个世纪、经历各种市况而依然可以胜出的投资组合，在节俭敬业方面，他也塑造了下一代人具有同样执着的精神。

亲疏父子

步入成年的谢尔比，简直就是父亲的翻版。他在劳伦斯维尔中学（戴维斯的寄宿学校）读书，从普林斯顿大学（戴维斯的母校）毕业，参与校刊工作（戴维斯也是），娶了一个富裕家庭女子（戴维斯也一样）。像父亲一样，谢尔比学的是历史，同时学习会计、资产负债表解析、证券分析等的基本原理。谢尔比亦认为公司领导力的无形价值胜过账面数据上的有形价值。他绝不会让统计数据的叶片阻碍自己对树木的观察。

像父亲一样，他拒绝了读 MBA 的道路。通过言传身教，戴维斯已经说服谢尔比，华尔街最受欢迎的学位已经产生令人麻木的一致性，而戴维斯正是由于避开这个特性才大获其利。当大众向右的时候，戴维斯向左，逆向投资是戴维斯取胜的关键。当大多数专家鼓吹债券的时候，他买进股票；当其他人对保险股退避三舍、避之犹恐不及的时候，他却如饥似渴地买入。像父亲一样，谢尔比辞去安稳的工作（银行里的职位），开始了职业股票投资生涯。

尽管戴维斯父子有这么多相似之处，但他们之间的关系却很难用融洽来形容。在谢尔比的记忆中，他那极具影响力的父亲常常是一个感情冷淡、与人疏远、心不在焉、爱争执的人，并且经常不在家。从谢尔比的青少年时代到成人，父子二人在表面的热情之下，话不投机、意见不合的情况一直存在。

谢尔比讲述了一个例子。戴维斯曾经为谢尔比和戴安娜兄妹分别设立了信托基金，但后来又将戴安娜信托中的钱撤回了，原因是他高明的投资赚的钱太多，以至于使得戴安娜舒适富有的程度超过了戴维斯本人。对于儿子谢尔比，戴维斯也会显示出他争强好胜的一面，每一年他都会将资金的投资成绩亮给谢尔比看，但不置一词，似乎在说："怎么样？你的投资成绩能不能超过这个？"对此，谢尔比心中很反感，充满消极抗拒情绪。在谢尔比上大学期间，戴维斯给儿子写过几封充满说教的信，但是谢尔比从来都不回信。临近从普林斯顿大学毕业时，戴维斯暗示希望儿子到他的公司工作，但谢尔比断然拒绝了："他支付给我的工资太低了。"后来，谢尔比创立了自己的投资管理公司，戴维斯也从来没有在儿子的公司里进行过投资。这两个从同一个基因库里成长出来的天才投资家很少交流投资看法或彼此表达赞赏。直到年老的戴维斯身体渐渐走下坡路之前，他对自己表现卓越的投资组合的构成始终守口如瓶，秘不示人。

当我听着这些细节时，我最初联想到的是家庭肥皂剧，而极度节俭的生活习惯是戴维斯成功投资故事的娱乐花边。但当我进一步思考之后，发现这两者直接关联交错在一起。通过紧紧地捏紧钱包，戴维斯可以有最大限度的资金进行投资，以取得最大限度的回报。他不赞成公司花费过度，就如同不赞同家庭花费过度一样。他喜欢购买那些具有节约精神的管理层的公司的股票，他们使用投资人的钱如同使用自己家的钱一样。

他喜欢的CEO类型是那种冷峻而又志趣与之相投的人，是具有成本意识的工作狂，AIG的汉克·格林伯格就属于这种人。戴维斯将自己的投资限制在AIG和其他保险公司的股票上，因为保险类股票比非保险类股票具有更可观的价格折扣，并且与流行、热门的板块——通常是要不了多久就会高折损的高科技股——相比具有更大的折扣。他对于高价的拒绝让他拥有只廉价购买节俭公司股票的纪律。如此一来，他的日常生活、公司生活、华尔街生活让他处于“以合理的价格投资成长”的阵营，与之相对立的是华尔街上流行的、危险的“以任何价格投资成长”的阵营。

最终，复利和积累财富的观念并未随着戴维斯的离去而消失，他教会了孩子们极度节俭的美德。全家人都节约着每一分钱，积累了数以百万计的财富，直到孩子们二十多岁，才知道自己出自家财百万贯的家庭。谢尔比和戴安娜的成长伴随着在农场干活：堆木柴、清理落叶、从鸡窝里收集鸡蛋、铲雪。他们被告知不要在餐馆里点龙虾或鲜橙汁。当孩子们请求在院子里建一个游泳池时，戴维斯答应了他们的请求，但有一个条件：他们必须自己挖。

他的目标是让后人能够自食其力，而不是依赖家庭的慷慨赠予度日。如此一来，他就可以将毕生积累用于最有价值的事业上。作为因循复利的主题，戴维斯计划将他的财富留给传统基金会这样的机构，他主张企业的自由竞争，抗议针对资本主义的政治威胁。这样，他的资金将有助于美国体制的延续，使得其他人能够成功运用自己的资本，而他们的努力无须承担过度的税收、过度的管制。有了投资者友好型的领导阶层，才能最大限度地继续保持整个国家的繁荣昌盛。

在我们这位传奇英雄的前二十年，戴维斯取得的胜利全部来自保险股的投资组合。20 世纪 50 年代，谢尔比步入社会，在纽约银行工作了八年之后离开，与两个朋友开创了自己小而精的投资公司。不久，他们的小公司掌管了当时初出茅庐、后来大名鼎鼎的纽约风险基金。在谢尔比出任基金经理的头一年，他抓住热门的科技股，在基金排行榜中名列前茅。第二年，遭遇 1969—1970 年的熊市，持有相同股票的谢尔比在同样的基金排名中表现垫底。正如一个作家寻找适合自己的写作风格，谢尔比也在不断完善着自己的投资组合，寻找适合自己的投资策略。

在经历了随之而来的 1973—1974 年熊市之后，谢尔比掌管的纽约风险基金的表现开始渐渐转好。通过不断试错、不断调整，他探索出自己的一套投资策略，融合但又不同于父亲戴维斯的投资方法。他的投资组合不再仅仅局限于保险类股票，而是扩大到包括银行、券商以及其他公司股票，但这些公司都具备戴维斯所偏爱的那些保险公司身上具有的特质。他以“折扣价格购买成长型公司股”，将绝大多数基金同行远远甩在后面。

1975 年，戴维斯驻瑞士大使任期届满，返回美国。他在上面提到的两次熊市中遭受了重大打击，损失惨重，财富净值从 5 000 万美元跌到了 2 000 万美元。但随后保险类股票大幅反弹，到了 80 年代中期，他的投资组合也迅速以复利形式增长。没用多久，那 3 000 万美元的损失看起来已经无关痛痒。在接下来的十五年里，戴维斯赚了 7.5 亿美元。

至此，我们了解了戴维斯时代，他运用自己的投资原则独来独往；然后是谢尔比时代，第一代与第二代人同时在进行投资，但相互之间并无太多协同合作。再下来，到了家族第三代——克里斯和安德鲁时代。第一代已经老去，第二代依然在继续管理着纽约风险基金，第三代运用戴维斯的投资策略管理着自己的基金。

家族第三代

成长于 20 世纪六七十年代，克里斯和安德鲁学习了复利的魔力和 72 法则，这是戴维斯家族对于黄金法则的补充完善。在青少年时代，克里斯就在爷爷的办公室里做兼职。夏季来临的时候，他就与爷爷签约成为缅因州家里的厨师和司机。虽然爷爷戴维斯与父亲谢尔比关系有隙，但克里斯两边都处理得很好。

在进入华尔街之前，克里斯经历过“菲德尔万岁”、崇拜卡斯特罗的阶段，他谴责“资本主义的走狗”；也经历过杜利特医生阶段，考虑成为一名兽医；还经历过弗拉纳根阶段，着迷于成为一名牧师。从那之后，他才转入戴维斯的轨道，参与了一家波士顿银行的培训，之后在一家纽约的小型投资公司里工作。1989 年，他的爷爷聘用他作为学徒。三十年前被谢尔比拒绝的工作（谢尔比曾说：“他支付我的工资太低了。”），现在克里斯欣然接受了。

与此同时，弟弟安德鲁在进入戴维斯的投资领域时却没有那么曲折。他在科尔比学院学的是经济学和商学，之后，在波士顿的肖马特银行和纽约的潘恩韦伯工作。最后，安德鲁加入家庭投资管理事业，掌管了父亲谢尔比心中认为专门为他发行设立的两只基金（房地产基金和可转换债券基金）。

爷爷此时已经饱受病痛折磨，1990 年，81 岁的戴维斯中风。在确认克里斯已经完成了大部分学徒工作后，谢尔比聘用克里斯离开爷爷的办公室去管理戴维斯金融基金，这是一个新基金，为的是给家族第三代证明自己能力的机会。克里斯将他自己的办公室和爷爷的办公室从华尔街搬到了第五大道，但在华尔街还保留了一个办公室，以便与在市中心的世贸中心办公的谢尔比保持紧密的接触。克里斯促成了戴维斯和谢尔比和好如初，1994 年，戴维斯弥留之际，谢尔比来到父亲的床前握着他的手，送他安详离世。

戴维斯的骨灰埋葬在缅因州，他的财产分布在戴维斯系列基金里。家族两代人的胜利战果现在合在一起，交给第三代人掌管。

这本书谈的是长期投资，在这里，长期不是 15 分钟，也不是到下个季度的财报发布，甚至也不是到下一个经济周期。买入并持有在今天是一个非常流行的概念，戴维斯家族提供了一个历时 50 年的学习样本，这个样本不仅仅是关于如何管理投资组合，也是关于如何教育出身优秀的子女，打破信托财富、努力工作、自力更生，让家庭财富持续保持复利增长。真正的长期投资，不是 5 年或 10 年，而是永远。

戴维斯家族的金融活动开始于 20 世纪 40 年代，那时，绝大多数美国人不敢持有股票。经历了 20 世纪 90 年代，那时，绝大多数美国人不敢不持有股票。一路走来，他们的投资经历了两次漫长的牛市、25 次调整、两次严酷的熊市、一次大崩盘、七次温和的熊市、九次衰退，三次重大的战争，一次总统遇刺、一次总统辞职、一次总统遭到弹劾，34 年的利率上升和 18 年的利率下降，漫长的与通货膨胀的斗争；也经历了当股票下跌时债券上升，或是债券下跌时股票上升，或是黄金上升时债券和股票都下跌；还经历了储蓄账户所得回报超过道琼斯指数总和的情况。让我们阅读戴维斯家族的历史，看他们如何曲折前进，借此我们可以看到股票市场的兴衰起伏。

综观戴维斯家族的谱系，整个 20 世纪的股市可以分解为三个大牛市和两个大熊市，其间夹杂着一些中场修整和渐渐恢复的阶段。三次大牛市的时间分别是：1910—1929 年、1949—1969 年、1982 年至今。每次长达 20 年的股市上升都是得益于经济的繁荣、科技的进步、公司利润的提升以及估值的飙升。消费者手中有了更多可支配现金和强烈的消费倾向。

两次大熊市发生在 1929—1932 年和 1970—1974 年。1921—1929 年、1949—1969 年这两个时期股市上积累的财富，大多在这两次熊市中土崩瓦解。如果你持有的是最热门行业中最热门的股票，你的损失也是最大的。更有甚者，由于大众通常会在股市上升时一路买进，根据以往的经验，大多数小投资者来来回回变得更穷了。通过基金进行投资被认为比直接购买股票要安全很多，但是，基金的平均表现比之股票也差不多，甚至更差。

在市场恢复阶段，股票的表现时而游移不定，时而稍有振作，时而低落。从 1932 年的底部，市场恢复元气用了超过 20 年时间；从 1974 年的底部，几乎用了 8 年时间。每一次进入阴阳转换期，大众都会丧失对股票的热爱。

阅读戴维斯展现出来的市场传奇和家族成功故事，令人受益良多，戴维斯的选股方法产生了良好的回报，通过运用这些方法，读者也一定能获益匪浅。

第一章/*Chapter One*

戴维斯遇上资助者

谢尔比·卡洛姆·戴维斯，1909 年出生在一个环境优美的城市皮奥里亚，每当人们看到这个名字就会想起一个著名的问题："它会在皮奥里亚上演吗?"从戴维斯的家谱可以看出，他母亲这一系的祖先有一位曾是"五月花"号的乘客（当年英国移民到达美洲的最早船只），他父亲这一系的祖先则是詹姆斯敦的原住民。与他同名的叔祖父——谢尔比·卡洛姆·戴维斯——曾担任过一届伊利诺伊州的州长、四届美国众议院议员和六届美国参议院议员。

尽管当时回扣无处不在、私下交易泛滥，被选举的官员将各种快速致富的方案强加给选民，但令人惊讶的是，美国政治并没有像其他一些国家一样堕落，而是在 20 世纪创造了引人注目的、持续不断的财富。美国各处，从小镇、城市到州，记者们四处挖掘大量的腐败丑闻。但是腐败丑闻似乎总是与民主党人有关，因为金钱泛滥的时代，为什么不让腰缠万贯的中立派成为统治阶层？有着“五月花”血统的参议员总是仰仗高贵出身混饭吃，但出身不能解决所有问题。

戴维斯的叔祖父并不是为了赚钱而从政。实际上，他将与控制铁路的金钱巨头做斗争作为其政治使命。他反对哈里曼、范德比尔特以及其他铁路大亨，就如同他反对一夫多妻制一样。在 19 世纪美国农业地区，主张“一夫一妻制”和“农场货物的价格公平”是当时社会运动的主题。

一旦巨头们买下重要铁路线，或驱逐了其他竞争对手，他们即刻提高货运费率，从运输牲畜、小麦、玉米以及其他食物中获利。可以想象，成群的钻进钱眼里的各界大亨，从烤面包的到做火柴盒的，无一例外，都在追求垄断。面对垄断现象的泛滥，消费者大呼：“无商不奸!”权力中心华盛顿终于做出了回应，法院支持国会通过的新法案，以严格的规定保护企业自由竞争。这一大快人心的解决方案对当时的社会具有讽刺意味，其中也有戴维斯叔祖父的一份功劳。他还推动了州际商会的成立，在 1887 年成功挫败了铁路集团的阴谋。1912 年，82 岁高龄的卡洛姆第六次也是最后一次当选参议员，后来他在办公室里与世长辞，3 岁的戴维斯参加了叔祖父的葬礼。

在卡洛姆生活的年代，美国成长最快的行业是铁路。戴维斯后来写道，铁路公司的管理者就像“庞大军队里的将军一样”。由钢铁和煤渣建成的高速公路——互联网高速公路的先驱——让人浮想联翩，吸引了比历史上任何建设行业都更多的投资者。自 19 世纪中叶起，公众集资铺设了连接东西海岸的铁路，以现金交换着无限供给的股票和债券。在股市失宠之时，铁路公司会利用债券融资满足它们的扩张需求。理论上讲，这些公司的借据比股票更为安全，因为发行人有义务返还债券持有人本金加利息；而股票的发行人对于股票持有人没有这些义务。然而，实际上，这种所谓“更安全”的替代品至少对于两代投资人而言非常危险。选择发行债券的方式，铁路公司便背负了大量利息负担，以至于经常无力偿还。在遇到经济萧条和其他危机时，它们只能通过债券违约和破产解决问题。

这些投资人在铁路“庞大军队”上了昂贵的一课：即便一个成长迅速、有着广阔前景的行业，也不能保证给它的财务支持者提供满意的回报。铁路公司曾经是最可靠的蓝筹公司，然而在清偿能力方面却不是最可靠的。股东们眼睁睁看着他们“保守安全的”铁路股票在频繁的恐慌和熊市中下跌，债券持有人则稍微幸运，他们至少可以取回本金。

在美国铁路的建设中，外国投资者是最大的输家，尤其是英国人。他们未能抵御 19 世纪新兴的美国市场的诱惑，就像后来的美国未能抵御 20 世纪末新兴的亚洲市场的诱惑一样。大量英国资本在美国铁路、公路的建设中折戟沉沙，数量惊人，尽管这并非出于自愿。小心点儿吧，来自全球各地的资本家！新兴的、快速增长的行业，并不意味着对于外国热情人士的丰厚回报，美国铁路业的故事就是证明。

无忧童年与历史专业

当时，戴维斯年龄尚小，没有机会接触铁路金融风潮，而他的父母（父亲乔治·戴维斯，母亲朱莉娅·卡洛姆）也和股票、债券没有什么关系。他们在皮奥里亚过着舒适的生活，生活来源是家庭拥有的位于街角的小店铺。正是这种稳定的生活使得乔治·戴维斯在金钱方面没有什么雄心壮志。

在普林斯顿大学完成了建筑专业的学业后，乔治·戴维斯有过一段短暂而成功的企业家经历。1898 年，在阿拉斯加淘金热期间，他投身于西北太平洋的热潮中，但是他加入的时间太晚了，没逮住机会。当听说很多先期到达的人忘了给马匹准备过冬的草料，他在西雅图租下一条驳船，满载干草，运到阿拉斯加。干草很快一抢而空，卖了个好价钱。凭此一役，乔治·戴维斯获利超过了绝大多数掘金者。李维·斯特劳斯（李维斯牛仔裤创始人）干了同样的事情，只不过在裤子行业，规模更大而已。

在乔治·戴维斯返回皮奥里亚与卡洛姆家族联姻后，他的建筑学实践时常间断，如果还算是在继续的话。他的穿着像一个华尔街的投资银行家，坚持别人叫他“法官”（这是他在大学里的绰号）。他不断给编辑投稿，并且靠店铺收入过活。他管这叫作“管好自己的事情”。

戴维斯的整个童年，全家靠着店铺租金收入过着无忧无虑的好时光。他和他的兄弟拥有乡间俱乐部的会员资格，并且有着普林斯顿大学预科的学习机会。租金如此充裕，甚至他们每年有 1 000 美元到手，奖励他们兄弟二人不吸烟。他们的父亲长期吸烟，饱受肺病折磨，他可不想自己的孩子重蹈覆辙。

在平凡无奇的父亲身边成长，这个日后世界上第二伟大的股票投资家，在以间接的方式为未来做着准备。从很早开始，戴维斯就决心努力工作，不靠家里的荫庇，摆脱家庭的负面影响。他在皮奥里亚做过各种暑期工和下午工，家庭的影响教会了他在街头叫卖，卖那些头条新闻诸如“第一次世界大战结束了”的报纸。这是标准的学校男生的样子，让人无法将这个形象与世界上最伟大的投资家沃伦·巴菲特联系起来。根据巴菲特的传记，年轻的巴菲特的做法是，付钱给小伙伴们，让他们在奥马哈各处的高尔夫球场搜集失落丢弃的高尔夫球，然后将它们卖给高尔夫用品专卖店。

在大萧条时期，戴维斯离开了皮奥里亚，经济危机严重影响了家庭收入，迫使戴维斯一家需要节衣缩食。他的父亲，那位“法官”，也厉行节约。“用完、穿破、凑合、克服”等词语，都是他的箴言和使命。他认真对待这些使命，有一次，他去东部看儿子，在一个车站停下来，见到一个电报局，于是给他夫人发了一封电报，提醒她：“离开家的时候，别忘了拔下电子钟的插头！”

在学校期间，戴维斯在劳伦斯维尔中学和普林斯顿大学均表现良好。他在这两所学校都担任了校刊的执行编辑。在劳伦斯维尔中学，他被选为最具成功潜力的人。在普林斯顿大学，他加入了外围社会团体——宪章俱乐部。后来，由于他的犹太室友特里弗斯遭到歧视，他以退出俱乐部作为抗议。之后，他还是留了下来（在特里弗斯的请求下），但不再像以前那么态度积极。他喜欢波希米亚风格，对于奢华消费，例如浣熊皮大衣、银质瓶子、金表等，不屑一顾。父亲的节俭风格对他发挥着影响，这种勤俭节约的风格贯穿于他的生活习惯之中，并在日后最大限度地使之发挥了资本潜力。

戴维斯的学生时代对于经济和金融毫无兴趣，他的专业是历史，并对俄国革命有着广泛的了解。1924 年，美国第一本金融畅销书《作为长期投资的普通股》出现在书店里，但当时戴维斯还在读预科。该书作者埃德加·劳伦斯·史密斯认为，股票是可靠的和值得拥有的投资对象，即便对寡妇和孤儿也不例外。这个一反传统的关于股票的观点，与华尔街对于赌马的回答类似。史密斯认为，当时的美国人正处于一个财源滚滚、前景广阔的“新时代”。

在这个“现代、开明的时代”——史密斯这样描写 20 世纪 20 年代中期——投资者和消费者得益于“新兴的公司管理科学”，这门学问使美国公司在全球市场中获得了利润丰厚的优势地位。

遇见生命中的贵人

1921 年，道琼斯指数低至 63 点，这一低点曾在 1888 年出现过。到 1929 年，道琼斯指数达到巅峰的 381 点，史密斯的乐观态度终于被大众接受。那些十年前对低迷股市唯恐避之不及的人，却在牛市中蜂拥入市。美国基金行业的先锋——马萨诸塞投资信托基金、投资企业道富银行，先后在波士顿成立。典型的投资者看重的是分红，而不是公司盈利。铁路公司作为典型的蓝筹公司，不断发行新股吸引那些保守的寻求安全回报的投资者。当时，铁路被称为“美国的 20%行业”，因为它们消耗了美国国内 20%的钢铁、煤炭、木材以及燃油的总产值。铁路行业已经度过了不值得信任的青春期，现在正值壮年，达到了值得信任、高枕无忧的阶段。十年之间，铁路股指数翻番有余。

戴维斯当时是否读过史密斯的书不得而知，但是史密斯提到的观念到处流传，他不可能没有一点耳闻，他也不可能看不到报纸上连篇的关于那些“融资百万富翁”如何借钱快速发财的报道。

尽管当时的戴维斯距离后来走上投资的道路还有四分之一世纪，他却在一趟前往法国的列车上遇见了生命中的贵人，未来的资助者——未来的妻子凯瑟琳·沃瑟曼。回顾戴维斯投资成功的传奇故事，其最初的投资资本，并非来源于家里皮奥里亚的街头店铺收入，而是来源于纺织业。这个来源于纺织业的资本种子，此刻就放在一个信托基金里，这个信托的受益人就是此时坐在车厢过道对面的安静女孩。

凯瑟琳打量着这位后来成为她丈夫的年轻人：线条分明的小麦色面孔、粗花呢制的英伦夹克、更显精致的肘间皮质补丁——那分明是常春藤联盟的制服。她留意到他的肢体语言（害羞的眼神、斜倚的肩膀）与他的着装并不相称。她察觉到了他与女性相处时的局促，猜到他不会主动打招呼，于是她打破了沉默：“下一站是日内瓦吗？”

他们发现两人都在日内瓦下车，都是来参加由洛克菲勒赞助的瑞士暑期学校。这个学校将世界各地的学生精英聚集在一起，洛克菲勒家族希望全球这些高智商年轻人中的一小部分可以成为国家领袖，如果他们还能记得当年曾一起度过的美好时光，就会减少相互间的战争。这个目标是乐观的，这所学校至少已经促成了一桩前景光明的联盟——戴维斯和凯瑟琳。

戴维斯具有“五月花”血统，凯瑟琳则具有埃利斯岛血统。但他们发现双方有很多共同之处，两人都出身名校（一个是普林斯顿大学，一个是韦尔斯利学院），都攻读俄国历史，在到瑞士之前，两人都曾经去过苏联及其周边地区。戴维斯曾经到列宁格勒和莫斯科参加学术会议，凯瑟琳曾经在高加索的荒原上策马，睡过帐篷，与吉普赛人一起野营，和部落的酋长进行过物物交易，也对付过不少好色之徒。

凯瑟琳比眼前这个曾经的《普林斯顿日报》前任编辑年长两岁，有着更多的浪漫经历。她曾经与姐姐“剩下的”大男生约会过，与他们相比，戴维斯就像一个小弟弟。

凯瑟琳家族

初次约会从瑞士的一个公园开始，仅仅是简单的散散步，他们的浪漫之花在节约的前提下开始徐徐绽放。他们一个聊聊皮奥里亚什么样，一个说说费城的故事。戴维斯知道了凯瑟琳父辈的故事。沃瑟曼家族有三个兄弟：约瑟夫、霍华德、伊萨克，其中约瑟夫·沃瑟曼是凯瑟琳的父亲。1895 年三兄弟在费城开了一家地毯工厂，不久之后又开了一家毛绒品公司。之后，二者合并为艺术织品公司，生产地毯，规模不小，占据了利哈伊的整个街区。这家公司于 1925 年上市。

约瑟夫·沃瑟曼是公司的主要决策人，他曾经在新墨西哥州有过零售经验。他的哥哥伊萨克有个发明，可以在切割地毯时不损伤地毯的纹理。这项新技术使得沃瑟曼家族在同业中具有明显的竞争优势——他们可以在一台织布机上同时生产两块地毯。他的弟弟霍华德死于梅毒，他拒绝了本可以查明早期病毒的沃瑟曼试验（该名称源于沃瑟曼家族一个德国远亲对科学的贡献）。

伴随着消费增长和机织地毯的繁荣，美国纺织业的股票大放异彩。

约瑟夫·沃瑟曼娶了伊迪丝·斯蒂克斯为妻，一位性格火辣的妇女参政论者，性格独立，曾经与工人们一起游行反对丈夫的地毯厂。她的丈夫警告她："如果他们得逞了，工厂就完蛋了!"伊迪丝对此毫不理睬，不过不是在床上。他们生了两个儿子（其中一个夭折）和三个女儿，凯瑟琳是其中最小的一个。沃瑟曼对孩子的家庭教育还是受到了男性至上主义传统的影响：男孩学商科，女孩学艺术、音乐以及如何找一个好丈夫。在当时那个年代，能干的女人们在博物馆、医院、学校、基金会、类似于学术机构的地方做些"女人们的工作"，她们不会涉及"男人们的工作"——任何与商业相关的事。

约瑟夫·沃瑟曼夫妇去了很多地方，最后在费城维萨肯大街 6600 号安了家，家中摆满了精美的古董和具有异域风情的纪念品，见证了他们频繁的、耗资不菲的周游世界的旅途。英国和意大利的家具，荷兰和德国的画作，菲拉·菲利皮诺·利皮、布龙齐诺、庚斯博罗等大师的作品，叙利亚的玻璃器皿，还有具有千年历史的中国雕塑，这些都令来访者大饱眼福。他们的足迹遍及欧洲，游历了希腊和巴勒斯坦，并通过陆路走访了苏联和东方。20 世纪 30 年代，他们在中国买下了一座 16 世纪的庙宇，将所有构件拆分，打包运回了美国。这成为费城博物馆东方厅里最引人注目的展品。

在一次欧洲旅行中，凯瑟琳不小心将墨水洒在了巴黎的一家豪华酒店的地毯上。在查看地毯标签时，她父亲发现这地毯就是自家的产品，于是他送了一块地毯给酒店作为赔偿。

戴维斯家族的财富在缩水，而沃瑟曼家族的财富却由于新能量的注入而飙涨。与未来的女婿如出一辙的是，约瑟夫崇尚艰苦奋斗，讨厌铺张浪费。但他的妻子却喜欢花钱，喜欢指使人。她在家中，有专职的司机、女仆和厨师忙里忙外，而提供这些奢侈生活的人，却在外面挤公共汽车上下班，用棕色的袋子带午饭。凯瑟琳的政治观点与其母亲一致（她母亲是民主党人，她父亲是共和党人），但她在生活节俭和劳工待遇方面的观点却与父亲一致。

一年夏天，凯瑟琳应聘了一个工作，招聘的是“文学职位”，结果却是上门推销世界百科全书。“我妈妈反对这个工作，”凯瑟琳回忆道，“但我同意接受这个工作，只要他们不强迫我卖给我认识的人就行。我不想让家人和朋友感到有压力。”

世界百科全书的销售工作使凯瑟琳走出了社区的小圈子。她制定了自己的销售策略，这个策略在今天不再轻信的消费者看来，简直不可忍受。她在街上叫住一群正在打棍球的男孩，问其中一个的名字和住址，那个男孩都告诉了她——那个年代，孩子们还没有被教育拒绝与陌生人打交道。凯瑟琳找到了他的家，按响了门铃。男孩的妈妈开了门（那个时候，妈妈一般是待在家里的），凯瑟琳做了自我介绍。“我来和你谈谈你儿子汤米。”她会提到孩子的名字，然后继续下去。

“汤米现在怎么了？”妈妈一般会认为儿子又惹了祸。“他很不错。”凯瑟琳说，然后聊起孩子的教育，接着会介绍世界百科全书对孩子的教育如何有用。完成介绍后，她离开，然后晚上再来。这时孩子的父亲已经下班回家了。那个年代，家里所有的事情都是父亲做决定。

第二章/*Chapter Two*

从大萧条到希特勒危机

秘密婚礼

1930 年秋天，戴维斯和他的女友凯瑟琳从瑞士的暑期学校返回纽约，在哥伦比亚大学完成他们的硕士学位。他们住在校园附近的国际公寓里，一边上课一边撰写论文。这位未来的伟大投资家经历了大崩溃及其余波，却并未受到伤害。

父母的慷慨是戴维斯和凯瑟琳上学费用的来源，而他们二人也像典型的学生们一样精打细算。比起华尔街的新闻，他们更关心莫斯科红场的消息。当时的戴维斯并未涉足股市，这使得他幸免于金融危机的伤害，而他同时代的很多人遭到惨痛打击之后，再也没有回来。凯瑟琳也幸免于难，沃瑟曼家族是谨慎的少数派，他们将钱放在政府债券里，在大崩溃中毫发无损。这场大崩溃造成了四五百万美国投资者总计 300 亿美元的损失。

“地毯生意也有风险，”约瑟夫·沃瑟曼告诉他的孩子们，“我想还是保守一些，存钱最好。”之后，一直到 1934 年他离世，他所有的投资组合都是持有债券。如果他没有这么做，戴维斯后来用于投资保险股票的种子资本，会在 1929—1932 年的这场大危机中损失殆尽。

到了 1931 年，整个经济依然奄奄一息，商品的价格达到了 1870 年以来从未见过的低点。这样低廉的价格导致各行各业的利润都在下降。公司被迫解雇员工，降低工资；富人变穷了，穷人变得更穷。勒紧裤腰带的消费者在商店里的消费越来越少，店主只有降价，这导致利润跳水，恶性循环进一步加剧。“那辆旧车必须再坚持一年，”戴维斯写道，“没有刷新漆的房子继续住，磨损的大衣继续穿。”

这次通货紧缩的成因后来成为教科书中的案例，并令专家们百思不得其解。预言家们预测到华尔街会发生灾难，但是，没有记录显示任何知名的经济学家预测到经济灾难的来临。那些金钱的先知们信心满满地认为经济基础“稳健”，经济状况“如此强劲，没有什么可以阻挡”，美联储会拿出一个令人满意的结果。通过开关货币输送管道、调节资金利率的高低，以及在必要时印制更多的货币，这个具有魔力的机构总是有能力将经济从极端的狂躁和破裂中拯救回来，人们就是这样想的。

然而，大萧条对于经济的破坏远不及欧洲中世纪，那是个摧残文化、是非颠倒的黑暗时代。1932 年，芝宝打火机、弗里托玉米片、四季宝花生酱以及三个火枪手糖果等开始出现在商店的货架上。同年，露华浓诞生。无论如何艰辛，生活还是要继续。人们走进商店，有人买地毯。即便是最差的时候，凯瑟琳父辈的艺术织品公司依然在运营，这应该感谢政府的高关税政策，使它们得到保护，能远离来自欧洲和亚洲的国外同行的自由竞争。像其他坚定的共和党人一样，凯瑟琳的父亲约瑟夫・沃瑟曼欢迎自由竞争，反对政府干预，但他只是停留在理论上。对于地毯行业，他反对自由竞争，欢迎政府进行干预，敦促联邦贸易当局对纺织品征收更高的关税。

同时，这对勤奋好学的年轻人以荣誉学生身份，1931 年秋天从哥伦比亚大学毕业。戴维斯向凯瑟琳求婚，他的理由是一句古老的智慧名言："两个人过比一个人过划算"。凯瑟琳接受了求婚。戴维斯要求，在他找到工作、拿到工资之前，不公开两个人的婚事。1932 年 1 月 4 日，他们在纽约市政厅秘密结婚。当地一个报道八卦新闻的记者知道了这个秘密婚礼，发现凯瑟琳出身费城的名门，随即采访了她的父母。尽管凯瑟琳的家人没有出席婚礼，但他们是赞同这个婚事的。后来，凯瑟琳的父母在费城为戴维斯和凯瑟琳举办了一场宴会。戴维斯的父亲乘飞机参加宴会，这是他有生以来第一次乘飞机。他带来了他的妻子——戴维斯母亲的婚戒，他的妻子在戴维斯上大学期间已经离世。结婚仪式在市政厅重演了一遍，戴维斯将母亲的婚戒戴在凯瑟琳的手上。这个传家宝为他节省了一大笔开销。

道琼斯大跌 89%！

在凯瑟琳成为谢尔比·戴维斯太太的那个月份，股市跌至最低点。道琼斯工业指数从历史巅峰的 341 点，跌到前所未有的 41 点。也就是说，在两年半的时间，跌去了 89%*！这次持续的跌势远比 1929 年的大危机更具毁灭力，因为那时的市场还时不时有个小反弹，到年底道琼斯指数仅仅跌去 17%。而 1932 年的这次大跌，投资者遭到了彻底的重创。在大跌 89%的市场中，谁能幸免于难？至于那些使用 9∶1 融资杠杆的玩家，更是资不抵债、倾家荡产。他们以房子和其他资产作为抵押进行投机活动，贷款方没收来的抵押物只能充抵部分借款。

---

* 原书给出的是 89%，但通过计算，应为 88%。——译者

黄金类股票大约是唯一没有辜负主人的投资了。黄金价格由联邦政府规定不变，这种金属是人们对抗世界末日的流行方式。在 1929 年清空之后，霍姆斯特克矿业公司的股票再次上升，在 1932 年达到了历史最高点。这在数以百计股票都持续下跌的市场中，简直是鹤立鸡群，可望而不可即。在大跌的市场中，就连通用汽车这样的巨人股票都从 45 美元跌至 4 美元。同时，一大批公司债券，包括所谓“安全”的铁路债券也停止支付利息。1932 年，铁路交通量断崖式下跌，加之代价高昂的罢工活动和劳资纠纷，使得铁路行业陷入无力偿债的违约境地。铁路公司的负债水平几乎赶上了股市投机中融资杠杆的水平，债务水平达到了行业总资产的 2/3。

在未来给戴维斯带来巨大财富的保险业，此时也萎靡不振。一些著名的保险公司的股票，包括 19 世纪就开始营业的几家老牌公司（美国忠诚保险、大陆保险、家庭保险）在 1929—1932 年的危机中，也只能随波逐流。美国家庭保险公司的股票从 100 美元/股，最低时跌至 2 美元/股。这个例子比较极端，但并非天方夜谭。在 1929—1934 年期间，糟糕的投资状况和摇摇欲坠的金融环境令 39 家人寿保险公司破产。即便最有实力的保险公司也无法避免自己投资组合中按揭投资的违约。在没收了违约农场主 200 万英亩的农场之后，大都会保险公司甚至成立了自己的“农业部”来照看这些资产。

当大量的保险客户拒绝按月支付保费时，引发了一个与此相关的危机。由于客户取消保单（退保），实力强大的公平保险公司几乎失去了一半客户。很多退保的客户要求保险公司偿还保单中的“退保价值”。对于任何保险公司而言，无论其资本化做得多么好，在面临大规模赎回时遭受的惊恐，如同一家银行面临挤兑。（北美保险公司（INA）的发展却与众不同，这要感谢它极端保守的投资组合和极端严格的承保制度。这家保险公司从1929年到1935年，每年都盈利，仅有一次，它需要动用“盈余公积金”填补其股东年度分红。）

早在1933年，美国国家保险委员会就公布了暂停赎回方案——以避免挤兑导致行业资产的严重流失。在一本由保险行业赞助公关公司发行的名为《你不能将美国变成现金》的手册中，解释了“暂停赎回”对于保护保险公司免于全面损失的必要性，指出实施这样的方案才能给客户提供对他们的房屋、生意和生命的保障。这个手册中提到，“公司成为并非由于自己导致的金融状况的受害者”①。由于监管者的仁善之心，保险业才得以存在。通过允许保险公司以高于萧条市场价格对自己的组合进行估值，监管机构默认了虚拟偿付能力的存在。

银行业面临同样的窘境，惊慌的储户聚拢在各地的银行，

① Marquis James, *The Metropolitan Life: A Study in Business Growth*, 1947.

嚷着要提取现金。没有哪家银行——无论规模大小——手头持有足够的现金去应对这样的挤兑场面，因而恐慌便形成了。丧失了信心的绝望储户对银行系统形成了巨大压力，导致数以百计的银行倒闭，储户们一生的储蓄付诸东流。那时，还没有实行银行存款保险制度。

在保险股被市场极度不看好，近乎最低点的时候，保险专家弗兰克·布罗考挺身而出，为其擂鼓助威。1932 年，他的小型经纪公司在《美国机构公告》上刊登广告，公开宣称："保险股票的价格已经被压低太多，公司的实际情况远胜于此，因此，保险股扬眉吐气的时候将会到来。"在这个广告登出的两周后，E. C. 威尔金森做了进一步的描述：当前保险公司的股票价格"就每 1 美元的清算价值而言，大约仅值 50 美分"。

正如在华尔街经常上演的情景剧一样，布罗考的分析是正确的，但没有在正确的时候。保险行业的真正崛起是在 15 年之后，那时戴维斯加入了布罗考的阵营。

此时，新婚的戴维斯夫妇正搭乘游轮远游欧洲。与其他股票相比，在他们眼里，并没有对保险股显示出特别的兴趣。他们重游当年的恋爱故地，参加世界裁军谈判会议，然后在日内瓦大学攻读博士学位。眼见成群的下岗工人拼命地寻找再就业的机会，戴维斯对于找到一个新的工作岗位望而却步。比起谋求一个工作职位，他更倾向于上学和参加研讨会。在船上，他和凯瑟琳周围都是与会代表。作为结婚礼物，约瑟夫给他们买了头等舱的船票。

幸运的很，戴维斯一心惦记的上岸后要寻找的工作机会竟然出现在海上。在船上的主餐厅里，他和凯瑟琳遇到了哥伦比亚广播公司（CBS）的与会参访记者弗雷德里克·威廉·怀尔。攀谈之下，怀尔很欣赏戴维斯，当场拍板录用他为其在日内瓦期间的助手，周薪25美元。在凯瑟琳参会时，戴维斯在怀尔的临时工作室里打工，安排采访的时间，照顾嘉宾直到录制报道。在直播现场，怀尔对着麦克风，戴维斯站在他身边。为了保证节目的严肃性，两人在节目期间都穿着燕尾服，即便这只是一个广播节目，听众根本看不见他们。

20世纪20年代的广播股票，同20世纪90年代后期热门的互联网股票一样充满诱惑，它们都是如此的光芒四射，以至于蒙蔽了投资者的双眼，令人看不清商业的本质。

随着希特勒攫取德国政权和日本侵占中国东北，裁军谈判会议以失败告终。如果当时的会议主题是如何建立强大武装，倒是可能提起大家更多的兴趣。作为坚定的孤立主义者，戴维斯认定希特勒是个危险的战争贩子，但他也反对美国干涉战争。他认为，一旦德国人和苏联人相互摆出攻击架势，最终会两败俱伤。那时，希特勒的问题也就迎刃而解了。

“小气鬼”戴维斯

裁军会议不欢而散之后，怀尔返回美国，戴维斯继续留在哥伦比亚广播公司工作，成为一名巡回记者。戴维斯曾奔赴巴黎，采访女飞行员阿米莉亚・埃尔哈特，这是他完成的第一项采访工作任务。在两年半的时间里，他为广播公司穿梭于欧洲各地，并出版了两本著作（其中一本是他的硕士论文）。与此同时，他和凯瑟琳双双获得日内瓦大学政治学博士学位。当戴维斯在奔波工作的时候，凯瑟琳在租来的房子里，完成作业，撰写论文。（她的论文分数比戴维斯的还高。）在他们双双外出旅游的时候，哪怕只是几天的时间，他们也会将房子退掉，以免在房屋空置期间依然支付房租。但是，寻找新的租房信息花了凯瑟琳不少时间。

1932 年年底，凯瑟琳的父母邀请这对节俭的年轻人去地中海和中东旅行，不用小两口自己掏腰包。戴维斯对于这样的奢华非常愤慨。在埃及，他拒绝入住岳父大人选择的光芒四射的希尔菲德酒店，即便不是花自己的钱。他和凯瑟琳放弃了豪华酒店，另找了一处普通旅馆住下。在一个露天广场观光时，戴维斯与街头小贩讨价还价，以至于到了不留情面的地步，小贩转过脸来对凯瑟琳说：“他真是个小气鬼！”从此，“小气鬼”成了戴维斯家族内部长久流传的一个笑话。

1934 年，拥有博士学位的戴维斯夫妇回到纽约。作为专业人士，戴维斯希望寻找一个与写作有关的工作。但几个月过去，他未能如愿。凯瑟琳找到哥哥比尔帮忙（他的弟兄们称他为“狂野比尔”），见多识广的比尔已是久经沙场的老将，他拥有自己的投资公司。狂野比尔为戴维斯联系了位于东京的一家英文媒体——《广告人》杂志，做编辑。《广告人》杂志恰好有个职位空缺，于是不远万里聘请了戴维斯。正当戴维斯和凯瑟琳收拾行囊准备出发之时，日本发生了地震，地震引发的大火将《广告人》杂志社的办公室付之一炬。戴维斯夫妇只好取消行程，留在纽约。

接下来的日子，在他们纽约上西区租来的房子里，咔咔的打字机声常常持续到深夜还能听得到。凯瑟琳为美国外交关系协会做研究工作，戴维斯作为自由作家撰写专栏文章和关于法国军备的书籍，他的署名文章发表在严谨的学术刊物上，例如《时事论坛》以及后来的《大西洋月刊》。“幸运的是，”凯瑟琳说，“写文章还能糊口。”

整个 20 世纪 30 年代，是美国现代经济史上的低谷期。工人生产下降、公司销售下降、生活水平下降，比之此前的每一个十年，这是最为糟糕的十年。商品和服务的减少并非由于消费者的减少。这十年中，美国的人口增加了 1 500 万，大部分来自移民，而并非产房。持续十年的经济下滑，怀孕数量的下降也到了令人同情的地步。整个美国，记录在案的出生婴儿仅有100万。如此低的生育率引起了第一夫人埃莉诺·罗斯福的关注，她大力提倡国人提高生育率，提出的口号是“孩子、孩子、孩子”。

股市升跌与经济好坏并非完全同步

一直以来被认可的“买入、持有”的投资策略遭到抛弃，取而代之的是快进快出的急速赚钱心理。埃德加·劳伦斯原先的畅销书支持前一种投资策略，但它的位置被杰拉尔德·洛布的新畅销书——《投资生存战》所替代，这是1935年最受欢迎的书。洛布是一个股票经纪人兼专栏作家，他在1929年经济危机爆发之前抛出了他的股票。这一及时的举动令他声名大振，也让他意识到对待股票应该灵活，而不应傻傻地抱着。若想赢得战争，必须留有现金资产，灵活进出，就像“忽这忽那，寻求安全的兔子一样”。

洛布的策略包括10%止损策略，以及“右侧”交易策略，即在上涨时买入。他总是一手放在应急按钮上，一手握着连接交易室的热线电话。他认为“与仅仅用40美元买进股票，然后持有等待相比，在一只股票从40美元涨到100美元之间，来回做十几次交易更安全”。一旦嗅到熊市的气息，他会立刻抛出手中所有的东西，甚至连债券也不留。他认为，即便是债券，也不会总是安全的常胜将军。

关于如何嗅出熊市来临的气味以及如何灵活交易，洛布并未多谈。但他建议，当股票报价机打印纸行为“不佳”时，或股价看起来“令人怀疑”时，最好不要买股票。没有证据表明他的这些策略有效，但洛布在神经紧张的这一代人中发现了容易接受新事物的受众。

从历史上看，股市升跌与经济好坏并非完全同步。股市崩塌的时候，经济往往还不错；而股市飙升的时候，经济有时还很悲惨。1932—1935 年，各类报纸充满了令人泄气的各色花絮：可雇用劳工中，每四人有一人失业；“兄弟，你是否能余下一枚硬币?”成为广播金曲；公司利润全面下滑（1932 年，道琼斯成分股公司整体亏损，平均每股亏损 0.51 美元。这是 20 世纪唯一一次出现净利润为负数的年份）；富兰克林·D. 罗斯福总统宣布银行放假，这样银行就可以以关门的形式应对提取存款的储户。

然而，华尔街却亮出了有史以来最赚钱的阵势。

股票跌到了近乎赠品的价格。一些道琼斯成分股的大公司股价，跌得只剩其工厂、设备、银行账户价值的一半。大约在戴维斯结婚时，一些对公共舆论充耳不闻的勇敢投资者，将自己的备用金拿出来，投向那些被严重低估的股票上。这些钱在之后的四年里翻了两番。

道琼斯指数从 41 点上升到 160 点，标普 500 指数的表现更是有过之而无不及。这种意想不到的幸运对于戴维斯而言上了很好的一课。这让他意识到，股票不会去理会报纸上的那些评论，或那些骇人的头条。这些股票会由于绝望而被定价，也会面对绝望而重振雄风，东山再起，即便当时股票所代表的公司仍在泥沼中挣扎。至于戴维斯这边，此刻的戴维斯即将意想不到地进入投资界。他东京的工作泡汤了，但凯瑟琳的哥哥雇用了他。

戴维斯初登投资舞台

当戴维斯踏上华尔街这个舞台的时候，整个经济状况依然很糟糕。原本他凭着自己的文凭和才智可以在新闻行业谋生，但考虑到需要独闯天地，在媒体界又看不到前景，戴维斯最终接受了凯瑟琳哥哥的邀请，成为一名“统计员”（当时“股票分析师”这个术语还没有发明出来）。

戴维斯夫妇在费城中心区租下公寓，距离当地的地标建筑里顿豪斯广场不远。每逢周末，凯瑟琳的父母亲都会在郊区的德国城举办早午餐聚会，最后一道程序是呈上洗手的碗，以示优雅。在这里，戴维斯与家族里的成员渐渐熟悉。

在这些聚会上，凯瑟琳的哥哥“狂野比尔”说话速度飞快，食量惊人。戴维斯和比尔的性格大相径庭，在公众场合，戴维斯少言寡语，比尔话题不断；戴维斯行事谨慎，比尔桀骜不驯；戴维斯简朴节约，比尔尽显奢华。“比尔赚钱是为了花钱，”戴维斯的外甥路易斯·利维回忆道，“戴维斯赚钱是为了赚更多的钱。比尔负债累累，在财务破产的边缘晃悠。在濒临破产的那一刻，他最后的一次投机及时地挽救了他。”

在大萧条中期，狂野比尔聘请了身价不菲的建筑师乔治·豪设计并建造了一座彰显自己的大厦，比尔将其命名为“影子广场”。1936 年，影子广场荣获著名建筑杂志评选的“年度最佳建筑奖”。进入该大厦，有一个供孩子们嬉戏的巨大游泳池，大厦里还有独立的客房，供比尔金屋藏娇之用。“影子广场”大厦高耸而富有灵气，后来比尔将其出售，之后它被改做教堂。

狂野比尔的婚姻并没有阻止他的滥情多发症。妻子对他的“问题”表示理解，当时，丈夫们如果被认为患上了无可救药的卡萨诺瓦*综合征，打情骂俏通常会被容忍。那个时代的妻子们在责任和离婚之间，通常会选择前者。

比尔在投资方面也是左顾右盼，四下出击，他将资金花在

---

* 卡萨诺瓦（1725—1798）意大利冒险家，风流浪子，好色之徒。以所写的包括自己在内的许多风流韵事的自传而著称。——译者

众多放纵的投机生意上。1932年他从一个银行家那里获得一个可靠情报：德国马克会贬值。他立刻抛空马克，获利巨大。这让他有实力开办投资公司，并在华尔街的版图上留名。在一篇发表于《大西洋月刊》的文章中，他准确地预测到英国将放弃金本位。尽管当时的经济情况依然是悲观主义盛行，他坚持己见，于1934年成立了特拉华基金，并说服杜邦家族成为先期股东。当狂野比尔开始他的基金之时，那些经历了20年代大萧条的基金已遭腰斩，伤痕累累。

作为统计员和新基金的“场外队员”，戴维斯穿梭于全国各地，寻找那些有希望有前景的股票。他密切关注几个关键行业：航空业、汽车业、铁路业和橡胶业。十年之后，在一次纽约州保险司的演讲中，戴维斯回忆他的“金融勘探之旅”，他说：“我过去经常巡回各地，包括看看匹兹堡钢铁厂前景，芝加哥农场的未来，底特律汽车业的潜力，以及克利夫兰的机床和机器设备。虽然偶尔也会去其他一些地方，但我们感觉，这四个城市的总体情况基本可以反映整体经济状况。后来，华盛顿也渐渐成为经常的必访之地，因为它已经成为整个经济运转的核心。”

戴维斯也提到了他所谓的“第二次美国革命”的工人罢工运动。当联合橡胶公司工人关闭俄亥俄州阿克伦市的工厂时，他正好在现场，凭着一张用旧了的记者证，戴维斯得以进入工人联盟的议事厅，罢工者在这里商议对策。在这里，戴维斯没有看到资本家在噩梦里遇到的扔炸弹的“共产党人”，见到的只是一些“衣着朴素的美国工人，磕磕巴巴地念着《罗伯特议事规则》”。

看到这些，戴维斯反问：“这些工人是我们担心的亡命徒吗?”

他目击了1937年通用汽车的大罢工。（自从大萧条以来，那个年代，所有的灾难都很“大”。）罢工工人乘坐通用汽车游行，车队经过暂时停产的费雪车体厂。戴维斯一路随行，并倾听工人们的抱怨。低工资他们还能忍受，但伴随着每次销售下滑的裁员令人忍无可忍。最为怨声载道的是快速组装生产线，它让工人筋疲力尽。全美工会评价戴维斯是“诅咒现代节奏的人”。

当戴维斯走遍全国进行公司分析的时候，凯瑟琳在着手进行一项有关宾夕法尼亚社会安全体系的调查研究工作，她撰写的报告给雇主留下了深刻印象。戴维斯在金融方面的才智同样给他的大舅子留下深刻印象，狂野比尔对凯瑟琳说：“终有一天，你丈夫会比我有钱。”

岳父离世

到了1936年，美国经济终于显出了重新振作的迹象。工业产值、汽车销售以及零售业都蓬勃向上①，股市也连续走出五年牛市。乘着这股牛市风潮，大量公司骑牛上市，艺术织品公司本来就是上市公司，公司管理层决定乘着牛市带来的好价格多发一些股票。约瑟夫·沃瑟曼聘请了一个华尔街投行来做此次股票发行的主承销商。但他的儿子，狂野比尔，认为自己是这方面的专家，他找到了另一个竞争对手来做承销，这家提出的发行价高于约瑟夫找的那家。但约瑟夫是个具有“握手即成交”信念的人，他坚持之前做出的选择，尽管代价大一点。

此次新股发行是在1937年，无论对于沃瑟曼家族、戴维斯家族，还是整个世界，这个年头都是多事之秋。这一年，戴维斯得到提拔，成为狂野比尔基金的财务主管；凯瑟琳生下了小谢尔比·戴维斯；纳粹德国正在构建战争机器；约瑟夫·沃瑟曼因癌症离世。

牛市结束了。戴维斯和比尔也走到了职业生涯的分手路口，戴维斯对比尔的鲁莽行事颇有微词，比尔对戴维斯的疏远家人也看不惯。希特勒越是强大，戴维斯就越想弱化与犹太人的关系。他和凯瑟琳越来越少参与大家庭的早午餐聚会。戴维斯在他给《美国名人录》的自传中开玩笑地说，凯瑟琳·沃瑟曼已

① James Grant, *The Trouble with Prosperity*, Times Books, Randon House, 1996, p. 69.

经成了“馋嘴蛙”*。

沃瑟曼家族将戴维斯的新孤立主义政策称为希特勒危机。在戴维斯的心中，自己并不是反犹分子（毕竟他娶了凯瑟琳为妻）。他之所以将自己的行为表现得反犹，是想着万一希特勒入侵美国，好让自己和凯瑟琳免于成为反犹主义的牺牲品。1937年，德国征服整个世界似乎是可以想见的前景，戴维斯也希望留一手。很多美国人都有同样的担心，民主的未来看起来还很遥远。

与沃瑟曼家族刻意保持距离的戴维斯遭到了明显的报复，他在狂野比尔投资公司的合伙人地位不保，两个新来的且资质平庸的人取代他获得了升职的机会。对此，狂野比尔用“公司不赞成裙带关系”的说法搪塞戴维斯。意识到这是比尔有意为之，戴维斯递交了“辞职信”，并同时建议在没有找到接替的工作人员之前，他可以留任六个月。“你为什么不马上离开？”比尔问。戴维斯别无选择，只能离开公司。

这种家庭不和景象，戴维斯的岳父大人约瑟夫·沃瑟曼已经看不到了，他在戴维斯离职之前的数周离世。在他携夫人登上赴南美洲的游轮时，他已经得知自己来日无多。他们尽情欢舞，从一个港口到另一个港口，对于他致命的病症只字不提，

---

* 沃瑟曼的英文 Wasserman 近似 waterman。——译者

直到回程时到了波士顿的医院，才做了一个体检。他选择在这里体检，是因为波士顿距离他们家在科德角的夏季度假屋不远。在医院的癌症病房里，他度过了生命的最后时光。

戴维斯和凯瑟琳一起在床边守夜，之后与其他家庭成员一同返回费城，参加葬礼——遵从犹太人的习俗，在去世后 72 小时内举行。在墓地，戴维斯和妻子的家人站在一起将鲜花抛向墓地。狂野比尔做出了一个头脑清晰的论断："世界的未来不会躺在地毯上。"这被证明是先知先觉。很快，进口商品让美国国内的纺织业陷于停滞，沃瑟曼家族的艺术织品公司的股价也一落千丈。历时五年的荣光欢悦之后，牛市气数已尽。股市的主要不利因素是美联储，它在 1938 年初提高了利率。

用了 15 年才恢复的经济再次重创

同年 3 月，道琼斯指数跌去一半，为人津津乐道的复利魔力以反向的形式表现出来。在下跌 50%之后，需要上涨 100%才能回到原位，而这个过程的完成足足用了 15 年。即便上涨 100%，也不意味着所有股票都能回到 1929 年曾经的高点。

随着市场利润的消失，经济进一步衰退，又有 200 万美国人加入失业大军，工业产值甚至比大萧条中期下降得更快。正如戴维斯提到的："底部一再跌穿，商业的下滑甚至比 1929—1932

年的恐慌更严峻。”1939 年 9 月，欧洲战事的爆发，毁灭了所有经济重振的希望。

关于牛市的看法也被关于熊市的观点所取代，前者可见于埃德加·劳伦斯·史密斯的畅销书中，后者存在于罗伯特·洛维特 1937 年发表于《星期六晚间邮报》① 的文章里。“没有什么投资是安全的，以至于买了以后就可以放置一边，抛诸脑后，不做任何变化。”洛维特这么写道，矛头直指当时已经饱受责难的“买入、持有”投资策略。为了证明自己的观点，他引用了当时令人吃惊的宣布破产或停止分红的知名公司比例。然而，由于破产的公司会被移出道琼斯指数、标普 500 指数和其他主要的指数，洛维特指出，实际的股票投资回报率要远低于指数显示的回报。官方的计算未能反映那些购买了破产公司股票的投资者和无法证明其投资的投资者遭受的损失。

狂野比尔被股市的下跌弄得心烦意乱，他卖掉了运营特拉华基金的公司，至于他妹夫戴维斯，更是哪儿凉快哪儿待着去。抛弃这一具有远大前途的事业，正是狂野比尔典型的急躁性格的表现——“像一头横冲直撞的大象”，外甥路易斯·利维这样描述比尔的投资风格。狂野比尔为一件又一件充满想象力的产品打开钱包：从卫生马桶坐垫圈到“移动住所装置”——现代

① James Grant, *The Trouble with Prosperity*, Times Books, Randon House, 1996, pp. 69-73.

娱乐车和房车的前身。他着迷于最新的惊艳发明，却讨厌对细节的专注，例如：这些人能管理好企业吗？通常他们是没有这样的能力的。于是，他那令人惊艳的投资组合最终以失败收场。虽然他偶尔也会抓住一个赢家，但他奇妙王国的花哨组合所带来的回报远远逊色于戴维斯对于保险股无聊的专注。比尔一生都为卖掉特拉华基金而感到后悔，因为这只基金和它的管理公司在接下来的50年中蒸蒸日上。

此时，戴维斯已经不再分析股票，他重新回到打字机前。凯瑟琳沉浸于母亲的角色中，在1937年熊市开始的时候，他们的儿子小谢尔比·戴维斯出生了。一位爱尔兰的护士帮助照看谢尔比，这样，凯瑟琳也腾出时间做些兼职，做有关社会公民事务的研究工作。她在当地计划生育部门做志愿者工作，并当选为当地女子选民团的领袖。她还参与了一项国家专项拨款的工作——培训家政人员，教他们如何行使权利。戴维斯签署了一份合同，内容是思考大萧条的原因、是什么让其延续如此之久以及如何从危机中恢复。现在，这位历史爱好者开始研究经济了。1938年年底，他将手稿交给了出版商，题目是《面向四十年代的美国》。

这本书引起了不大不小的轰动，得到很多好评，也吸引了很多读者，其中包括纽约州州长托马斯·E. 杜威，他也是共和党总统候选人。杜威聘请戴维斯作为演讲撰稿人和经济顾问。

第三章/*Chapter Three*

后视镜之外

当戴维斯写《面向四十年代的美国》一书时，离他成为一个全职的专业投资者还有数年时间，但这本书的题目已经为他日后的投资生涯打下了良好的基础。这本书的写作令戴维斯必须直面股市的创伤，而与他同时代的大部分人却因受伤太深永远地远离了股市，再不沾手股票。

唯一一次债券胜出股票的十年

在大萧条之后进行的调查显示，大萧条的罪魁祸首是贪婪和资本家永不满足的欲望。在成立美国证券交易监督委员会（SEC），简称证监会的听证会上，华尔街的银行家被嘲讽为只知道进行自我倒手交易，损害公众利益而自肥的家伙。从这些指责里人们得到的经验教训就是，原来股市是一场庄家操纵的游戏，参与者像傻瓜一样被消灭。于是，投资者找到了另一个可爱的新投资对象：债券。

20 世纪 30 年代是唯一一次债券胜出股票的十年。事实上，只有一种债券将投资者放在了安全的、成为赢家的轨道上：美国国债。公司债券复杂多变，很多公司深陷困境，无法支付利息。由狂热的经纪公司销售给美国大众的大量拉丁美洲债券（这是美国投资者首次被海外投资唤起热情）集体违约，只剩下容易上当受骗的投资者两手空空，血本无归。但是美国国债——沃瑟曼家族的最爱——为投资者提供了可靠的收入来源，取得了惊人的回报。

出现这样的结果，并非由于国债本身表现杰出，而是由于其他债券的表现实在太糟糕。在稳定的滚动利率情况下，政府债券可以保有价值，而与之相对应的是，消费品、房屋以及其他任何用钱可以买到的东西——包括股票，都在跌价。如若 1932—1935 年的危机重演，哪一个股票投资者不希望成为这样债券的持有人？而像沃瑟曼家族这样的债券持有人都以自己不是持有股票而倍感荣耀。

在重新思考 30 年代的危机时，戴维斯发现众人贫困的真实原因与通常推测的有很大不同。在凯瑟琳哥哥的公司工作期间，他研究了大量公司的起起伏伏。现在，当着手于更大的宏观社会背景研究时，他发现导致1929年经济危机的主要原因来自政府的政策，而不是企业的唯利是图。戴维斯认为，对于工厂“奇怪的停滞状态”，消费者不购买鞋子、衣服以及其他生活必需品这种现象，政府应该承担更主要的责任，而不是华尔街。不可否认，是莫名其妙的、高高在上的无法支撑的股价导致了大危机，是美联储1929年的加息打击了牛市。但是，如果是贪婪的资本家引发了大萧条，就像华尔街批评家们不厌其烦争论的那样，那么，英国经济状况所呈现出的不同，又做何解释？

正如戴维斯观察到的，美英两国的股市都崩盘了，但是当美国经济在整个30年代步履蹒跚之时，英国的经济产值却在真实上升。相反，在20年代，当英国经济徘徊不前时，美国经济却滚滚向前。对于这种跨越大西洋的两个经济体的盛衰易位，似乎最为合理的解释，戴维斯认为是投票箱。20年代，重商的共和党主政；30年代，反商的民主党取而代之。而在英国，20年代是反商的自由党主政，30年代是重商的保守党取而代之。无可否认，尽管这种结论过于简单，但戴维斯的确看到了政策和监管的浮躁如何将一场股市之灾变成了一场全球性的灾难。

回到美国这一边，戴维斯探究了是什么因素延长了危机的时间。罗斯福总统执行了经济学家约翰·梅纳德·凯恩斯的经济策略，大力增加政府支出，以刺激经济复苏。为了执行凯恩斯的刺激经济理论，白宫不惜重金进行一系列的国家工程，铺设公路、建筑大坝、翻新国家公园等。到了30年代末，很明显，这些措施并未奏效。

那么，罗斯福新政措施的问题出在哪里？政府支出越多，税收也就越多，戴维斯指出："税收负担越重，私人投资就越受到抑制。"将常规税率和罗斯福新政的附加税率相比较，可以发现，1932年个人所得税的最高税阶高达56％，比1925年翻了一番。四年之后的1936年，最高税阶更是高达62％。1937年，又开始征收公司未分配利润税。戴维斯认为，这些税收沉重打击了华尔街。"企业打起了退堂鼓，"戴维斯回忆道，"资本也作壁上观。"1932—1937年股市变得混乱不堪。

按照戴维斯的看法，整个美国税法的结构设计都存在问题。它以零税率奖励那些市政债券的持有人，以如此的慷慨，吸引资金涌入州和地方市政项目，而这些项目则是靠市政债券支撑。无论是否有价值，政府的这些建设项目对于国家经济产值没有什么贡献。相反，私人企业给国家创造了更多财富，增加了产值，创造了新的就业岗位，发明了新产品。尽管资本主义有其相对的优越性，但私人企业的投资者在股票和债券上被课以重税，而公共事业的投资者却得以豁免所有的税收，这样说来，税法才是阻碍经济繁荣的根本原因。

罗斯福政府一方面以极度活跃的国税局阻碍商业的发展，

另一方面发表反资本主义的高谈阔论威胁商人和投资者。戴维斯写道，国家的CEO们从来不放过任何一个在报纸上或广播里谴责“财富的罪人”和“有组织金钱的自私”的机会。在新闻界和白宫的口号中，利润是公众的头号敌人，被指责为世界痛苦和贫穷的根源，尽管后来利润又被奉为解救世界的良方。罗斯福总统的一位顾问，斯图尔特·蔡斯，曾在一份代写的关于新政的秘密备忘录中提到，在演讲和文章中如何使用一些“褒义词”和“贬义词”。“公众利益”是褒义词，“储蓄”是褒义词，它使人想起本杰明·富兰克林的《穷理查年鉴》。“利润”是个忌讳的词。

对于巨头、大亨们的抨击，在工会大厅里、在失业大军中进行得如火如荼，吓得企业家以及银行家更加收紧了手中的资金。那些本来应该创建新公司、振兴老公司的资金，都流向了政府债券或国债。所以，随着金融家对于金融的担心，尽管凯恩斯主义盛行，经济依然停滞不前。

除了恶性税收和罗斯福的高谈阔论之外，戴维斯还指出其他三个原因加剧了大萧条：（1）为庇护美国本土制造商，国会对国外产品征收巨额惩罚性关税。（2）外国货币贬值。（3）企业兼并。（考虑到20世纪90年代末再现的兼并风潮和多重货币危机，以及关于自由贸易的激烈争论，上述三个原因仍然适用。）

企业兼并如何导致经济的萎靡不振？戴维斯做出了如下解释。大公司的兼并会产生规模更大的公司，直到各行各业被为数不多的几家大公司（通用电气、杜邦、通用汽车、美国钢铁）所主导。当这些巨人凭借自己的体量横冲直撞时，那些具有创新精神的小型公司只能苟且度日，勉强为生。仅仅就汽车行业而言，大批的汽车制造商（施图兹、雷欧、奥伯恩、霍普莫比尔、威利斯一欧弗兰、哈德森、帕卡德、斯图特贝克等）或以破产告终，或被更为强大的对手吞并。

乐观是每一个成功的投资者不可或缺的特质

货币市场的崩溃始于20世纪30年代早期德国马克，也就是凯瑟琳的哥哥狂野比尔有史以来赚得最多的那一次。作为第一次世界大战的战败国，德国必须向战胜方——协约国支付巨额赔款，这使得德国负债累累，深陷泥潭。协约国打算向德国提供一个延期支付战争赔款的计划，给予战败国更多时间。但是，这个计划遭到法国的强烈反对，法国拒绝任何形式的债务宽缓。

于是，德国人索性违约，停止赔偿，导致其他债务国相继效仿，引发连锁反应，货币市场一片混乱。“几周的工夫，”戴维斯写道，“英国和其他三十多个国家，眼睁睁看着自己的货币暴跌了40%。”与此同时，美元虽然没有贬值，但谷物、木材以及其他商品的价格直线跳水。坚挺的美元使得美国企业处于极为不利的境地，国外的竞争对手可以在美国降价销售他们的产品，因为他们收到的是万能的美元。然而，国外的消费者却负担不起美国的产品，因为他们手中的货币贬值，购买力不断缩水。有几个国家甚至关闭国门，拒绝进口。

时任美国国务卿科德·赫尔强烈呼吁开放国门，即便自由贸易会损害本国经济。国外的商品涌入美国，而美国制造的商品却在库房里、粮仓里、货仓里堆积如山。“进口货物，”戴维斯写道，“就像以前发生过的一样，在碾压美国企业，导致恐慌乃至彻底崩溃。”

公司为了降低成本而解雇员工。美国的失业人数从 780 万人跃升至 1 370 万人，这促使政治家们采取行动。市场崩溃之后，排斥对外贸易的国会通过了《斯姆特-霍利法案》，对进口商品征收重税。《斯姆特-霍利法案》并没有遏制全球的通货紧缩，几乎所有商品的价格依然止不住地下滑，企业挣扎着维持微薄的利润。消费者对赫伯特·胡佛总统提倡的“买更多东西”运动，只能耸肩以对。等到罗斯福总统的时代，消费者买的就更少了。美国农业委员会劝说农民少种粮食（因为供给的减少，有助于价格的上升）。但是，农民赚钱心切，反而越种越多。

与同时代的大多数人不一样，戴维斯绝不会让这些令人沮丧的故事影响他迎接经济复苏的热情。对于商业和金融，戴维斯是天生的乐观派，这对于任何一个股票投资者都是不可或缺的特质。正如证券公司在牛市来临时习惯说的："过去的表现不能作为未来成功的保证。"但是，现代历史上最为糟糕的十年接近尾声，戴维斯意识到，市场过去的糟糕表现不能证明未来也很糟糕。作为历史专业的学生，他相信周期的存在。他相信埃德加·劳伦斯·史密斯的信条：长期而言，股票投资的回报最具潜力。于是，他的目光越过那些等待救济的长队、令人沮丧的头条新闻、通货紧缩的肆虐，以及国民对于华尔街经纪人和银行家的抱怨与厌恶之声，看到了更远的未来，聚焦于美国财富来源的关键——创新。

人们通常都在慨叹"已经没有什么东西可以发明了"。但戴维斯在典型的美国大众的寓所里却发现了反例。通用汽车在每一辆新车上装了电池，取代了手动摇柄，这样就可以"让妇女进入汽车市场"，这难道不是发明吗？一系列新型、节省劳动力的小工具的产生，让家务活变得轻松，并由此增加了电力需求，这难道不是发明吗？20 世纪 30 年代，每户的家庭用电消耗几乎增长了一倍，所以，在千瓦时这个概念上，并未出现大萧条的现象。

戴维斯问自己，如果发明已经是明日黄花，那么，又如何解释如洪水般涌入美国专利局的申请呢？他快速浏览了一下最近的进展情况：汽车空调、尼龙（杜邦公司在 1938 年发明）、电视机（发展中的重要行业）、无线电传真广播、无爆震汽油、连续纺纱机、新型塑料和纤维制品、由板栗壳制作的波纹板（米德公司）、乳胶发泡海绵（美国橡胶公司）以及杀菌灯（西屋公司）。

尽管周围有这么多激动人心的发明进步，很多美国人依然认为经济前景一片黯淡。霍华德·斯科特是一位所谓“技术论者”的领袖（实际上，他们却是反技术论者），在各地的巡回演讲吸引了很多人。大批观众聆听了他的演讲，斯科特指责大萧条是机器和电力进步导致的工人失业引发的，因为工作岗位被机器所取代。在纽约一家豪华酒店里的一场人数众多的宴会上，一些商界名人也倾听了斯科特对于国家面临的经济灾难开出的药方：砸毁机器、回归手工制造、扛起锄头、用马犁地。

戴维斯可不打算接受这些技术论者的悲观论调，他预测三个“沉睡的行业巨人”（铁路业、公用事业、建筑业）将会在20世纪40年代觉醒。他看到新工作岗位又开始招聘，同时，1.3亿消费者重新开始购买商品，排起长长的结账队伍，全国上下都在加紧生产以满足人们压抑已久的对商品和服务的需求。在戴维斯的水晶球中，对美国经济繁荣的最大威胁是各州推出的保护地方的各种税收，就像放大版的各国保护本国制造商政策，他认为不应该征收这些关税，而他是对的。

他确信一场世界大战迫在眉睫，而且这会加速经济的复苏。

他感到大众比之前的数十年“对资本主义体系有了更多更深刻的了解”，尽管他并不是罗斯福的粉丝，但他可以保持开放的心态。他意识到华尔街的报应已经彻底改变了商业的性质，所幸还没有彻底恶化。对于刚起步的公司，罗斯福强大的政府已经创造了一个“半管制经济”。社会安全体系、失业救济以及政府工资会为消费者的银行账户提供稳定的现金流，使资金能够良性循环，避免了经济陷入更糟糕的情况。存款保险制度使得银行免于风险，保障了国民储蓄。所有这些对于挽救一个半死不活的经济而言是必要的。戴维斯得出结论，如同将“商业的信心重新注入”。只要能重拾信心，美国人民就会做出伟大的反应。

“一个由汽车引领的人口巨大变动即将到来，伴随着现代金融业务……高标准的生活水平看来是板上钉钉的事。如果亲社会、亲商业的公共政策可以被采纳的话，这一切将很快到来。”

关于通货膨胀的话题，戴维斯找不到任何可以发出警告的理由。“预测总是很危险的，”他写道，“但是，只要工厂开足马力，只要农产品释放出巨大的潜力，只要政府下定决心采取坚定措施防止物价飞涨，我相信可以做到，如脱缰野马一般肆无忌惮的、危险的通胀应该会被推延到 40 年代之后。”

关于罗斯福新政，“我们现在已经知道了其不妥之处，人们仅仅需要将最近的情况与新政之初进行比较，即可得出一目了然的结论”。到了 1937 年，戴维斯非常高兴地报告，罗斯福的训导——谴责“邪恶和罪恶的富人阶层”——已经不再被奉为信条。

第四章/*Chapter Four*

债券黄金时代的终结

1929—1932 年的市场大崩溃之后，人们普遍地认为所有股票都具有投机性。主流的权威更是直截了当地指出，只有债券才是投资者应该购买的。

——本杰明·格雷厄姆《聪明的投资者》

戴维斯的儿子谢尔比出生于 1937 年，女儿戴安娜出生于 1938 年。在戴安娜出生后不久，戴维斯接受纽约州州长杜威的聘请，举家离开费城，搬到了纽约哈德逊河畔的斯卡伯勒，在当地租下了一套公寓。凯瑟琳雇了保姆和厨师，那里的家政服务价格便宜。她在女性选民联盟中做义工，戴维斯在奥尔巴尼的政府办公室上班，周末才回家。

在1940年的共和党会议上，杜威州长失去了总统提名资格，于是戴维斯重操旧业，再次开始他的专栏作家身份。他被任命为《大事件》杂志的金融编辑，《大事件》是当时拥有众多读者的《当代历史》的子刊。他为《大西洋月刊》写了一系列关于美国关键行业的长篇文章，涉及航运、钢铁等行业，并结集成书，名为《你处于防御状态的工作》。

戴维斯最早的抄底投资

1941年，戴维斯以一种少有的间接方式投资了华尔街。凯瑟琳有3万美元的存款——她父亲给每个孩子同样数目的钱，以便他们能购房。戴维斯和凯瑟琳继续租房子住，因为戴维斯认为房子维护费用过于昂贵。他目睹过狂野比尔大把撒钱在公寓和影子广场大厦上，决定不重复这种奢侈浮华。于是，1941年，这个拒绝花钱买房的人买下了纽约证券交易所（简称纽交所）的一个席位。这个席位对戴维斯而言并无大用，是从一个叫纳撒尼尔·S. 西利的人手中买下的。此时，他曾经短暂的投资生涯还没有重新恢复。买下这个交易席位的原因，是戴维斯无法抵御3.3万美元的廉价诱惑。要知道，1929年同样的席位标价是62.5万美元。对于戴维斯而言，这就像发现了一件有价值的古董在清仓大甩卖。

在戴维斯买下纽交所席位一年之后，席位价格继续下跌，最低跌到1.7万美元。所以，戴维斯并没有抄到交易所席位的绝对底部，但他买的价位已经足够低。席位的价格在1946年回升到9.7万美元，整个20世纪50年代一直保持在这个价位上，虽有波动，但从未低于3.8万美元。1994年5月戴维斯去世时，席位的价格是83万美元。买东西不多花一分钱，成为戴维斯的标志。

此时，凯瑟琳的哥哥——狂野比尔的目光已经跨海越洋，到了其他大陆。他在空军服役后，作为经济顾问团的一员来到澳大利亚。在墨尔本，他遇见了一位迷人的女子，便约了她去酒店开房，入住登记的名字写的是“史密斯夫妇”。第二天早晨，当地报纸在头版进行了报道（并配有大幅照片），欢迎比尔来到墨尔本。当他挽着女友一起走过前台时，酒店人员奉上报纸，说：“欢迎下榻我们的酒店，史密斯先生。”

因为视力不佳，戴维斯未能有机会参军。他继续反对派美军与希特勒作战，并成为“美国优先”社团的积极活动分子，这个社团的宗旨在于积极促进美国专注于自己的经济，不要卷入“欧战”。“美国优先”社团未能赢得广泛支持，凯瑟琳由于与之存在的关联（她为支持丈夫而加入了“美国优先”社团）而导致她在1941年失去了韦斯特切斯特郡妇女选民团的职位。当时的《纽约时报》还报道了这一免职事件。

战时的悲伤与欢乐

尽管戴维斯持孤立主义观点，但他并不反对捐助资金和物资给反希特勒的事业。1942 年，他在华盛顿的战时生产委员会找到一份工作，这个委员会的职责是帮助美国制造业转化为战时物资供应商。他住在普林斯顿的一间屋子里，即便很晚了，开车经过德国大使馆，还是可以看到里面灯火通明——证明纳粹也在加班加点。他又一次成为周末丈夫和周末父亲。

戴维斯夫妇的第三个孩子——普里西拉·奥尔登于 1942 年出生，由于护士将她过早地从氧气帐里移出来，小宝宝在产科病房中死于呼吸衰竭。凯瑟琳不敢面对那小小的遗体，而戴维斯强忍悲痛，偷偷看了一眼，告诉凯瑟琳，孩子有双可爱的小脚丫，就像他的一样。凯瑟琳认为孩子的死应该计入战争伤亡，因为最好的护士和医生都随军出征了，留下来的都医术平平。悲伤的凯瑟琳回到费城，和家人待了数周时间。他们过世的孩子被安葬在皮奥里亚的家族墓地。

当时，美国全国上下的家庭都靠战时配给制维持生计，每样东西，从汽油、煤炭，到鞋子和肉类，都凭票供给。人们响应政府号召，在自家庭院里种植作物，这样，农场收获的农产品就可以支援前线的军队。戴维斯一家在自家的后院——胜利花园——种植各类蔬菜，在前院种土豆。遵照父亲的命令，谢尔比和戴安娜每天早早起床，拔除杂草，从鸡窝里拣蛋。戴维斯还以为孩子们会喜欢这些农活，凯瑟琳告诉他，他们并不喜欢。“也许，”她抱着希望说，“等 20 年后，他们有了自己的房子，才会喜欢吧。”

每个星期六，凯瑟琳都将车停放在路边，全家沿着 9 号公路步行两英里，到相邻的一个镇子——奥西宁看电影、吃冰淇淋甜筒。浪费汽油被视为没有爱国心，因为前线需要生产出来的每一加仑汽油。如果晚上开着灯、不拉上窗帘也会被视为不爱国。美国人都紧闭门窗、熄灭院子里的灯，这样，敌人的飞机就无法瞄准人口稠密地区进行轰炸。从窗户露出一丝灯光，都违反灯火管制，邻居们被要求及时向当地防空部门报告。

那时，人们在家里的娱乐活动就是聚在屋里坐在收音机或手摇电唱机周围。戴维斯家的电唱机安装在楼上的卧室里，伴随着“戴维斯家族夜总会”音乐的响起，孩子们看着爸爸和妈妈翩翩起舞，听着他们的第一张爵士唱片。在楼下吃早餐的时候，在餐桌旁，他们组成了“谷仓乐队”，混以驴子的叫声、猪的呼噜、母鸡的咯咯、牛的哞哞、狗的汪汪、羊的咩咩，效果不错。谢尔比也会学着鸡叫凑热闹，他喜欢小鸡是因为他和戴安娜可以从鸡窝里收集鸡蛋，然后卖掉赚点钱。“我们鼓励他挨家挨户去卖鸡蛋，”凯瑟琳回忆道，“但是没想到，他把家里留着自己吃的鸡蛋也全都卖光了。”

偶然开启财富的大门

欧洲的战事使纽约证券交易所安静下来，1939 年年初那些轻狂任性的买家到年底的时候已经消失不见了，随之而来的是持续的衰退不振。当时流行的观点认为，根据 1915 年道琼斯指数的表现，战争对于股市而言是利好消息。但这种观点这次没有在纽交所得到验证。1942 年，虽然时值纽交所成立 150 周年，但这一年是在惊慌恐惧中度过的。这一年的 2 月 14 日，整个纽交所一天的交易仅有 32 万股的换手量。这是一个典型的百无聊赖的日子，交易所就像慵懒的热带度假村。1940 年 8 月 19 日，纽交所创下了一个最不活跃的纪录，全天仅有 129 650 股交易量，这是自 1916 年以来的最低纪录。①

第二次世界大战造就了工业的复兴，正如戴维斯在他的书中预测的那样。一旦美国参与了战争，股市也随即打起了精神。1942—1946 年，道琼斯指数翻了一番还多。美国政府成为这个

---

① 本章节中引用的一些事例和数字（例如纽交所交易数字、约瑟夫·熊彼特的看空后市、20 世纪 40 年代后期的通货紧缩预期、第二次世界大战期间美国联邦政府支出的上升、托马斯·帕金森关于“虚拟货币”的引用，以及债券价格连续 34 年的下滑），首次出现在 1996 年出版的《繁荣的麻烦》一书中，该书作者是詹姆斯·格兰特，由时代商务和兰登书屋联合出版。

国家最大的消费者，从钢铁到橡胶、从纺织品到军需品，公司重新启动工厂以满足这个最大的买家——山姆大叔（意指美国政府）的胃口。在成千上万家接受军工改造的公司中，沃瑟曼家的艺术织品公司也是其中一员。织布机被改造，用来生产军服，不再生产地毯，这令利润随之相应提高。约瑟夫·沃瑟曼反对“过度依赖”政府订单，不过这种过度依赖却带来了可观的收入，至少当时是这样。最终，艺术织品公司被美国国内最大的一家地毯公司——莫霍克公司收购。

为了缓解引发的通货膨胀，罗斯福政府试图通过对每一样东西进行定量配给以控制物价，从小麦、食糖到尼龙长袜等。消费者对于政府管制以及由此导致的节衣缩食感到愤怒。电话公司工人游行要求提高工资，煤矿工人要求吃肉。小麦的短缺引发面包短缺，以至于罗斯福的白宫出版了第一本官方的联邦烹饪指导书——《如何做一顿没有面包的午餐和晚餐》。

再回到斯卡伯勒，凯瑟琳面临着自己的家务活问题，保姆辞职不干了。“孩子们会饿坏的，”她告诉丈夫，“我做饭不好吃。”戴维斯鼓励她成为一个“快速厨师”，将烹饪当作玩游戏。于是，凯瑟琳一边看时钟，一边将金宝汤、雀眼豌豆和烤牛排（当然是在有牛排的时候）一起烩在锅里，不到 15 分钟就能上桌，也许更快。

一旦掌握了做家务的诀窍，凯瑟琳于是给《妇女家庭杂志》

写了篇文章，名为《保姆不在的日子》，叹息战时缺乏家务好帮手的同时，也为收入低、工作多，却经常遭受不平待遇的保姆代言。她的这篇文章被《读者文摘》转载，并在国会以及其他地方引发热议。1944 年，杜威重新回到纽约州州长官邸。作为对戴维斯在竞选活动中鼎力支持的回报，他任命戴维斯为州政府保险司副司长。当时，戴维斯也可能被轻易地安排到交通部门或公共关系部门担任副司长。但是，正是这一偶然的安排，开启了戴维斯日后财富的大门。

房地产猎手

戴维斯作为纽约州派驻曼哈顿官员，在百老汇街 61 号的办公楼里办公，位置在华尔街边上。他此时此刻的工作任务是反官僚主义：简化形式，精简程序，改造保险公司会计规则，使得保险公司的财报更加简明易懂。他经常在曼哈顿的办公室和斯卡伯勒租住的公寓之间穿梭。在头一年里，他注意到在上班的途上，会有价格吸引人的房屋挂牌出售，于是妻子凯瑟琳负责四处寻找好的购房目标。

在塔里敦，一个房地产经纪人给她介绍了一栋占地三英亩、三层殖民地风格的别墅。从屋内望出去，哈德逊河的风景一览无余。卖家纽贝里夫人是一位连锁廉价商店创始人的遗孀。凯瑟琳非常喜欢河畔的风景，但她不喜欢郊外，可是戴维斯喜欢这样的田园风光。在凯瑟琳一再表示兴趣不大之后，经纪人巧舌如簧，不停鼓动并开出了 5 000 美元的诱人低价。凯瑟琳认定，这个价格已经低得近乎不合理，一定会即刻被纽贝里夫人拒绝。于是，她问都没问戴维斯的意见，立刻签署了房屋买卖合同。

不到一个小时，经纪人打来祝贺电话。纽贝里夫人接受了她的报价。“她决定以承担税务损失的方式成交。”凯瑟琳说，“我丈夫那天晚上回家后，我告诉他在塔里敦买了房。当他听到成交价格时，禁不住欢呼雀跃。从那之后，我就成了家里的职业猎房人。”

用现金买了房的戴维斯，很快用借来的钱（融资）买了股票。经历了 1929—1932 年大危机的打击之后，大众对于融资买股票都持退避三舍的态度，但是他们却通常会借钱买房子，称之为“按揭”。尽管大家可能没有意识到这一点，但买房按揭所使用的杠杆，却是长期给他们带来最大收益的主要原因。戴维斯认为将财务杠杆运用到股票上，会有比房屋按揭更大的收益潜力，他对此极具信心。所以，他选择融资买股而非按揭买房。

只有股票才是超级财富的创造者

戴维斯家族在 1941 年成为纽交所席位的拥有者，在 1945 年成为房产拥有者。1945 年，参加第二次世界大战的幸存战士们胜利回国，股市中的战争行情渐渐接近尾声。这个时期，即便股市有所恢复，道琼斯指数以及其他主要指数依然低于 1929 年的行情。潜在投资者也是一朝被蛇咬，十年怕井绳，他们心中怀有大萧条会再次来临的恐惧，担忧高高在上的分红税率（当时的资本利得税率倒是相对合适，但在这样糟糕的市况中，谁有资本利得呢?）。他们也认为和平对于经济的发展并非好消息。一些人甚至预期下降的出生率会破坏未来的繁荣（这是经济学家约瑟夫·熊彼特的一个观点）。大多数人继续迷恋 20 世纪 30 年代的资产赢家：债券。

戴维斯没有追随大众的这股热情。尽管债券在过去的十年是赢家，但他意识到只有股票才是超级财富的创造者。股票是一个企业所有权的一部分，如果这家公司能兴旺发达，那么股票应该可以说是具有无限的上升空间。一个债券持有者的所得只不过是本金的返还加上一点利息，无论发债公司如何优良，与债券持有者毫无关系。

更有甚者，尽管政府依靠发行国债筹集资金，开展各种活动，但历史显示，各种类型的政权都会将忠实的债券持有人拖入通胀的泥潭，特别是在重大战争期间以及战后。第二次世界大战也不例外。战争的努力虽然令美国工业重新焕发生机，但代价也是惊人的，开销远远超出最为疯狂的想象。1943 年，美国政府的花费是惊人的720亿美元，超出预算160亿美元。从另一个角度看，当时在纽约证券交易所上市的所有公司总市值也仅有360亿美元，也就是说，联邦政府一年的开支超出美国上市公司全明星阵容总市值1倍。

这就存在一个可预见的麻烦：政府缺乏资金来支持战时费用无节制的狂欢。政府只能通过老办法解决这类问题：提高税收、发售债券、在联邦印刷机上印发钞票。这是经典的应对策略：以廉价的货币偿还战争债务，尽管廉价的货币会引发通货膨胀。为了平息投资者的怨气，美国财政部采取一种笨拙的方式，会给发行的债券扣上一个利率的“帽子”。只要利率不上升，债券的价格就不会下跌。这样，债券投资者就可以暂时免于价格损失的打击，不至于损害他们对于债券的热情。

但是，暂时终归是暂时的。那些购买山姆大叔债券的投资者实际上是三重打击的受害者：（1）扣在利率上的“帽子”剥夺了他们应有的公平市场回报。（2）由政府印钞引发的通货膨胀侵蚀了他们本金的价值。（3）在所得税方面，投资人获得债券收入的最高税阶征税率达到94%。与此同时，无所不在的广告大肆宣传购买债券是爱国行为，而盲目顺从的爱国行为让人购买政府印发的任何债券。

一般的投资者通常买不起以10万美元为单位的债券，数以百万计的美国人将他们的钱存在当地银行或储贷社的账户里。

这些钱受到新成立的联邦存款保险公司（FDIC）的保护。各类存款机构支付给储户的利率非常低，几乎没有任何吸引力，对此，储户们似乎也不太看重，他们更关心的是保住本金，而不是取得更多收益。

这三重打击的最大受害者是那些富裕人士以及各类机构（退休基金、保险公司等同类机构）。这些经验老到的投资人本应该看得出在20世纪40年代持有政府债券是愚蠢行为，但他们中的大多数并没有做出明智之选。对于债券牛市的结束，他们各抒己见，充满臆想。他们认为，因为债券在过去十年利润丰厚，所以，它们在未来依然会继续给投资人带来厚利。他们相信联邦政府肯定会阻止利率的上升，因为政府连猪排的价格都会控制，人们普遍认为政府当然也会控制贷款利率。

此外，由第一次世界大战引发的通货膨胀在重返和平之后不是已经平息了吗？如此说来，那些笃信“历史会一再重演”的商学院学术派专家预测，诞生于第二次世界大战的通货膨胀也会在不知不觉中渐渐消退。此外，发生在20世纪30年代的通货紧缩更是引发了人们对于通货紧缩再次降临的担心。

戴维斯对这些担心和预测并不理会，他成了一个反债券的特立独行者。刚刚经历了债券投资的既吸引又安全的旅程，人们面对的现实是，按照戴维斯的说法，债券是丑陋并且危险的。很快，利率已经跌到了经济学家约翰·梅纳德·凯恩斯所说的

“清汤寡水”的地步，凯恩斯的这个说法虽然有些夸张，但很有道理，长期的国债利率已经跌到了谷底，到 1946 年 4 月利率跌至 2.03%。这些债券的买家需要等上 25 年才能将他们的本金翻一番，在戴维斯看来，这样的复利实在是太可怜了。他看到一种威胁的存在，“美国国债的金钱海洋之上，漂浮着最为昂贵的战争代价”①。政府深陷债务的泥潭，迫于无奈，再次借了 700 亿美元的新债以缓解当时的财政短缺。戴维斯断定市场上的出资者很快会要求更高的利率，而不是更低。1946 年，用于测量通货膨胀最为可靠的指标——消费者价格指数（CPI）迅速上升。债券的牛市对于通胀的爆发置若罔闻，视若无睹，全然忘记了一个基本的投资常识：当 CPI 上升时，回避债券。从中引发的第二个教训是：在一场昂贵的战争之后，回避债券。在戴维斯看来，藏于政府发行债券中的富矿时代过去了。

戴维斯将他在纽约州保险司的岗位变成了一个演讲台。过去的十年中，很多保险公司和退休基金常常用天堂般安全的债券来填满它们的投资组合。现在，考虑到债券市场的高风险、低回报，他建议保险业精英减少他们的债券持有数量，投资更多的房地产、按揭或股票。无论是亲自出马，还是以书面形式，他都不遗余力地反对那些对股票的偏见，反对那些对债券持有

① Shelby Cullom Davis, *America Faces the Forties*, Dorrance & Company, 1940.

非理性繁荣观点的谬论。1945 年 7 月，他给《分析师期刊》撰写文章，指出：

> 在过去的四年中，很多寿险公司非但没有打破债券的束缚，反而被爱国的狂热卷入得更深，在债券市场的参与度达到空前水平……对于他们而言，更为健康的发展，应该是以多元化的形式参与到美国经济中，就像他们之前做的那样。

对于部分由监管引起的问题，戴维斯努力推动监管规则的转变。在一些州，包括纽约州在内，当时的法规规定，保险公司持有任何股票均为违法行为。即便在稍微宽容的州，也仅仅允许保险公司持有少量的股票。经历了 1929 年大崩溃的磨难以及之后的余波不断，保险公司的管理层对于股票的恐惧与厌恶，已经使他们对股票的态度与监管层并无二致。1941 年，在一次著名的听证会上，美国大都会保险公司的总裁弗雷德里克·埃克指责，股票是大萧条期间纽约外围 60 家保险公司倒闭的罪魁祸首。埃克说，纽约州没有一家保险公司倒闭，这个事实说明了纽约州对股票说“NO”的策略是明智的。

对于戴维斯这种反潮流的举动（支持股票、反对债券），支持者甚少。在家庭内部，凯瑟琳的哥哥积极主张在沃瑟曼家族信托中增加持有股票的比例，他赞同戴维斯的主张，认为国债以及政府发行的其他债券简直就是一张“财产没收证明”。在政界和商界，罗斯福总统的杰出顾问萨姆纳·派克赞同这个观点，持有同样观点的还有公平人寿保险公司的总裁托马斯·帕金森。为人直爽的帕金森经营公平人寿保险公司已有 25 年之久，他痛斥同行对于政府过度印钞保持沉默的态度。“这个国家，”帕金森说，“已经被失去控制的国债利用，在美联储系统体面的外衣之外，创造了越来越多的虚拟货币。”

帕金森和其他一些铤而走险的保险业大亨一起，在当时那些面上无光的公用事业公司和陷入困境的铁路公司发行的垃圾债券中，寻求更高回报的标的。然而，更甜美的回报意味着需要付出更多代价，最为极端的情况，是这些“体弱摇晃”的公司会债务违约，还不起钱。当时，这样的情况很多。垃圾债券的违约给保险公司持有的投资组合造成很大损失。

“至少已经有十年的时间，人寿保险行业的投资所得少于它们承诺给予客户的回报。”戴维斯如此评价。长此以往，保险行业必将破产。

全体一致的意见是危险的信号

像戴维斯一样，帕金森相信债券的收益不会一直这样低下去。“你知道，”他在 1945 年 11 月对芝加哥债券俱乐部说，“全体一致的意见是危险的信号。当每一个人都认为利率会持续低迷或更低的时候，你要当心。”与此同时，戴维斯“几乎以恳求”的口气，建议保险公司在它们的投资组合中增加股票的比重，让监管当局废除保险公司不准持股的规定。但是，他的建议基本上被忽视了。

每一个时代都有红极一时的流行投资品种，但它最终会让追随它的人贫困潦倒。这难道真是一个残酷的玩笑吗？20 世纪的每一个 20 年，当初看似最赚钱的投资会在达到其巅峰之后进入长期的下滑；而那些看似最不赚钱的投资在触及低谷之后却开始步入长期的上升轨道。那些不墨守成规的少数投资者因抓住这些转折点而获利甚丰，而大多数人会继续将他们的钱放在那些昔日明星身上，大众的这种忠诚令他们付出了极高的代价。

在 20 世纪 20 年代末，昔日明星是股票，这使得那些股票的热爱者整整输掉了一代人的财富。当时只有少数质疑者从股市中逃出，搭上了政府债券的船，这一举动在随后 17 年给他们带来了丰厚而又稳定的收入，而股票则毫无起色。但是，到了 20 世纪 40 年代后期，历史迎来了另一个拐点。此时，债券就是那个被证明了的昔日明星，债券投资曾是最安全、最聪明的投资。

接下来，是长达 34 年的债券熊市，从杜鲁门时代一直延续到里根时代。20 世纪 40 年代后期，债券的利息率为 2%～3%，到 20 世纪 80 年代早期为 15%，伴随着债券利息率的提高，债券的价格一蹶不振，债券投资者损失惨重。同样的政府债券，在 1946 年的价格为 101 美元，到了 1981 年仅值 17 美元！经历了 30 多年的时间，那些忠实的债券持有人每一美元的投资损失了 83%。戴维斯不再像过去一样关注后视镜里的景象，现在他专注于未来的道路。

第五章/*Chapter Five*

保险入门课

第二次世界大战结束后，戴维斯在杜威的政治机器中扮演了一个小角色，但他在纽约州政府保险司中以直爽敢言而著称。每家保险公司都被要求向政府保险司报备公司财报，戴维斯的工作是阅读这些文件，他整整有四年时间关注这些保险报告。如果无法在工作时间完成工作，他会将文件放在陈旧的公文包里带回家继续阅读。晚上，他会坐在家中火炉边上的一张靠椅上阅读。

戴维斯积极主张保险公司在投资组合中“增加股票、减少债券”，但收效甚微。他在纽交所持有的席位可以说是他在未来权益方面的间接投资，但除此之外，戴维斯还没有从他的预见能力中取得过重大收益。现在，他身上负有的监管职责使他天天与资产负债表、损益表以及其他统计活动打交道。通过阅读大量内部文件，戴维斯成为这种通常认为无聊的行业的专家，他全神贯注于其中的细节。

作为一个历史专业出身的人，戴维斯对于保险的研究也是从保险的起源入手，下面是保险简史的概括（对这些资料没有兴趣的读者可以直接跳到第六章）。

保险行业的历史

根据学术研究，保险的“诞生”可以追溯到公元前4000年，在世界上最为古老的行业中应该可以位居第二。很多世纪以来，不同的文化催生了不同的保险种类，但保险的基本思想始终没有发生根本性改变。

在圣经时代，还没有关于青蛙、蝗虫、瘟疫、头胎生育以及水灾的保险。目前所知的最早的保单是“船舶抵押契约”，承保的内容是海洋货运。这种保险在航运发达的巴比伦人和腓尼基人中非常流行。在古代的汉谟拉比法典（大约公元前1750年）中，有一段关于保险的记录：“如果发生身故，当地城市或地区的长官应该支付给死者亲属一迈纳（古希腊的重量及货币单位）的银子。”汉谟拉比除了在团体险方面具有领先思维之外，在防范消防部门的偷窃行为方面也很努力。任何消防人员如果在救火过程中被发现有偷窃行为，将被处以火刑。

希腊船员如果遇难，孀居的妻子会被给予一项生活收入的来源——这是关于人寿保险的首次记录。如何解读这些早期的保单，这个问题困扰了研究人员几个世纪。在这个过程中，古希腊雄辩家德摩斯梯尼是居功至伟的重量级人物，为解读工作做出了巨大贡献。

古罗马对于保险这项文化遗产的贡献在于帛金会（the Burial Society）的建立，该会为其成员以团体费率提供预付价格优惠的葬礼，它还提供健康险的保单。此外，还有兄弟会组织给罗马士兵支付退休金和伤残金。公元200年，天才的、精于计算的多米提乌斯·乌比安内斯发明了年金价值表，意大利的保险业者用它设定费率。在托斯卡纳的一些地方，乌比安内斯的这个年金表一直流行，使用了1 600年之久。

欧洲火灾保险的起源可以追溯到1240年一个叫凡拉巴赫的小村庄。根据当地法律，“房屋遭受火灾烧毁的村民会即刻获得整个村庄的赔偿”。16世纪，英国的“行贿基金”用于赔偿工会工人遭受的任何损失，涉及的范围从疾病到欺诈。英国帛金会为那些“希望举行体面葬礼”的人支付费用。在伦敦，有一张保存完好的1583年的保单，被挖掘出来是在四个世纪之后，这张保单的持有人是威廉·吉彭斯，比较巧合的是，他在保单到期的17天前离世。

那不勒斯的银行家洛伦佐·唐提在 1653 年第一次推出了“唐提”保险方案，在这个方案里，多个参与者每月支付 x 数量的资金，它听起来更像一个令人毛骨悚然的意大利版本的“幸存者游戏”。这些参与者中第一个离世的人，他的亲属可以获得一小笔资金的赔偿。下一个离世的人的亲属得到的赔偿金额会大一些，以此类推，越往后金额越大，最后一位离世者的亲属可以获得最大一笔赔偿金。唐提保险方案风靡一时，带来了很多乐趣，也引发了很多命案。

在 17 世纪后期发现彗星之前，天文学家埃德蒙·哈雷发明了人寿保险的生命统计表，用于帮助保险公司的 CEO 们计算对客户的收费。那个时候，典型的英国客户拥有的保险种类系在各类情况下保障自己，在工作中、在床上、在外出时，之后还有公路抢劫险、贞操险、婚姻险、洗礼险、学徒险、孀居险以及失业险。①

1666 年伦敦大火，摧毁了半平方英里内的所有建筑，其中包括教区的 87 座教堂，也使得大量保险公司破产——这是他们承认无钱偿付保险索赔的最佳出路。几家新的保险公司在大火

① Robin Willis，“Taking a Risk，an Historical and Hysterical Look at the Purveyors of Dream，Doom，and Destruction，” Pamphlet，Witherby，London，1998. Donald Armstrong，“History of Property Insurance Business in the U. S. Prior to 1890，” PhD diss.，New York University，1971. “Early History of Insurance，” published by The Society of Chartered Property and Casualty Underwriters，1966.

的灰烬中诞生，以满足姗姗来迟的对于火灾险的大量需求。其中有三家公司一直存续到今天，成为现代联合大企业的一部分。

伦敦大火四十年之后，巨大的南海泡沫（South Sea Bubble）在伦敦交易所形成。很多类似今天网络公司的、令人质疑的公司纷纷上市，而且这些公司的股价就像充满了二氧化碳的碳酸饮料。这些企业中至少有20家新成立的保险公司，其中一家竟然为嗜酒者提供“朗姆酒过度消费”保险。当泡沫爆裂之后，股票价格飞流直下，大跌70%～90%，无论是保险公司还是非保险公司都变得一钱不值。①

著名的伦敦劳埃德保险公司由于当时还没有上市，得以躲过泡沫爆裂而幸存下来。劳埃德最初是一家拥有卖酒牌照的咖啡店，深受海员们欢迎。当海员们来此喝咖啡、饮酒时，他们在这里可以顺便取信，听那些漂亮的酒吧女郎聊聊最新的八卦消息。1713年，公司老板爱德华·劳埃德去世，咖啡店被重新翻修，排满了座位，但依然保留了浓郁的海洋气息。在饮酒作乐间，顾客们从早已熟悉情况的经纪商手中购买保险。发现保险业务比咖啡和威士忌更有利可图，于是劳埃德公司开始了它的保险事业。

劳埃德公司的保险理赔数量一直小于其保费收入，这应该

① “Milestones in Insurance History,” Booklet, The American Mutual Reinsurance Company. Alwin E. Bulau, “Footprints of Assurance,” MacMillan, 1953.

归功于其杰出的精算能力。它背后的财团支持者在两个多世纪中获利甚丰，而且极其稳定。

相比之下，美国保险行业伴随着美国独立革命取得胜利而得以发展。美国鹰的图案出现在《保险期刊》1923 年 9 月创刊号上。从这里，我们了解到，早在 1752 年，由本杰明·富兰克林领导的关心市民的“先辈党团”成员聚集在费城一家法院里，商议组织火灾保险事宜。尽管教科书里常常忽视这次聚会，保险业内的资料提醒我们，它对于未来的业主具有深远的影响。长期以来，人们对美国早期的火灾保险公司的评价，要远远高于所谓的“波士顿茶党”（Boston Tea Party）中的那些作奸犯科者。

在富兰克林参与这件事情之前，费城殖民地的普通居民被迫从英国的保险公司购买保险，因为本地的险种不怎么样。当遭遇出险，远在伦敦的保险公司得到消息需要历时数月之久，更别提理赔款的支付了。

尽管富兰克林在早期保险事业上贡献巨大，但公平而言，火灾保险初次亮相应该归功于南卡罗来纳州的查尔斯顿，他比这位放风筝的电气工程师（指富兰克林）早 15 年写出了第一张保单。但不幸的是，在 4 年的保单旺销之后，整个城市遭遇大火，这些保险业的先行者被蜂拥而来、堆积如山的索赔压垮，最终破产，查尔斯顿的投保人损失惨重。保险公司承诺时拍胸脯、理赔时却消失不见的情况并不鲜见，也不会是最后一次。面对费城蜂拥而来的索赔情况，富兰克林公司对于业务进行了选择，它拒绝对院子中有树木的房屋进行承保。这样一来，它的竞争对手——绿树互惠保险公司——半路杀出，大力承揽那些有树木的房屋保险业务。

与此同时，其他一些著名的爱国志士意识到，一个新国家，尤其是一个到处是木制房屋的国家，不可能在没有保障其房屋资产安全的情况下长久地存在。于是，亚历山大·汉密尔顿在政治辩论的工作之余，创立了纽约互惠保险公司，而与此同时，美国最高法院的原首席大法官约翰·马歇尔在弗吉尼亚创立了建筑火灾社团互惠保险协会。马歇尔最好的客户之一是托马斯·杰斐逊，他为自己在蒙蒂塞洛的宅子买了保险。

自 19 世纪中叶以来，新设立的保险公司常常以故去的爱国人士为自己命名（例如富兰克林、约翰·汉考克、保罗·列维尔等），以树立自己源远流长、正脉传承以及高风亮节的形象。在这些爱国英雄还活着的时候就成立的众多保险公司中，只有为数不多的几家精明的公司生存了两个世纪，在经历了瘟疫、战争、海上抢劫、火灾、地震、鲁莽驾车、欺诈索赔，还有贪婪的律师等磨难之后，它们依然顽强地存在，证明了精明而谨慎的保险公司可以比大多数企业活得更长久。

1792年，有两个投机者成立了北美保险公司，他们从欧洲引入了“唐提”的概念，但并不成功。① 于是，他们放弃了唐提概念，取而代之的是在费城出售标准的火灾险、海上险和人寿险。在火灾险方面，他们直接的竞争对手是本杰明·富兰克林。他们营业的第一年是盈利的，并给股东进行了可观的分红。之后，一场黄热病袭击了费城。居民们以各种方式保护自己，例如吸雪茄、点篝火、向空中开枪、紧闭窗户、在床周围喷洒食醋，甚至将水蛭放在皮肤上。尽管做了各种努力，殡仪馆还是需要日夜加班。为了避免传染，乔治·华盛顿和托马斯·杰斐逊都离开了费城。

如雪片般飞来的保险索赔让北美保险公司招架不住了，于是决定放弃人寿保险业务，专注于火灾保险和海上保险。当时正是帆船的全盛时期，这些船比英国那些穿越大西洋的货船快得多。帆船运营商会购买保险，没多久，这种保费不菲、索赔不多的保险品种给保险公司带来了丰厚的利润。北美保险公司将这些意外丰厚的收入投资于那些与国家公路、桥梁和隧道建设相关的按揭与债券。

保险行业的荣枯起伏是可以预见的，一个丰年之后往往跟随着一个糟糕的年份。北美保险公司在数个方面面临着威胁：

---

① Marquis James, *Biography of a Business: Insurance Company of North America*, Bobbs-Merrill, 1942.

与英国人的冲突破坏了贸易并造成了损失；海盗行为和美国船只的蓄意“失事”造成的损失，更是使其雪上加霜；英国汽船参与竞争，抢走了帆船的生意。但是，对保险公司威胁最大的敌人并不是沉船失事、汽船的竞争或炮艇，北美保险公司最大的对手是来自东海岸的同行们。高额的利润像一块肥肉吸引了众多掠食者。那些兼职的推销员被称为“门外保险商”，四处游走，推销打折的保单。这种恶性的价格战损害了行业中每一个成员的利益。

尽管如此，北美保险公司依然是福星高照。放弃了纽约的保险业务，使得它躲过了1835年的大火，那场大火摧毁了当地几乎所有的保险公司，仅有三家幸存。它也挺过了1837年的金融恐慌，那场危机导致多家银行和保险公司破产，并导致当时美国最富裕的州——宾夕法尼亚——发生了债务违约的情况。

两种类型的保险公司

从投资的角度来看，保险公司可以分为两类：股份公司（stock companies）和互惠公司（mutual companies）。股份制保险公司通过华尔街发行股票，公司的拥有者是股东；而互惠型保险公司为保单持有者所有，公司的拥有者就是保单持有人（那些互惠型储蓄银行的情况也类似，它们的拥有者是储户）。

就当时的分布情况而言，股份制保险公司在东部较为普遍，互惠型保险公司在中西部较为流行。1937 年金融恐慌过后，互惠型保险公司更受欢迎。

1850 年，纽约州通过了第一部通行保险法规。随后，其他各州也设立了监管机构，以便管理这个不断吸引好利之徒的行业。不久，联邦政府也制定了相关法规，但被国会设置阻碍，裁定保险业不涉及跨州业务，因此，无需联邦层面的监管，也不属于反信托法范围（通过 1869 年保罗对弗吉尼亚州案例的裁决）。

州政府的监管并没有减缓保险销售的浪潮。1857 年金融恐慌过后，数以百计的商人离开他们破产的本行，纷纷开设保险公司。源于美国内战的很多索赔拖垮了很多资本实力薄弱的保险公司，但是，在战争结束时一些令人生疑的新公司迅速填补了空缺。双方的老兵都成为推销保险的流动经纪人，扩大了当地小买卖的队伍。一些保险公司上市，一些依然以互惠的形式经营。一些保险公司表面上看起来名誉卓著，但一旦灾难发生却陷入资金短缺的窘境。有一些保险公司纯粹就是骗子，收了保费之后，一旦发生索赔，经营者就会迅速地逃之夭夭。无论是哪种情况，倒霉的都是那些投保的人，他们原本打算破财免灾的愿望落了空。

美国内战结束之后，制造业蓬勃向上，工厂的数量翻了一番，由此带动了工厂相关保险业务的增长。北美保险公司将它的销售队伍派往内地，将保险卖给那些响应贺瑞斯·格里利号召向西部进发的移民者。这些保险的险种包括房屋、马车、酒吧、饲料场、铁路、矿业等各类保险。一些具有影响力的保险业者呼吁进行改革，以打击那些声名狼藉的竞争者。就像 20 世纪的石油大亨一样，19 世纪的保险大亨们组成卡塔尔，采取统一提高保险费率的方式取代价格战。

于是，1866 年国家火灾保险总署（the National Board of Fire Underwriters）成立，终结了破坏性的自由市场竞争乱象，取而代之的是“统一费率和统一佣金”政策。然而，这个目标未能得到完满实现，该政策的支持者也并未认真执行落实，各家成员保险公司依然偷偷地继续着杀价的买卖，破坏了它们表面假装支持的统一费率原则。（1921 年，在美国担保人协会试图组成卡塔尔时，遇到了同样的情形，结果徒劳无功。）

1871 年，芝加哥市的奥利里夫人的牛踢翻了一个灯笼，获得了 9 000 万美元的保险赔偿，这一赔偿导致将近 200 家保险公司垮台。北美保险公司以其丰厚的财力，从自家的银行账户里支付了 180 项保险索赔，总计 65 万美元，同时，还给它的股东们慷慨地分红 10%。正是由于很好地履行了诺言，北美保险公司不断吸引着新的顾客到来。

13 个月之后，波士顿发生了著名的大火灾，造成了 1 亿美元损失，致使50家保险公司破产。1906年，旧金山地震引发的大火造成4亿美元的损失，摧毁了20家保险公司。城市的总输水管道在地震中被损坏，使得防火栓没水，大火肆虐蔓延。大火发生的八个月前，国家火灾保险总署痛斥旧金山的保险业，指责其疏于防护，警告火险部门“不能指望通过无限期的拖延避开那些注定要发生的事情”。

怀疑论者所谓的“轻率的时尚”风潮——汽车，为保险行业开辟了一片新天地。根据尘封的记载，第一个汽车保险的顾客是来自纽约州水牛城的杜鲁门·马丁医生，他为自己的汽车上的是第三者责任险。保单来自旅行家保险公司——19世纪实力最为雄厚的保险公司。

旅行家保险公司的创始人是詹姆士·巴特森，他会拉丁语和希腊语。他的父亲是康涅狄格州的一位石雕匠，与亚伯拉罕·林肯是好朋友，他从墓碑生意中迅速获得了财富。1864年，他开始为徒步旅行者提供意外险。作为第一个为此类风险提供保险的公司，它开出了“天价”保费。1866年，旅行家保险公司增添了人寿保险，随后又增添了汽车保险。

到这个时候，北美保险公司已经挺过了1819年、1837年、1857年的金融危机，将要面临的是在1873年、1893年、1907年同样艰难的危机中图存。应该感谢保守的投资策略，这使得北美保险公司仅以相对轻微的代价度过了1929年的大危机。到

1932 年股市最低点的时候，该公司持有的股票和债券投资组合市值为 5 200 万美元，大崩溃之前的市值则为 7 770 万美元。北美保险公司的股票在纽约场外交易所（the New York Curb Exchange，也就是美国证券交易所的前身）挂牌交易，股价跌幅相对较为温和，最高时为 87.50 美元，最低时为 32 美元。到 1935 年年底，股价反弹到 76.50 美元，很少有其他股票有如此凤凰涅槃般的表现。

20 世纪 30 年代中后期，整个保险行业迎来了生机勃勃的复兴，几只股票也随之反弹。美国最大的伤亡保险公司——忠诚保险的股价到 20 世纪 40 年代中期，上涨了 1 145%。同期标普 500 指数仅仅令人失望地上涨了 77%，而一家典型的伤亡保险公司（根据最佳伤亡统计指数计算）上涨了 248%。

1944 年，联邦最高法院最终改变了它长期以来持有的态度，裁定保险行业终于可以进行跨州经营。最近的一个案例是一个地区的卡特尔——西南保险公司因执行固定费率而被起诉，称其违反《谢尔曼反托拉斯法》。这种法律制度的变动，对于稳定了一个世纪的保险行业而言，会产生威胁以至于终结温和的州政府监管。保险商们对此深感震惊，于是他们群集国会，游说国会通过新的法案（《麦卡伦-弗格森法案》），赋予州政府在保险行业立法的唯一权力。

与旅行家保险公司、安泰、信诺等公司一起，北美保险公司历经各种人为的和自然的财产灾难（战争、洪水、飓风、地震，还有使三大城市夷为平地的大火），奇迹般地挺了过来。这几家保险公司看似吹着口哨，轻松地前行，实际上一路走来，到处都是埋葬商家的墓地，包括破产的铁路公司、纺织厂、钢铁厂、零售商、批发商，什么行业都有。历经多重劫难之后，这些幸存下来的伟大公司证明了自己的实力。伦敦劳埃德保险公司也是这样，它正式成立于1871年。到了20世纪，劳埃德成为世界上最著名的保险公司，如同大英帝国一样象征着坚实与永恒。劳埃德永不沉没的形象在1911年得到一位作家赋予它“保险界的泰坦尼克”称号，那一年有史以来最大的游轮——泰坦尼克号刚刚修造完成，当时还没有发生后来的撞上冰山沉没事件。

保险投资总是能够产生稳定、可靠、具有吸引力的回报吗？实际情况并非如此。在每一个幸存者的背后，都有数十数百个同行倒下，它们死于各种原因：恐慌、萧条、过于乐观的承保、昂贵的开销、膨胀的索赔、不当的管理以及糟糕的运气。20世纪60年代之后，甚至连劳埃德这样的保险公司也开始赚钱乏术，一度到了生死存亡的边缘，几乎沦落到与泰坦尼克号游轮差不多的命运。劳埃德的投资者以及一些不知名的投资人损失惨重，尽管劳埃德还有一些微薄的利润，但整个行业苟延残喘、命悬一线。戴维斯洞察到了这一切，他已经做好准备，准备好了第一次出手，从此开始他辉煌的股票投资生涯。

第六章/*Chapter Six*

从政府官员到投资家

戴维斯下海

1947 年，戴维斯离开州政府公务员职位投身于股市。他的妻子凯瑟琳回忆起当年戴维斯离开安稳的政府体制内岗位时，家人对此的反应是：“他这么做，有点疯狂。”

同年，贝尔实验室发明了晶体管，索尼公司创立，亚甲斯“发泡清洁剂”出现在货架上。“冷战”这个词被金融家伯纳德·巴鲁克创造出来，从此成为一个新的词语。乔治·C. 马歇尔将军在一次哈佛大学的演讲中，介绍了他的马歇尔计划，该计划旨在帮助欧洲从战争的废墟中复兴。美国国会通过了《塔夫脱—哈特莱法案》，该法案的目的在于削弱工会的势力。在莱维敦，第一座拥有生产流水线的厂房落成。杰基·罗宾逊打破了棒球界的肤色界限。电吉他首次问世。然而，股票依然不得人心，遭到普遍蔑视。道琼斯指数始终徘徊在 180 点上下，这个点位只是 1929 年股市高位的一半。1946 年，化学板块和汽车板块下探新低；1947 年，铁路板块和航空板块再次下挫；再后一年，轮到了医药板块和公用事业板块遭遇不幸。

投资者面临以下的各种选择。他们可以选择债券，可以在购买之后的 30 年，每年以剪息票的方式获得 2.5%的回报，但需支付高昂的所得税。在当时，以免税方式实现复利增长的个人退休账户（IRA）还没有出现。绝大多数美国人没有足够的钱购买债券，他们只能将流动资产存在储蓄账户里。另一个例子可以说明当时整个金融业界如何面对自由竞争的企业制度，银行给储户统一的低利率；同时，联邦政府保证这些银行的低成本资金可以高利率借出去，由此银行业可以获得一个可观的“利差”。这个“利差”越大，银行的利润率和安全度也就越大，破产的概率就越小。这样，银行可以保持轻松的上班时间（上午十点到下午三点），银行家们也不用有过多的担心，可以有更多时间去打高尔夫球。

与此同时，储户们得到的利息在减去利息税之后，却无法战胜通货膨胀。就这样，原本指望积累财富的银行储蓄账户却变成了注定减少财富的地方。年复一年，老实本分的储户们眼睁睁看着钱财流逝，却哭诉无门。

如果不选择存银行，选择股票投资会如何呢？戴维斯不做分析师已经有十年了，但是他却能紧跟时代潮流。他知道股票还没有脱离打折的低价命运，道琼斯指数的整体市盈率（PE）为 9.6 倍，股价仅仅略高于账面净资产值。道琼斯指数成分股公司的平均股息率为 5%，这个数字是投资者在山姆大叔债券（意指美国国债）上收益的两倍。除此之外，几乎每一个市场板块，股息率均高于债券收益。相对于持有债券只能收取利息，持有股票成为股东，除了收到股息之外，投资者还有机会获得资本利得。

即便买股票有如此多的优势，大众依然不买账。美联储进行的一项调查显示，超过 90%的受访者反映，他们不会购买普通股。正如戴维斯提到的那样，大众“对于股市持有一种集体的怨恨情绪”。这个参与过战争并赢得战争、消除了地球上最大恶魔的国家，现在却在躲避华尔街的金钱。20 世纪 20 年代兴起的共同基金行业，差点儿夭折。仅有 30 万美国人持有基金份额。几乎没有人愿意将筹码押在美国经济上，但戴维斯已经完全洞察到了经济的上升趋势。美国工业在全世界范围内独树一帜，其竞争对手都已在战争中毁于战火。美国的跨国公司毫不费力地占领欧洲市场，使得利润大幅提升。四个旧敌——意大利、奥地利、德国、日本——已经成为美国的盟友。并且，不要忘了，美国手里有原子弹。

战后的繁荣

第二次世界大战结束了，整个社会释放出来的能量远远大于原子弹，它治愈了延续已久的大萧条。从 20 世纪 30 年代到 40 年代，美国还没有形成大规模的市场。餐馆、汽车旅馆以及绝大多数商店的业务都局限于当地。近乎一半的美国家庭每周收入低于 20 美元，人们为衣食住行苦苦挣扎奋斗，他们为生活必需品花尽了钱包里的钱，没有任何条件追求奢侈与舒适。对于这些生活在生存线上的人而言，“疯狂购物”是个如同外星人一样陌生的词语，就像网上冲浪一样。

战后的繁荣带来了经济学家所谓的“可支配性收入”（discretionary income)，数以百万计的消费者忽然发现，他们终于有钱买一些非必需品了。这些额外收入产生了奇妙的乘数效应。曾经，长期的配额定量和票证管理令人厌烦，汽油成了奢侈品，黄油和白糖就像珍馐美味，肉类成了珍宝，一双新尼龙袜就像不可触及的梦想。现在，美国人终于可以自由地购物，这是非常令人激动的事情。人们逢物就买，样样必买，愣是将“必需品”这个词演绎成为“必须让人开心的物品”。

从战场上归来的退役老兵们怀揣着胜利的喜悦和丰厚的退伍津贴，他们口袋里的钱比任何工薪阶层的所有积累都多。他们从《退伍军人权利法案》中得到财务资助，买房、买车、追求知识与学历。房屋市场的蓬勃发展带动了家用小型电器、房屋装修、家具等市场的旺盛需求，婴儿潮的到来带来了纸尿裤、洗衣皂、婴儿车和婴儿床等行业的景气。整个美国的制造业从压抑的需要下解放出来，并迅速地从满足山姆大叔的国家机器需要，转向满足各地人们的消费需求。

从东海岸到西海岸，收银机欢快地记录着销售额的上升，心花怒放的生意人不断扩大店铺的营业面积、开设新的店铺。整个国民经济切换到迅速发展的轨道，通货膨胀开始出现，但是利润增长得更快，因为机器设备的改进提高了工人们每小时的产量。假设当初戴维斯被分派到交通部门、公用事业部门或新闻部门，他或许会目睹汽车股、电力股或新闻类股票的巨大潜力。但是，正如彼得·林奇后来评价的那样，他专于自己懂的行业，而这个行业恰恰被分析师和券商们所忽略。

当时，保险类股票在华尔街的眼中并不值钱，很多保险公司发行的股票都只能在交易所旁边的“柜台交易”市场里交易。在市场上，戴维斯注意到，在战后时期，小公司股票的表现优于大公司股票。他推测造成这个现象的原因是：小公司可以提高价格、控制工资，而不会受到“国会调查或工会压力的恐吓或威胁”。理论上，典型的保险公司可以受益于此，但是戴维斯注意到这些因素并未体现在保险公司的利润上。

1942—1947 年，道琼斯成分股的利润翻了一番，但火灾保险公司依然两手空空。戴维斯在他的一次演讲中提到：“自 1906 年旧金山大火以来，火灾保险整个行业比任何时候都不赚钱。而除此之外的整个商业世界正在享受美国有史以来前所未有的蓬勃盛宴……我穿的衬衫变贵了、用的煤变贵了、面包变贵了、猪排变贵了。基本而言，我知道的所有东西都变贵了，价格比战前都翻了一番，唯有火灾保险公司的股价除外。”

戴维斯火眼金睛看穿保险股

戴维斯将保险公司的盈利不佳归咎于公司投资组合中持有的低收益债券。保险公司投资效率低下，回报很少，导致没有充足的“准备金”以应付未来发生的投保人索赔。“通常情况下，一家人寿保险公司的最关键问题是出售保单，”戴维斯在 1946 年对一群行业领袖说，“今天，最关键的问题是如何提高投资收益。”

尽管表面上看来保险行业缺乏盈利，但戴维斯相信不仅股市总体上有着惊人的上升潜力，保险股则更是在风险极低的情况下具有提供超额回报的机会。虽然没有接受过正式的会计师培训，戴维斯很快发现保险会计是为了让政府监管机构满意而设置的，而不是为了向潜在投资者提供信息。就像一个金矿矿工在去索赔的时候，特地穿着破烂，以避免引起他人的妒忌。保险公司也一样，表现出很可怜的样子。每当一个经纪人卖出一张新的保单，所获得的佣金是首月保费的120％。这样，每一张新保单的出售，都意味着在保险公司的账面上立刻出现了一项亏损记录。

戴维斯总结出很多不同的经验法则去解释这样或那些的异常现象。他发现，典型的保险公司常常会以低于“账面价值”的价格出售保单。保险公司持有的、由债券和按揭组成的固定收益投资组合的价值，甚至高于保险公司本身在股市上交易的市值。如此说来，任何购买保险公司股票的人除了物有所值之外，还能额外拥有公司投资组合的一部分。保险股的投资者可以收到年化4％～5％的分红，这相当于广受欢迎的国债收益的2倍。

对于保险公司价值几何的问题，只要拿支铅笔稍微算一算，就可以估计出有形和无形资产的价值来。即便抛开单调的公司运营利润，保险公司持有的投资组合也随着债券利息收入和按揭利息收入的不断流入，在以复利的形式快乐地增长。在早年为凯瑟琳的哥哥狂野比尔做分析师时，戴维斯还没有意识到复利机器与其他类型公司的区别，但是日复一日的工作积累让他终于认识到了这一关键的特质。一般的制造商需要花费资本，用来设计出适销对路的产品，然后，花更多的钱升级工厂和改进设备；而保险公司可以先从每个新客户那里收取现金（保费收入），等到索赔或保单到期才会发生支出。

其实，保险公司投资组合中持有的债券和按揭投资，都是用客户的钱购买的。假设未来发生的客户索赔没有耗尽投资组合的资产，那么保险公司就能积累一笔巨大的隐形资产，而这笔资产迟早属于公司股东。耐心的投资者可以等待这些隐形资产不断增长，同时期待后续的其他投资者来发现其价值，从而推升股票价格。其他人的分期付款，加上支付的利息，最终会成就他们终生积累的财富。

这样的一个股东炼金术，无需传统炼金术的大煮锅、配料秘方、符咒，或念念有词的魔咒。任何选股人士都可以从中受益，关于如何选股、所谓“价值投资法”已经写在本杰明·格雷厄姆的《证券分析》一书中，该书首次出版于 1934 年。格雷厄姆解决了长久以来人们对于投机和投资二者之间模糊不清的认识，指出持有股票的人到底是投资者还是投机者，取决于他们买什么以及支付什么价格。格雷厄姆建议，买股票时应该以低于公司清算价值的价格购买，这样就可以大大降低亏损的可能。那些以承担最小风险寻求回报的人就是在投资。那些为未实现的、仅仅是具有潜力、未经证实的“明星”支付愚蠢价格的人，就是在进行投机。

尽管格雷厄姆对于大众而言并不是一个如雷贯耳的名字，但在保险精算界，他却是众人追捧的偶像级人物，大名鼎鼎的沃伦·巴菲特就是他最忠实的信徒。戴维斯也热衷于阅读格雷厄姆的著作，并钦佩他的观点。1947 年，戴维斯还当选为格雷厄姆股票分析机构的主席。

保险公司除了坐享价值升值的好处之外，还从社会巨大汹涌的保险需求中受益。例如，购买了新房、新车的新婚夫妇需要三种保险：人寿保险、房屋保险和汽车保险。1948 年 7 月发表在基普林格的杂志《变化时代》上的一篇重要文章引起了戴维斯的注意，文章的题目是《年轻人应该如何使用金钱》。该文的开篇建议是：“应该从购买 2 万美元的人寿保险开始。”

十年之前，全国 1/3 的储蓄都放在了人寿保险里。到了 20 世纪 40 年代，这一比例还在上升。战争促进了保险经纪的大繁荣，日本偷袭珍珠港之后，美国国内的保险更是创下了新的销售纪录。客户们购买了更多的保险，并忠实履约，按期支付保费。保险业务中发生的“弃保”（业内对于不再支付保费的委婉说法）和“退保”（指的是一些保户放弃保单的做法）行为在整个 40 年代达到有史以来的最低水平。到了 1944 年，整个美国有效保单达到了 1.59 亿份，其中 1 600 万份属于军队相关人员，他们中间那些持有5年期保险的人，被说服将保险延至20年期。

戴维斯还发现了这个行业的另一项福利：保险公司处于“长线牛市”。即便当死亡渐渐来临，投保的人也可以不慌不忙，他们活着的时候支付保费以对抗死亡，由他们的继承人在身后获得身故赔偿。戴维斯说，保险公司其实是“不动声色的成长公司”，它们疯狂地成长，但“人们并未意识到这一点”。50年代的公用电力公司也属于这种情况。再后来，戴维斯的儿子发现80年代的消费公司、90年代的金融公司都属于这种表面上深藏不露，实际上却发展快速的情况。

戴维斯对于所监管的行业了解越多，他越是坚信自己已经发现财富矿藏的母脉。一次又一次，他注意到保险公司的股票交易价格低于账面资产、分发丰厚的红利，并长期保持复利增长。1948年，他的上司兼良师杜威有着极大的胜率赢得总统宝座，戴维斯本可以随着一道晋升华盛顿高层。但对于戴维斯而言，他对跻身于华盛顿上流社会缺乏兴趣，他醉心于保险行业。即便在他监管之下的保险公司并没有被说服将更多的资金转入股票投资，但至少，戴维斯向世界证明了为什么应该将保险公司的股票纳入投资组合。最终，他还是提交了辞呈。

戴维斯买下了弗兰克·布罗考公司作为运营的根据地，该公司号称是“最悠久的保险股交易商”。自20世纪30年代起，布罗考就为保险股拍案叫绝、擂鼓助威。可惜，时运不济，他的公司摇摇欲坠。戴维斯认为，如果能保留“最悠久”的牌子，他将从布罗考的忍耐力中获益。他换掉了公司名字中的“布罗考”，将公司更名为谢尔比·卡洛姆·戴维斯公司。他早前在纽约证券交易所买下的席位，此刻派上了用场，它使得戴维斯能够进入交易现场，并具有与华尔街大买家直接进行交易的许可证。他的公司现在是“会员公司”，拥有一切会员权利和特权。戴维斯让布罗考继续作为合伙人留在公司，至少是暂时的。但是，数月之后，公司有了新的变动，布罗考在大西洋溺水身亡，终止了合伙关系。经法医鉴定，他死于自杀。

戴维斯现在独自拥有了这家公司，地址位于威廉姆大街 110 号，紧邻华尔街，就像金融界的外百老汇。办公室里有两张桌子和两部黑色电话，电话号码（1948 年 5 月）是比克曼 3-0626，他的妻子凯瑟琳负责接电话。“工作很简单，”她回忆说，“但是很无聊，没有人打电话来，我就坐在那儿看看书。”

历史上最大的清仓大甩卖

就整个国家而言，战争时期的节俭已经被和平时期的消费所取代，但是在戴维斯家中，简朴依旧。我们的选股师每天早晨 6 点起床，在浴室里用轻便的电炉为自己做早餐，一边吃一边穿衣服，穿衣服时也不顾及穿的是什么衣服，抓起公文包，叫醒妻子开车送他去火车站。他赶的是早上7点钟的火车，从塔里敦到纽约。他的邻居们通常会选择8点的火车，这样他们能多睡一会儿，更轻松一点。戴维斯喜欢早起，在无人打扰的时候读《华尔街日报》，他喜欢在华尔街上班的汹涌人群中先人一步的感觉。另外，更为优惠的7点钟早班火车票价也算是个额外的奖励。

辞去公务员身份的戴维斯，1948年5月12日在纽约客酒店对保险会计师协会发表了演讲。“我今天的话题，不仅与那些视火灾保险为生计的人的心相关，更与他们的命运相关。”在说这话时，他似乎面对的是满屋的英雄战士，而不是只懂得耍弄铅笔的职场呆伯特们。他的演讲中充满了着重的语气：“非常”“的确”“不用我说你也知道”。例如：“这是一个了不起的行业，不用我说你也知道，这是美国最为悠久、最受尊敬的行业之一……”

他说保单持有人不仅仅是前景广阔的保险行业唯一受益者，那些“广大而沉默的”股票持有人——包括大学、医院、教会团体等——都将部分资金投注在保险行业里。“当监管当局拒绝保险公司提高费率、挤压行业利润时，它们都会遭受痛苦。”但他大声疾呼，当整个行业获取更多的利润时，意味着更多的工作岗位，更大范围的繁荣。

1947—1948年期间，戴维斯数次走访全国各地，寻找物有所值的保险股票。他将自己的观点输出给各种基金会、养老基金、富裕人群，这些工作，他那位落水而亡的合伙人十年前就做过，但收效甚微。他期待着能有人听从他的建议，并通过他的席位进行股票交易，这样他可以赚一些佣金。“你想以今天的半价购买标准石油的股票吗?”他问他的听众们。听众们都会大声回答：“是的!”每当此时，他就会热情地宣传，保险股票此时此刻就在提供同样的打折机会。一个典型的保险公司现在正在以相当于它们资产价值一半的价格在股市上出售，戴维斯说，这正是“历史上最大的清仓大甩卖”。

“我一直在敲各家的门，大费周章。”戴维斯承认，他在为七家保险公司集资上市做努力，他的公司是承担承销工作的几个辛迪加中最小的。他原本期望从东海岸到西海岸的巡回路演能吸引买家，但未能如愿。“很明显，”戴维斯有些愤愤不平，“这个国家死脑筋的储户们根本不想在这类资产上投一个子儿……”

在这些发行新股的公司中，安泰是其中一家。原有老股东有优先认购权，但是仅仅认购了一半的份额。戴维斯与其他辛迪加的同道们一起努力推销余下的股份。

“为什么在这种糟糕的环境下……我还一直在向潜在买家不遗余力地推销呢?”戴维斯问自己，然后自己找到答案。首先，对于大多数人，股票是一个令人讨厌的东西。哈里·S. 杜鲁门总统曾经在1948年的竞选演说中狠狠地讽刺了华尔街，他的竞选获胜引发了美林证券公司的创始人查尔斯·梅里尔在报纸上刊登广告予以回击：

“杜鲁门先生与其他人一样知道，没有什么华尔街，”梅里尔嘲笑道，“那只是一个传说，华尔街就是旧金山的蒙哥马利大街、波士顿的联邦大街、得克萨斯州韦科的主街、密苏里州独立市的任何一个地点，节俭的人们只是去这些地方进行投资、买卖证券而已。”①

潜在购买者告诉戴维斯他们不愿意买保险股的原因：（1）战争引发“整体的道德缺失”。复员的大兵们会干出纵火和偷盗邻里的事情来，如此一来，保险公司会被塞满索赔的账单。（2）保险公司刚刚理赔了一起重大爆炸事故，即1947年发生在得克萨斯州得克萨斯市的硝酸盐工厂爆炸案，造成576人死亡。保险索赔金额之高、量级之大，很可能引发又一轮的保险公司破产风潮。（3）常常被预言的、即将发生的核战争是保险行业的噩梦。想一想第三次世界大战引发的索赔！（4）核电站留下的放射性物质，也会引起巨大的保险索赔。

上述这些原因令戴维斯的推销极为失败，但是令人沮丧的路演却起到了“祸兮福之所倚”的作用。在本杰明·格雷厄姆

① James Grant, *The Trouble with Prosperity*, p. 89.

著名的《证券分析》的续集《聪明的投资者》一书中，格雷厄姆写道：“若想取得持续高于市场平均水平的回报，投资者必须遵循如下原则：（1）自身坚定沉着且积极乐观；（2）投资标的在华尔街并不风行。”

戴维斯的融资优势

戴维斯用他的新职业生涯践行了上述两条座右铭。如果短视的听众们不接受他的建议，那么索性独自享用。他的工作重点从股票承销和经纪业务，迅速转向自己专注于投资组合。在这个不受欢迎的行业里，他专心寻找购买那些基本面稳固且具有光明前景的保险公司股。

通过自己拥有牌照的公司进行投资，这一特点赋予戴维斯周围其他投资人所没有的两个优势：（1）戴维斯通过公司买股票，可以使用更多的融资杠杆，因为美国证监会允许公司比个人使用更多的融资杠杆。（2）公司的融资可以享有更低的利率。

在 1929 年大危机中，大群狂热股民使用融资杠杆大买股票，结果是丧失了终身的储蓄，但戴维斯谨慎地使用美国证监会所允许的最大融资额度——略高于 50％。比起那些在高位融资买了股票的倒霉前辈们，戴维斯买的都是打了折的保险股票，这给了他一张安全网。*

“我父亲讨厌税收，”戴维斯的儿子谢尔比后来说，“所以，使用融资杠杆成为他应付国税局的利器。融资产生的利息是可以抵税的，这个抵税额度正好可以抵消一些他获得的分红带来的应缴税项。此外，随着投资数量的增大，他更加专注。”

戴维斯继续在各处寻访，但已经不再是四处向人推荐股票，而是为自己的投资进行公司调研分析。他访问哈特福德和其他地方的 CEO 们，询问他们关于近期的结果和未来的计划。面对面的会晤有助于他将“虚张声势的人与实干家”区分开来。如今，华尔街的分析师们将公司拜访视为必修功课，其实在这方面戴维斯是先行者。CEO 们经常会宣布未来的目标，对此，戴维斯会追问他们达成目标的细节。

如果一个公司发布了未来长期利润增长目标的权威预测，但对于如何实施却模糊其词，戴维斯会弃之而去。他喜欢问的问题之一是：“如果你有一颗具有特殊功能的银色子弹，可以消灭一个竞争对手，请问你打算干掉哪一家公司？”在得到答案之后，他会记下这家公司，然后研究它的股票。一个让对手畏惧的公司一定有其可取之处。他将这种深究事实的调研称为“与我的合伙人会晤”。深谙历史的戴维斯明白，任何伟大的成

---

* 也就是通常所说的安全边际。——译者

就都是由伟大的领导者创造的，他现在就在寻找商界伟大的领导者。

可怜的分析师

在开始运营自己公司的时候，戴维斯找到了格雷厄姆，也就是沃伦·巴菲特在哥伦比亚大学的教授。格雷厄姆当时正肩负着将股票分析从粗俗工艺转化为严肃科学的历史重任。为了达成这个目标，格雷厄姆呼吁对华尔街的计算高手们进行更好的培训以及认证，对公众公司采取更可靠的会计方法。他的努力促成了纽约证券分析师协会（NYSSA）的成立，到 20 世纪 40 年代中期，该协会吸引了 1 000 名会员。

戴维斯加入纽约证券分析师协会，一方面是为自己招揽生意；另一方面是支持格雷厄姆的呼吁。当时，证券分析师在华尔街属于低收入、不引人注目、低层级一族。他们为机构客户（例如退休基金）进行调研，但极少与大众有接触。他们的预算通常捉襟见肘，一些人会抱怨还要支付 5 美元的协会会费。赶上有上市公司代表发表公司近况的夸夸其谈的会议，他们还要陪着并另外支付数额不大的午餐附加费。那些不付午餐费的会员拿的是“不吃只听”的免费入场券。

根据当时的会议记录，纽约证券分析师协会开会的地点在施瓦兹饭店，会议的主要议题是讨论午餐的饭菜质量以及服务态度如何，关于吃饭问题的讨论占据了很长时间。例如，1946年7月8日，协会执行委员会报告说，施瓦兹饭店经理哈利·贝克先生要求将午餐的费用从1美元提高到1.15美元。贝克的要求获得通过，他同时承诺增添菜式。接下来的会议，讨论的是多出的这0.15美元从哪里来，有人建议向非会员宾客收费。戴维斯是当时的项目负责人，他被建议牵头研究一下这个餐费的问题。

戴维斯很快由项目负责人升迁为协会的主席，他在1947年的选举投票中以67票胜出。从一开始，他就参与了关于餐厅问题的讨论。他们组成了一个专门委员会，负责推荐更好的就餐地点，但是，当分析师们与施瓦兹饭店的律师们达成一致后，寻找更好餐厅的工作告一段落。最终达成一致的合同规定，施瓦兹饭店提供午餐的质量应该与同类饭店“至少一样好”。

1947年9月的会议记录提到施瓦兹饭店自己出资安装一个新的楼梯。次年2月，协会会员同意施瓦兹饭店在圣诞节期间将分析师餐厅出租给其他人使用。作为回报，施瓦兹饭店同意将分析师们之前的就餐欠账一笔勾销。会议记录还提到是否在办公室安装文件柜事宜，以及空调费用和为即将举行的协会聚会预支150美元等事宜。

1948年1月，午餐费用涨至1.25美元，协会也一如既往，再次敦促施瓦兹饭店提升所提供食物的档次。3月，一位怏怏不快的分析师建议将协会中逾期欠账的名单刊登在告示栏上。5月，戴维斯的主席任期届满，人们建议找一个更具激情的代言人，改善餐厅的装修，安装新的天花板吊灯和软木装饰，以及清理“脚下的固定电器设备”，总之，这些都是亟待解决的问题。

在这段时间里，本杰明·格雷厄姆总是在忙着“让事情回归本原”的工作。协会的记录显示，分析师们似乎并非受到很多重视，他们有很多人无所事事。否则，他们就不会有这么多时间用于分析关于施瓦兹饭店的事情了。

与此同时，戴维斯先前选中的股票已经开始了滚雪球的复利旅程。他的公司初期仅有10万美元资产（5万美元现金，加上价值5万美元的纽交所席位），到第一年结束时，他的净资产已经达到了234 790美元。7只保险公司的股票帮助戴维斯实现了财富的飞跃，如同今天高科技股票才能达到的效果一样。他持有的最大一只股票来自相对大一点的保险公司——克拉姆·福斯特（后来被施乐公司兼并），其他的几个都很小，没有什么名气。这些股票都在被称为“柜台交易”的市场上交易，它们的营业收入和利润的增长就像后来的微软公司一样迅速。

当道琼斯掉头南下（1947—1949年下跌24%）的时候，戴维斯的投资组合表现却在北上。他选对了股票、选对了行业，他的财富的快速上升还得益于融资杠杆的使用。戴维斯在投资的第一年借了 29 000 美元，并且在他的整个职业生涯中，戴维斯始终最大限度地使用融资杠杆。不知道出于何种原因，在戴维斯的持股中也出现过少量的美国钢铁和联合航空的股票。很多理财经理建议他多买一些世界最大、最牛的钢铁公司股票，少买一些婆婆妈妈的保险股。但是，戴维斯坚定不移地执行自己的计划，进行有策略的投资，而不是感情用事。对于美国钢铁公司大烟囱的留恋是对于财富的严重损害，因为美国钢铁公司的股票在 1954 年达到高峰之后，开始了长达 40 年的下滑之路。

第七章/*Chapter Seven*

牛气冲天的50年代

整整一代人在怀着对牛市的期待中老去

从历史上看，20世纪50年代的美国股市是自1929年大危机之后最好的十年。道琼斯指数几乎升至原来的3倍，从235点涨到679点。与此同时，那些精心挑选的股票表现更佳。1949年投资到标普500指数上的每1万美元资金，到1959年可以上升到6.7万美元，年化回报达到异乎寻常的21.1%。这个无与伦比的纪录，一直保持到20世纪80年代。

整个30年代和40年代的股市表现是令人沮丧的，始终是上上下下起伏不定，每一次上升都会被扼杀。但是，在整个50年代，牛市却是持久不衰，买进股票、持有股票这样的行为，又恢复了先前的好名声。在这样的牛市中，即便遇到市场回调，也只是暂时的。1950 年爆发的朝鲜战争令投资者惊慌失措，但“市场先生”的损失很快就得到补偿。同样，1957 年发生的各类事件，诸如苏伊士运河问题的争吵、苏联将坦克开进布达佩斯，以及成功发射人造卫星进入太空轨道等，都会引发短暂的恐慌。两次下跌都伴随着经济的短期衰退，但这两次经济都轻松复原了。公司的利润在增长、股票的市盈率在膨胀，投资的游戏可以轻松取胜。

在应该持有股票的最佳时候，人们却常常避而远之，这是大众对于股市的典型行为方式。在 30 年代，股价达到数字上的底部之时，人们花了更长的时间才达到心理的底部。进入 50 年代，大众继续对是否应该持有股票这个问题保持着首鼠两端、狐疑不决的态度，这考验着人们的智慧。

毫无疑问，1950 年的股价极其低廉，道琼斯指数还没有超越 1929 年的高点。除了个别公司（例如新泽西的标准石油、克莱斯勒等），平均而言，蓝筹股依然深陷长期衰退之中，毫无起色。著名的通用电气公司的股价比“柯立芝繁荣”时期* 还要低。阿纳康达铜业公司和 RCA 公司（美国无线电公司）的股价大跌了 50%。著名的财经杂志《巴伦》在 1952 年的一期中选出

---

* 即 1923—1929 年。——译者

全美 50 家杰出的公司，其中有 35 家在股市上是长期输家。整整一代人在对牛市的期待中老去。

在这种情况下，绝大多数人拥有股票是为了获得分红，而不是差价。与此同时，税务当局还在进行着不厚道的瓜分：最高税阶的税率达到收入的 80%。这时，共同基金的倡导者约翰·邓普顿建议客户可以买那些快速增长的公司的股票，这类公司通常仅支付很少的分红或者根本没有分红，通过这种方式可以规避沉重的税负。他建议，当投资者需要用钱时，可以卖出一些股票，资本利得的税率会低很多。邓普顿的观点——把股票当作收入来源——并没有得到大众的广泛响应。

20 世纪 50 年代初期，股市有了令人印象深刻的反弹，戴维斯借此晋身百万富翁之列，但即便如此，大众还是疑虑重重。1954 年出版的《财富》杂志反映了这种心态，它的封面文章是《华尔街已经过时了吗?》。此时，美国的企业生意兴隆，但股票的表现却不尽如人意，令人昏昏欲睡。每 100 个美国人中，仅有 4 个人持有股票。

纽约证券交易所里依旧保持着 30 年代中期以来像牛皮糖一样没精打采、不死不活的走势，每天的交易量仅有 100 万股。操盘手、券商、承销商都对大众的默然以对感到茫然无措。为了打破这种毫无生气的僵局，纽交所发起了一场时髦的推广活动，主题是“在美国经济中拥有自己的一份”。

纽交所总裁 G. 基思·芬斯顿（他曾经将自家的夏季度假小屋租给戴维斯一家）发起了一场活动，鼓动未持股的中产阶级参与投资。小投资者们被邀请，可以分期付款购买股票，这种付款方式就像他们买车、买家具、买电器时的分期付款一样。尽管开始之初纽交所称这场活动“大有希望”，但最后仅有 2.8 万人参与了这场“先投资，后付款”的活动。在活动的第一年中，仅仅吸引了 1 150 万美元的新投资资金。

结果证明大众并不认为会有什么牛市，人们缺乏购买的热情，进一步导致持股者也同样缺乏卖股的热情。卖的人越少，股价向下的压力就越小，因此，相对少的买盘即可推升股价。

尽管经济的繁荣开始渐渐减轻人们对于萧条的担心，但通货膨胀的警示灯开始闪烁。在朝鲜战争期间以及结束后，通货膨胀如期降临。一如既往，大幅的军费开支由过度活跃的印钞机解决。1950—1951 年，CPI 以两位数的速度增长，美联储以提高短期利率的经典方式作为治疗通胀的手段。但这种治疗手段具有习惯性的副作用——经济的温和衰退，就像之前提到的情形一样。

长期债券恶化崩溃的开端

1951 年，美联储放开了它数年以来紧紧压在长期国债利率上的盖子。从管制的束缚下释放出来，长期利率随着通货膨胀的上升而飙涨。极少有人意识到这是长期债券恶化崩溃的开端。实际上，1957 年的股票熊市再次将投资者拉回到“安全”的债券上。

1929 年以后，为了遏制那些狡猾的股票投机者，当局制定了严格的新政策，例如，不允许以 10%的定金购买股票。但是，对于那些狡猾的债券投机者，当局却没有什么制约政策出台，他们甚至可以以 5%的定金购买债券。1957 年，那些债券市场的大户、中户们饶有兴致地玩着赌博游戏，他们用银行贷款去抢购那些最新发行的政府债券。为了满足市场这些大胃口的需求，财政部发行了 17 亿美元新债，到期日为 1990 年，年息为 3.5%。留意到这批债券直至 1990 年到期这一特点，华尔街爱开玩笑的人将它们称为“无拘无束的 90”。

“人们为了购买这些债券而排起了长队，”詹姆斯·格兰特在描述“无拘无束的 90”债券时这样写道。但是，没有多久，债券市场沉没了。如果债券买家没有使用融资杠杆，那么损失或许不会如此惨烈，但是，猖獗的投机行为造成了债券价格巨幅下跌。在投机者损失殆尽后不久，美联储的应对方案（提高短期利率）平息了通货膨胀，恢复了债券交易市场的平静。在接下来的六年时间里，通胀率维持在 2%上下的水平。

戴维斯双击以及三重获利

戴维斯并不太关心债券的上上下下，他专注于保险股票，特别是那些小型、进取类型的保险公司股票。到 1957 年，在他自己创业七年之后，终于跻身富人行列。市场中的每一个板块都有利可图、令人垂涎，但戴维斯摘取的是最为甜美、最少人关注的果实。没有声张的喧哗，保险公司的利润增长速度极其惊人，就像日后的电脑、数据处理、医药公司以及著名的零售商例如麦当劳、沃尔玛一样。

数字可以让人更具灵感：1950 年，保险公司的市盈率仅有 4 倍。十年之后，它们的市盈率达到了 15～20 倍，而且它们的盈利增长到原来的 4 倍。让我们假设，戴维斯以 4 000 美元持有 1 000 股美国保险公司股票（这是一个虚构的假设），此时，每股盈利为 1 美元。他一直持有该股，直到每股盈利为 8 美元，这时人们会蜂拥而来，涌向如此优异的机会。这样，当年戴维斯以 4 倍市盈率购买的每股盈利 1 美元的股票，此时市场出价为 18 倍市盈率，每股盈利 8 美元，18 倍市盈率的价格是 144 美元。戴维斯当初的 4 000 美元投资，现在市场先生给出的估价是 144 000 美元。折算成利润，戴维斯获利 36 倍，外加持股期间他信箱里收到的分红支票。戴维斯将这种有利可图的转化称为

“戴维斯双击”。当一家公司利润提升，推动股票价格上涨，投资者赋予该股更高估值，推动股价再次上涨。由于融资杠杆的运用，戴维斯甚至从中实现了三重获利。

戴维斯从来没有借钱消费的行为。对他而言，如果借钱购买一辆新车或冰箱，简直是对金钱的侮辱。但他热衷于通过借钱去赚更多的钱。与制造商相比，保险公司具有一些无与伦比的优势。保险商提供的产品永无过时之说；它们的利润来源于用客户的钱进行的投资；它们无需造价昂贵的工厂设备和研究实验室；它们也不会污染环境；它们还具有抵御经济衰退的能力。在世事艰难的时候，消费者会延迟对贵重物品（房屋、汽车、电器等）的消费，但是，人们却无法承受让自己的房屋保险、汽车保险、人寿保险失效。当艰苦的经济环境迫使人们更加节约时，人们会更少开车，这样就会减少汽车事故，索赔也就更少，如此一来，汽车保险商也会从中受益。经济萧条时期，利率会降低，这导致保险公司持有的债券投资组合价值上升。

这些因素将保险公司的盈利状况从一般意义上的企业周期中解放出来，并赋予其可以抗御周期性经济衰退的能力。同时，以持有债券为主的投资组合仍在持续不断的增值中。

戴维斯购买保险股并非一视同仁，不加区别。在他并不算太长的政府监管生涯中，他开发出一套自己的方法，以区分赢家和输家。1952 年，他曾经在纽约保险经纪协会的演讲中描述过这种方法。他演讲的主题是："你的保险商有多健康?"在字里行间，听众们可以得到如何挑选股票的真知灼见。

首先，他以数字来说明如何发现"一家公司是赚钱机器、财源滚滚，还是捉襟见肘、经济拮据"。这需要了解业内一些广泛使用的会计手法。一旦确定一家公司是盈利的，他会将注意力转移到公司资产赖以取得复利增长的投资组合上。在这里，他将可靠的资产（例如政府债券、按揭、蓝筹股等）与前途未卜的资产分离开来。他曾经打算投资一家具有明显吸引力的保险公司，但当他发现该公司的投资组合中满是垃圾债券时连忙收手。不久之后，由于一些高风险的垃圾债券违约，这家保险公司倒闭。戴维斯与其擦肩而过，毫发无损。

之后，戴维斯对于出现的机会采取非公开市场的估值方法进行大致的评估。换言之，如果一家大公司决定收购该标的时会出什么价格？对于戴维斯而言，他想买的保险公司的股票在他心中的估值必须远远大于市场给出的价格。能为公司贴上自己的价格标签，这给了戴维斯信心和耐心。

心中有底

对自己的持股价值心中无底的投资者，股市稍有风吹草动便会惊慌失措，逃之夭夭。他们衡量价值的唯一指标就是股价，所以，股价越是下跌，他们就越是倾向于卖出。戴维斯具有一种“恐慌免疫”特质。华尔街行情每天、每周、每月以及每年的上上下下、跌宕起伏，都不会让他改变既定的策略。即便在市场崩溃、士气低落的大跌中，他依然坚定地持有自己的股票，因为他知道自己的投资组合的真正价值被市场错估。熊市无法令其恐惧，因为他心中有底。

股票价格的波动是戴维斯所关注的指标中最不重要的指标，但他依然会留意报价单。如果一家公司的股价陷于“长期的下跌之中”，对他而言，这或许意味着其背后有不为人知的麻烦，最有可能的情况是知晓内幕消息的人在抛售手中的股票。“这可能意味着，就像他们曾经提到的《老人河》中的歌词那样，”戴维斯对听众说，“有些人‘一定知道一些事’，因此，它不会‘静静地流淌’。”

在戴维斯充分了解了一家公司的财务数字后，他会将注意力转向管理层。他一直保持着这样的习惯，会与管理层会晤，询问 CEO 有关公司的每一个方面，从销售队伍到理赔部门，再到公司如何抵御竞争对手，以及赢得新客户的策略等各个方面。

即便对一家公司进行了充分的调查研究，也未必总是可以发现公司存在的致命缺点。为了说明这一点，戴维斯举了一个在朝鲜战争中成为牺牲品的著名汽车保险公司的例子。战争期间以及战后，整个美国出现了“前所未有的鲁莽驾驶风潮”，同时伴随着通货膨胀的爆发，这一切都使得汽车的维修和处理意外事故索赔变得更为昂贵。由于当初肆无忌惮、不加选择地承保，现在保险公司遭受着双重打击，屡屡现身破产法庭。谁还顾得上道德良心？持有足够多的保险类股票，使你遇见不愉快的惊吓远远多于愉快的惊喜。

多元性格的戴维斯

戴维斯是个具有多元性格的人。他特立独行，喜欢结交名流。他与普通大众亲密无间，但同时，他又是根深蒂固的亲英派，花大量时间研究家中的“黑皮书”家谱，他陶醉于自己与詹姆斯敦和普利茅斯之间存在基因关系。他曾加入一系列的爱国组织：殖民战争协会、美国革命之子协会、朝圣者协会、五月花协会。他还设法成为辛辛那提之子协会的成员，虽然他并不符合基本的要求：因为他不是乔治·华盛顿将军麾下军人的嫡子后裔。

在华尔街，他培养分析师，了解他们的观点，但不会妄加评论，不会强加于人。他是一个特立独行的人，避免跟风，不会理会大众的想法，但当他的公司的经纪业务和承销业务无人问津时，他也会发脾气。他在教育孩子方面是一个纪律严明的人，以事例教育他们保持道德操守和遵纪守法。他不允许在办公室里闲扯，也会斥责员工为什么不在家里读报而在办公室里读报。他不会赌咒发誓，不讲也不喜欢听黄段子。但他喜欢参加聚会、庆典、晚餐会以及男兵休息室里的趣谈。

他不会穿着奇装异服，但如果穿上燕尾服，戴上三角帽，系上绶带，胸前配上勋章，举着旗帜，参与他参加的那些组织举行的爱国游行，他会满心欢喜。他在每一个所参加的组织中都跻身最高层。除了偶尔的男女共同出席的晚餐舞会，所有的聚会参与者一般都是男性。一次，戴维斯去伦敦参加一次朝圣者协会的活动，发现忘带了礼仪绶带。凯瑟琳在伦敦各家商店里寻找，花了几个小时才找到一条替代品。

此时，戴维斯已经在保险界声名鹊起，业内已经有人将其称为“美国保险业主任”，尽管他从未在任何一家保险公司中供职。他是一个活的名片簿，或行业名人录；他是一本保险业的年鉴，无论公司规模大小；他是一本保险精算的百科全书；他是一个关于利润、资产和负债的数据库；他还可以充当满是注脚和出处的附录，他可以回忆起很多名字和面孔。他精于数字，但不仅仅依靠数字来挑选股票。“你可以把会计当作兼职来学习，”戴维斯告诉自己的儿子，“但你必须学习历史。历史会给你更宽广的视野，并教会你，与众不同的人会成就与众不同的事业。”

戴维斯的邮箱里总是源源不断地涌进邀请函：参加行业仪

式、在大会上发言、参与CEO年度的国内外交流活动。他的办公室经理兼小合伙人肯·艾比特经常是通过电话知道老板在什么地方，他的老板或是在苏黎世，或是在巴黎、罗马、伦敦，每当一场演讲结束，就会有电话打给肯，想买戴维斯在演讲中提到的那些股票。无论他在什么地方演讲，这位“保险业主任”都会吸引大批听众。华尔街的投资公司也会派人到现场去，并在问答环节问一些选股的问题。戴维斯很享受这种被关注的感觉。

有时候，当戴维斯在外交流时凯瑟琳会去旅行。1953年，她和妈妈伊迪丝去了印度。这两位沃瑟曼家族的女人有幸与埃德蒙·希拉里爵士在他大吉岭的家中一起饮茶，当时希拉里爵士刚从珠穆朗玛峰登顶回来不久。凯瑟琳回忆道，希拉里爵士为自己的成就而感到自豪，他非常喜欢自己的全美式厨房，厨房里有魔幻烤炉和冷藏柜，那是印度政府给予他的奖励。凯瑟琳的妈妈坐在院子里，没有进入厨房参观，因为她害怕希拉里爵士家的狗。

登山运动在全世界范围内吸引了很多新的皈依者，其中包括凯瑟琳的侄子斯蒂夫·沃瑟曼。15岁时，斯蒂夫就登上了法国阿尔卑斯山。两年之后的1957年，他到美国的加利福尼亚一展身手。他和一位朋友在一个矿区工作，以此谋生（斯蒂夫的爸爸狂野比尔拥有这个矿区的部分股份）。工作之余，他经常爬山。一个周末，在攀登险峻的惠特尼山东面山坡时，斯蒂夫不幸坠山而亡。

在西弗吉尼亚的华丽的绿蔷薇度假村，戴维斯和凯瑟琳曾经出席过保险界的年会。这样的活动通常是业内的，拒绝外界人士参与，尽管戴维斯不能参加正式的会议，但他被邀请参加餐会和庆祝活动。他倾听业界趣闻轶事，获知业内的人事变动，会见新任的管理层，判断他们是实干家还是空谈者。他在年会上往来，就像一名记者，抢在华尔街之前获得独家消息。

增值 32 倍

尽管戴维斯社会关系广泛，并受到很多人的尊敬，但他的公司的经纪业务却不是很景气，很少吸引到新客户。人们总是在听了他的投资见解之后通过别的券商下单买卖，对此，戴维斯一直很郁闷。他认为采纳了他的投资建议的人，如果不从他的经纪席位下单，就欠了他一份佣金，是缺乏尊敬的表现。

他的公司做股票承销工作，也就是帮助保险公司上市，但是戴维斯在这些交易中，由于缺乏足够的影响力和资金，无法承担主承销商的角色。所以，他不得不与摩根士丹利以及其他大的投资银行合作。在报纸上关于最新消息的“墓碑”式广告中，这些大银行经常出现在顶端，而戴维斯的公司名字常常只能出现在这些“墓碑”式广告的底部，偶尔他的公司的名字也会出现在墓碑的右侧，那是次级主承销商的位置。

他在 6 个城市成立了小型办公室（每一个地方只有一位雇员）。他几乎不投入更多的资金，只是希望雇员们自己能赚到足够的钱，覆盖办公成本并养活自己。他的这种打了折扣的经纪业务勉强度日。实际上，他的公司很像保险公司，以销售收入支付每月的费用成本，而真正的利润来自投资组合。公司业务的不活跃反而让他能专心于自己的投资。

通过持有保险公司股票的方式，戴维斯使自己的身价远远超出那些保险公司的高薪管理阶层。20 世纪 50 年代，他的资产净值飙升。他在 32 家保险公司中的投资价值 160 万美元。这样，凯瑟琳当初的 5 万美元已经增值了 32 倍。

那些投资组合中最初的名字已经消失不见了，历经 6 年的摸索，戴维斯发现了一些令人满意的、可以长时间持股的公司：大陆公司、联邦人寿等。从那时起，他便牢牢持有这些股票。随着资产价值的上升，他会得到更多的融资额度，他会用这些借来的钱投资新的股票。到了 1959 年，他的融资杠杆为 800 万美元，因此，他的净资产可能在 800 万～1 000 万美元。

大约在这段时间，戴维斯遇见了一位奥地利朋友——迪克·默里。默里向他介绍了再保险业务（再保险是指一家保险公司支付给另一家保险公司一些费用，用以分担部分风险的行为）。为了降低未来发生的灾难带来的巨大风险，例如飓风、地震以及类似的重大灾难，欧洲的保险公司会支付一些钱给再保险公司。默里将再保险的概念带入美国，他和戴维斯经常在戴维斯喜欢的俱乐部——城市中心协会一起吃午餐。当戴维斯邀请默里到他缅因州的夏季居所时，默里忽然发现他在与一只铁公鸡打交道。

“两间客房，共用一个卫生间，”默里回忆道，“你必须敲门，看看里面是否有人。有一次，我在里面，一位住在另一间客房的女士来敲门，于是我大声喊道：‘如果你需要热水的话，就不用想了，这里的水槽已经坏了三年了。你试一下浴缸里的水管吧。’”

返回纽约之后，默里安排戴维斯会见一位法国保险公司的CEO，这家公司计划在纽交所上市。“我们三个人在戴维斯位于松树街的一间办公室里交谈，”默里说，“戴维斯坐在办公室中央的办公桌前，他的几名员工忙前忙后，毫无隐私可言，交流难以正常进行。法国人和我都注意到了戴维斯的旧皮鞋。后来，法国人给戴维斯一些建议：‘在办公室放置隔板。在办公室谈事时，还是买一双新皮鞋为好。’”

在每一次交谈中，戴维斯都会追问默里有关再保险的问题。默里向他提到了数家大有希望的杰出的外国保险公司，这使得戴维斯有了投资海外的想法。“一个哲学的信徒”对于赚大钱并无兴趣，默里总是给别人推荐股票，自己却从来没有买过股票。

自从戴维斯开始自己投资，之后 11 年，他从股票上获得的股息远远高于从政府债券上获得的利息。整个 20 世纪，在任何时候，只要股息超越债券利息的时候，持股者都会获益匪浅。

1958 年，第二次世界大战后的股市牛气冲天，债券收益一度追上股市分红。道琼斯成分股的市盈率达到 18 倍，已经达到当时较高的状态。10 年来的牛市渐渐将那些股市怀疑论者转变为股市的忠实信徒。经济复苏的曙光非常明显。美国电话电报公司（AT&T）的退休基金自 1913 年以来首次购买股票。知名投行莱曼兄弟公司新发行的公募基金，一经推出就被一抢而光，远远超出预期。股价越是上升，大众越是抢购。尽管坏消息时有发生，无论利率在上升，还是中东面临战争威胁等，股市热情依旧。评论家们将这一股市上升现象比喻为“印度神仙索”魔术，认为股市的上升并无明显利好支持。

《生活》杂志的记者欧内斯特·哈费曼撰写的报道反映了 1958 年发生的这一令人好奇的现象。文章的题目为《人民的股市：乐观及不可预料的购买让华尔街的专家们大惑不解》。“我们今天生活在真正的资本主义社会中。”哈费曼写道。他描述了 20 世纪 20 年代无知无畏的投资者如何用融资杠杆去赌博，也提到 50 年代的投资者“常常像购买保险或日常存款一样购买股票。投资者身处一个长期的牛市之中，短暂的股市回撤无法打击他们的信心”。

随着牛市的再次降临，大众开始重新转而买股、持股，股市老手们对这种突然的转变并不意外，他们曾经见过熊市如何在一夜之间将那些所谓的长期投资者变为恐慌的抛售者。但相较于狂飙突进的20年代，哈费曼将50年代描述为一个开明的“新时代”，在这样一个时代里，公司以及股东们会从企业管理的新兴“科学”中受益。除此之外，他说，华尔街也变得更加保守，监管更严，在与个人投资者交易时也变得更诚实。“买家当心”这样的警示已经过时了。

然而，在繁荣的表面之下危机四伏。当美国繁荣时，它的消费者已经累积了惊人的贸易赤字，美国消费者购买的外国货物超出了外国消费者购买美国的货物。通常，美国以美元作为支付手段与贸易伙伴交易，但是，英国、比利时、瑞士、意大利以及其他国家开始质疑美元是否能维持其价值稳定。于是，他们要求美国以黄金支付，基于已经修改的金本位制依然有效，美国不得不遵守执行。曾经，美国政府手中的黄金比其他国家加在一起还多，但是到50年代末，黄金被大量运往国外，美国的黄金储备急剧下降。

经济预言家和货币专家认为，美国政府很快就不得不调高黄金的价格，这样就可以用更少的黄金解决其债务问题。黄金价格更高会令美元自动贬值，因为需要更多的美元换得一盎司的黄金。让国外商品变得更贵，便宜的美元会带来通货膨胀。通胀高企对于股市和经济都是坏消息，但这个糟糕的结果一直到 1971 年才发生，当时美国总统理查德·尼克松正式宣布美元贬值，于是黄金再次耀武扬威。詹姆斯·格兰特在谈论 50 年代的贸易赤字时说："货币号飞机的确是飞进了山区，但是飞行员的计算错误并不严重，因此在数年之间不会发生撞机事件。"①金融剧变的冰山移动缓慢，一场未来爆发的灾难往往距离最初埋下的祸因已经过去多年。

① 引自 1952 年的《巴伦》杂志、1954 年的《财富》杂志和 1958 年的《生活》杂志。细节出自纽约证券交易所的"股票分享计划"，关于"无拘无束的 90"债券出自詹姆斯·格兰特的《繁荣的麻烦》，时代商务/兰登书屋 1996 年出版。

第八章/*Chapter Eight*

戴维斯进军海外

1∶1的融资杠杆

20 世纪 50 年代的牛市一直延续到了 60 年代。一些人在自家的地下室建造了防空洞，以防可能爆发的核战争。很多人对苏联人是又怕又恨，全国上下的投资者都对共同基金钟情有加，曾经无精打采的交易活动变得活跃起来，1960 年，主板换手的股票达到 10 亿股，这是自 1929 年以来最为繁忙的一年。投资者持股的时间越来越短，购买股票的价格却越来越高。

牛市的步伐间或被打断，但都是暂时的回调。1960 年一场为期 10 个月的萧条拖慢了牛市的脚步，但未能阻止其向上的大趋势。即便1961年发生了拙劣的入侵古巴行动也未能干扰华尔街。在菲德尔·卡斯特罗的共产主义卫士击退了入侵者之后的一周，股市大涨。约翰·F. 肯尼迪总统与钢铁业于1962年的争执导致熊市来袭，美国钢铁公司股票大跌至38美元，与其109美元的最高点渐行渐远。但是，股市再次振作，熊市迅速离去。

市场对坏消息毫不理会，即便肯尼迪总统遇刺，股市依然保持了牛市。投资者在1963年11月22日总统遇刺当天稍有气馁，但交易在接下来的一周继续活跃，股价依旧毫无顾虑地飞升。电子类以及其他高科技类公司发行的新股沉醉于投机的狂欢，这引起了纽交所总裁G. 基思·芬斯顿的关注。这位曾将夏季小屋出租给戴维斯一家度假的总裁给公众发出了警告："仅仅因为是新股，就追捧那些不成熟的公司，这种行为是不健康的。"① 事后证明，这些当红炸子鸡中的绝大多数令追捧它们的人失望了，仅仅有少数例外，例如宝丽来、施乐、立顿实业等。

戴维斯的投资组合兼具稳定性与流动性。如果他的组合中一家公司未能达到他的预期，他会将其股票卖出。如果一家公司被更大的公司收购，他有时会将利润落袋为安，并另做他投。但是，这样的行动都是少数的例子。在大多数情况下，他会买入并持有。年复一年，他会持有相同的公司股票，他的重仓股

---

① John Brooks, *The Go-Go Years*, Wiley, 1999, p. 27.

（例如大陆公司、联邦人寿等）始终未变。

在他的公司的账目里，戴维斯的持股以成本价计账，无法计算他的净资产情况，但他的融资金额提供了一些有用的线索。他大约会以投资组合市值的一半进行融资，这样，如果他从不同的银行总共借款 1 000 万美元（正如在 1962 年的情况），我们可以由此推算出，他的持股价值为 2 000 万美元。到了 1965 年，他的银行负债达到 2 000 万美元，这样，他的持股市值大约为 4 000 万美元，也就是说 3 年之间翻了一番。

自戴维斯 1947 年开始其投资生涯，道琼斯指数增长了 5 倍，戴维斯亲自挑选的保险公司股票上涨了 200 倍。“戴维斯双击”显示出魔力：保险行业的盈利增长到原先的 4 倍，热心的投资者为此需要付出的价格是 1947 年的 3 倍之多。融资杠杆的放大作用，加上戴维斯非同寻常的选股能力，使投资给他带来的回报就像 40 年后热门的棒球明星和《哈利·波特》一样。

戴维斯的部分领先优势来源于对第二次世界大战后潮流的充分把握，而其他的投资者直到 20 世纪 60 年代中期才打开他们的钱包，着手投资，此时，牛市的大潮已接近尾声。而当时的戴维斯已经不再像熊市中悲观主义盛行时那么热情似火。美国股票早已摆脱了低廉的价格，当看到他曾经便宜入手的、心爱的保险类股票早已越过“便宜”的阶段，戴维斯开始将目光投向海外，寻找海外的便宜机会。

放眼海外

戴维斯又一次远远地走在了众人的前面。上一次的海外投资热潮归于平静是在20世纪30年代，当时热情的券商经纪推销的拉美债券让美国民众损失巨大。时隔30年之后，海外股票交易对于华尔街的基金经理而言，依然是一片未知的领域。新兴市场尚未出现，没有全球共同基金，没有按国家区分的投资基金，也几乎没有人谈论关于海外的多元化投资。

不久之后，1957年，一个纽约证券分析师组成的团队飞往欧洲，考察1956年实施共同市场开放后的情况。分析师们访问了多家公司，遍及伦敦、阿姆斯特丹、巴黎、米兰、杜塞尔多夫等多个城市。尽管他们对欧洲企业给出的朦胧且不可靠的财务数据颇有微词，但整体而言，他们的印象是正面、积极的。一些他们有兴趣的公司管理层竟然从来没有听说过“证券分析”这个职业的存在。尽管如此，此次欧洲之行还是促成了数家欧洲公司在纽约证券交易所的首次挂牌。但这并没有引起太多关注。

戴维斯1957年并没有去欧洲，但他一直关注这次分析师的欧洲之旅。他的历史学背景和早年游历欧洲、苏联、地中海的经历，让他具有了开阔的视野，使他容易接受投资海外的想法。

他曾经与他的朋友理查德·默里谈起过这个话题，默里是一位奥地利移民，也是一个再保险专家。默里还是一些美国公司的巡回大使，这些公司经常面临来自非洲和拉丁美洲一些反资本主义政权的无尽勒索和不断骚扰。

每次默里出差返回后，都会告诉戴维斯一些他在当地发现的优秀保险公司的消息。默里发现的一些好公司位于美国南部边境之南，但戴维斯拒绝选择那里的机会。“到南边投资，你会连衬衫都输掉。”戴维斯这样坚持认为，但海外投资的想法渐渐萌发。1962 年，他报名参加了分析师的日本之旅。

日本之旅

此时的日本，正在为美国的消费者供应着金属制造的迷你版自由女神像以及其他廉价俗气的旅游纪念品。“日本制造”意味着“这就是垃圾”。在很多美国人心中，一个搞砸了第二次世界大战、睡在地板上、用米纸做门、一辈子都点头哈腰的国家，根本无法与技术领先的西方和无所不能的美国相提并论。谁知道日本竟然有股市？

此次旅行可以带家属，于是戴维斯和凯瑟琳一同在长岛的艾德怀尔德机场（也就是现在的肯尼迪国际机场）登机。凯瑟琳的妹妹从费城开车到机场，送他们启程。飞机中途在阿拉斯加的安克雷奇加油。透过客机的舷窗，乘客们看到一个加油工人爬上高高的梯子登上机翼，将数桶看似机油的东西注入一个孔中。人们好奇地想：难道我们坐的飞机有一个漏油的衬垫?

日本之行的团队在东京住在帝国酒店，是由弗兰克·劳埃德·赖特设计的，四周都是日式庭院的风格。建筑本身已经有些老旧过时，“好在没有老鼠。”凯瑟琳回忆说。她听说日本人已经拆除了城市里大量有鼠患的建筑。东京当时正在筹建 1964 年夏季奥运会。但是，第二次世界大战留下的残垣断壁依旧随处可见。戴维斯夫妇参观了神殿，看人们如何采珍珠，在富士山下散步。穿着日本和服的服务生用可口可乐招待他们。男人们品尝寿司，会晤企业高层，与艺伎们开玩笑。(此次分析师之行的队伍共有 50 人，其中 46 个男性。)在夜总会，每位分析师都有一位艺伎陪同，点雪茄、斟酒、整领带。“戴维斯喜欢艺伎，”此次行程的组织者弗兰西斯·海特说，“他对我说他们如何玩一种日式游戏。我问他是否玩了什么更刺激的游戏，他说：‘艺伎可不是用来玩的。’我听了大笑。”

整个团队受到了热情招待，他们发现日本人对扔下了两颗原子弹的美国人出人意料的礼貌有加。戴维斯对这群具有“东方的本杰明·富兰克林”特点的人存有亲切感，他们工作勤奋，为未来储蓄，尽可能勤俭节约，按照《穷理查年鉴》中的箴言生活。他的那些分析师同行对参观的工厂印象深刻。在一个古怪的、名叫索尼的公司中，一个铜管乐队演奏了美国独立战争中的流行歌曲——《扬基歌》，主持人用手持摄像机将其录制下来，他安排美国人坐在显示器前，以便给他们及时的惊喜反馈。

在丰田汽车的装配车间，分析师们惊讶于其领先的汽车自动化生产线。但是，他们的热情被日本的会计方法打击了一下，它们甚至比欧洲的会计方法更加扑朔迷离。“日本人包裹得很严实，支支吾吾的，在数字前面放了很多烟幕弹。于是，我们没有发现什么有用的东西，”海特回忆说，“在旅程结束之时，几乎没有谁有投资日本的打算。”但除了戴维斯和一位来自加利福尼亚州的基金经理詹姆斯·罗森沃尔德，他是个日本方面的数据专家。在旅行团到各处访问的路上，他们两人挤在大巴车的后面，研究探讨罗森沃尔德手中掌握的数据。

这两个旅行团中的少数派很快单独分离出来，自行约见当地的保险公司。两人谁都不会日语，但戴维斯一位经常到东京旅行的朋友理查德·默里认为，不会日语反而是一件好事。“日本人不喜欢日语说得差的外国人，”他说，“反过来，如果一个外国人日语说得好，又可能让日本人感到紧张。所以，一句日语都不说最好。”在所有场合，他们都有翻译。随着了解的越多，戴维斯和罗森沃尔德越是觉得他们步入了一生中罕见的财富矿区。总体而言，日本的公司受到国家和文化的保护，使得它们免受自由竞争的侵袭。保险公司获得了额外的优势，因为日本政府希望这些保险公司总是具备足够的资金，以赔偿下一次大地震带来的灾难。地震，一直是日本的国家隐患。

很快，戴维斯和罗森沃尔德发现，在日本，绝大多数财产保险和灾害保险由 20 家日本保险公司瓜分，而在美国却有 10 000 家保险公司在做同样的生意。在这 20 家日本保险公司中，有 5 家具有垄断地位并享有被保证的市场份额，受到日本财政部门的特殊关照，被允许收取的客户保费是美国客户的 2～5 倍之多。遭遇车祸以及其他灾难的出险客户会受到严格盘查，并需要证明其索赔有据可依。在很多情况下，客户的索赔会被拒绝，以维持保险公司赔偿支出的最小化。日本这种奇妙的对保险公司的友好气氛，没有逃过具有好奇心的美国人的眼睛。

在罗森沃尔德的帮助下，戴维斯发现日本的数字并不难以调查，随着了解的加深，知道的越多，他就越觉得兴奋。整个保险行业“难以置信地便宜”，罗森沃尔德后来写道。这些公司的市价仅仅是它们持有的投资组合价值的一部分，甚至在一些情况下，公司的市值还抵不上公司总部大楼的价值。公司投资组合带来的收益还可以在免税情况下取得复利增长，这些钱被称为“灾难储备金”，是一笔极为诱人的隐形资产。这些储备金被专门提出来，以备未来地震发生时用于赔偿，但是，其数量已经远远超出哪怕最为悲观的预测者的估算。

例如，随便看一看日产保险公司的资产负债表，该公司每股净资产为47日元，但该公司的灾难储备金每股折合228日元，此外其他隐形资产更是高达每股545日元。日产保险公司的股票交易价格为450日元/股，市盈率低到了仅仅2倍的水平。此时购买股票的人相当于拥有了价值800日元的日产保险公司持有的股票和债券投资组合，外加生意兴隆的保险公司本身。这些资产均以成本入账，所以，这些隐形资产实际上比第一眼看起来高出很多。

一天晚上，旅行团的其他成员外出吃晚饭，戴维斯留在酒店里，一边喝着啤酒，一边与凯瑟琳分享着他的发现。他说，日本虽然没有共同基金，但是当地的保险公司却拥有庞大的投资组合，这为搭乘日本经济复苏的便车提供了机会。此次日本之行让他相信，日本这个国家能够克服战后的萎靡不振，就像美国经历了20世纪30年代经济危机的大萧条之后也能克服一样。“既然我相信日本人，”戴维斯问妻子，“那么，为什么不投资他们呢?”

在旅行团返程之时，分析师们利用飞机停经香港的机会外出购物，戴维斯则利用这段时间继续他的保险公司研究之旅。他约了美国保险公司（AIU，American Insurance Underwriters）的一位高层领导共进午餐，他是在日本听说这家公司的。这家公司三十多年前成立于上海，公司CEO科尼利厄斯·范·德·

斯塔尔出生于美国，在整个远东地区的销售业绩极其出色。实际上，美国保险公司是唯一一家获得日本营业许可的美国公司，无论是就保险行业而言，还是其他所有行业而言，它都是唯一一家。它于 1946 年同盟国占领日本期间即开始涉足日本市场，当时盟军最高指挥官是脾气不佳的道格拉斯·麦克阿瑟将军，日本天皇对他唯命是从。

到了 1952 年，美国保险公司销售的汽车保险和个人意外险比任何一家日本保险公司都多。它在该地区持续地生意兴隆引起了美国国内其他保险公司的注意，不久之后，美国保险公司被另一家缩写相似的公司收购，收购它的公司名为 AIG，也就是大名鼎鼎的美国国际集团。

另一家美国的保险公司——美国家庭保险，现在名为美国家庭人寿保险公司（AFLAC），也冲破日本的重重阻力，在 1974 年开始营业，以销售癌症保险大获成功。日本政府允许这家公司在日本营业是因为他们无法想象，有什么人会买癌症保单。事实证明，他们错误估计了本国的消费者，人们非常渴望拥有癌症保险。这正好验证了一句话："日本人都是忧郁症患者。"①

---

① 有关 AIU，AIG 和 AFLAC 保险公司成功进入日本市场的资料，来源于迈克尔·路易斯的《太平洋裂谷》，诺顿出版社 1993 年出版。这是一本关于美日商业关系的小书。

日本之行结束后，戴维斯买了 AIU 的股票，这样在 AIG 收购 AIU 之后，他自然就拥有了 AIG 的股票。在他的投资组合中持股的另外两家保险公司也相继被 AIG 收购，这样，他就拥有了更多这家积极进取的忙碌买家的股票。当 1969 年 AIG 公开上市时，戴维斯多年的耕耘获得了大丰收，尽管他当时全心扑在出任大使的岗位上，而不是专注于投资。

戴维斯和凯瑟琳回到了纽约，此次日本之旅事后证明是他人生中最为重要的旅行。他的同行们回来之后，热情很快就消失殆尽，但是戴维斯和罗森沃尔德却成为热心的买家。他们的入手时机堪称完美。不久，日元开始走强，日本的经济开始步入快速发展的轨道。

英雄所见

在戴维斯着眼于日本股票之时，另外三位杰出的美国投资家，他们虽然没有参加此次美国分析师的日本之旅，但也在买入日本股票。他们是奥利弗·格雷斯（Oliver Grace）、阿尔·赫廷格（Al Hettinger）、约翰·邓普顿（John Templeton）。邓普顿是著名的邓普顿基金的创始人，后来被伊丽莎白女王授予爵士爵位。格雷斯和赫廷格都选择了罗森沃尔德作为他们的日本股票经纪人。这三位投资家每一位都在日本股票上投资超过

5 000 万美元。

罗森沃尔德在 20 世纪 60 年代及之后，一直扮演着美国买家的“使命控制者”角色。他出版了一本关于日本股市的时事通讯，就像当初戴维斯专门做的保险股研究一样。他也像戴维斯一样，是一位坚定的长期投资者。他建议经过他的经纪业务购买日本股票的人，采取长期持有策略。戴维斯更是热情四溢的买家。在他 1962 年从日本回来之后，大量买入了日本五大保险公司中的四家股票：东京海上火灾保险、住友海上火灾保险、大正（后来称为三井）海上火灾保险、安田海上火灾保险。一年之后，戴维斯加大了对住友海上火灾保险的投资金额（700 000 美元），大约占了投资组合的 10%，成为他在日本最大规模的持股。

戴维斯持有的日本股票很快让他的财富飙升，更使他成为坚定的国际投资者。随后，他开始在全球范围内寻找投资标的，南非、欧洲、远东，甚至苏联。（他以一种超前的理论研究了苏联的保险行业，并预言终有一天苏联会成为一个资本主义国家。他的预言是正确的，但是早了 30 年。）没过多久，戴维斯持有的保险股已经是一个“联合国”，35 家来自荷兰、德国、法国、意大利的保险公司股票，成为他所持日本股票的补充。

随着他持股范围的扩大，他的融资杠杆也在增大。1963 年戴维斯的融资杠杆为 1 700 万美元，1965 年为 2 200 万美元，这一年，他打破了“绝不投资拉丁美洲”的策略，买了 4 家墨西哥的保险公司股，外加 1 家爱尔兰和 1 家南非保险公司股。

理查德·默里在与一家南非保险公司的 CEO 会面时，还不知道戴维斯已经是这家公司的股东。默里心里想着告诉戴维斯这个最新的发现，但当这位 CEO 告诉他，他们的股票已经上涨了 100 倍后，他又改变了主意。出于好奇，默里问这位 CEO，有没有什么外国投资者早早就买了这家公司的股票，并从这个巨大升幅中获利。对方想了想，说："实际上，有这么一位，是一个美国人，他叫戴维斯。"

第九章/*Chapter Nine*

华尔街的狂野年代

贪婪代替了恐惧

1965 年夏天，美联储主席威廉·麦克切斯尼·马丁在发表的演讲中提出一个观点："我们当前的繁荣，与美妙的 20 年代之间有些令人不安的相似。"马丁是这样阐述的："那时像现在一样，很多政府官员、学者和商业人士都认为，一个新的经济时代开始了。在这样一个新时代中，经济波动成为过去，贫困已经被消除，长久的经济成长和扩张是注定的。"

马丁的担忧很快就被人们抛诸脑后，因为道琼斯指数正试图奋力攀登 1 000 点的魔力高点。即便最悲观的算命先生也没有预测到未来会出现一个如此平淡无奇的结果，“道琼斯指数突破 1 000 点”这个愿望一直到 80 年代初期（整整 15 年之后）才得以实现。1966 年，美国对越南河内进行了大规模轰炸，股市发生了剧烈但短暂的下跌，但这仅仅是大麻烦开始之前的热身而已。美联储连续两次上调利率，信用的紧缩使得房屋建筑业步履蹒跚。道琼斯指数气喘吁吁，显得举步维艰。林登·约翰逊总统要求纽交所总裁 G. 基斯·芬斯顿和证监会主席曼纽尔·F. 科恩采取措施，以解决物价不断下降的问题——似乎认定政策法规可以扭转经济趋势。

很多非道琼斯指数成分股的价格冲得比指数更高，一些可以称得上“狂野”的投资者抓住热门股以图暴发。同样“狂野”的共同基金在 1965 年的回报是 40%或更高，这应该感谢那些所谓“新时代”的公司，例如应用逻辑公司、受益于医保政策的护理连锁公司（如四季看护中心、联合疗养院）、积极进取的快餐型公司（如肯德基）。如果你在 1965 年初买了（并且一直持有）美国仙童相机公司的股票，那么你会在 4 年的时间将本金变为原来的 3 倍。如果你在 1967 年初买了博伊西·喀斯喀特公司的股票，你会在 2 年时间将本金变为原来的 4 倍。但是，如果你持有的是蓝筹股，你的投资会趴在原地，几乎没涨。

在大众投资的狂潮中，蓝筹股的步履蹒跚意味着老股东们在疯狂抛售手中的旧股。资产从聪明人手中转到幼稚投资者手中，这种大规模的转移被称为“资产分配”。在这个以毒品、自由恋爱和摇滚乐为标志的时代，再没有比这更为激烈、更为广泛的分配了。纽约证券交易所的地板重新从“懒散”变得“紧张活跃”起来。在50年代，一个典型的交易日会有200万股的换手；到了60年代，一个交易日会有1 000万～1 200万股的换手。1968年6月13日这一天，股票交易达到2 100万股，导致纽交所系统崩溃，暂停运营。当华尔街处于超级兴奋状态之时，美国的多个城市却燃起种族冲突的烈焰。“简直就是一个大垃圾场。”一位评论员这样评价这次20世纪第二大牛市黎明前的最后购买狂潮。在1969年的5个月时间里，美林证券公司新开了20万个投资账户。

此时，美国的共同基金业大受追捧，它所掌控的客户资金达到350亿美元，整整是上一代人的35倍。所有股票交易的1/4是经由基金经理完成的。

基金业吸引人的一个因素是它在市场调整时表现出坚韧的抗跌能力，正如其1962年在市场抛售潮中的表现一样。但同时，一次胜利并不能代表永远胜利，此后的道路依然会跌宕起伏。保罗·萨缪尔森是麻省理工学院的教授，他的教科书是流行的著作，使他跻身本杰明·斯伯克经济学名人录，他在参议院银行委员会讨论之前就关注到了基金业的疯狂现象。他警惕地注意到业内匆忙招募营销队伍，达到5万人之多，像雅芳产品的推销团队一样四处游走，到处推销基金产品。律师、职员、秘书和教师都成了周末和傍晚的兼职推销员。整个美国，每70个人就会面对一个威利·洛曼式推销员的狂轰滥炸。推销工作的最大诱惑力来自预先支付8.5%的佣金。而客户们乐于支付，为什么不呢？他们所购买的是由一群专家挑选的股票，人们相信它们永远只升不跌。贪婪代替了恐惧，成为市场的主流情绪。

“狂野”的基金经理们也被称作“持枪狂徒”，他们会以最快的速度迅速杀进小盘股，然后在其涨到不能涨之后迅速杀出。他们今天买入高科技股，很快会买入其他高科技股取而代之。基金组合里所谓的长期投资只不过为期数周而已。在这些被称为“持枪狂徒”的基金经理中，著名的基金明星格里·蔡（即华人蔡志勇）离开老东家富达基金，自己创立了美国第一只由名人操作的基金——曼哈顿基金。据报道，在蔡的第五大道的办公室里，他将温度常年保持在55华氏度，以“保持头脑的清醒”。媒体称蔡神秘莫测，并称其具有的神秘东方背景给了他天赋异禀的投资才能。在一次投资中，蔡原本打算赚2 500万美元，结果最终赚了2.47亿美元。

谢尔比登场/巴菲特离场

在纽约，弗雷德·阿尔及尔在激烈的行业竞争中，以其基金的出色业绩令业界惊艳。在美国西海岸，前经纪商、掌控企业基金的弗雷德·卡尔以古董和光影艺术风格装饰其办公室，将过去与未来融为一体。他的投资比古董更具光影玄幻效应：他购买了很多五花八门的新股，绝大部分连他的同事们都闻所未闻。1969 年 5 月，著名的《商业周刊》奉承卡尔，写道：他“或许就是美国最棒的投资经理”。另外一个弗雷德，全名叫弗雷德·梅茨，1967 年他以“不买恶人”的投资策略而闻名。梅茨基金的投资组合中不买军工股、烟草股、污染环境的公司股，这样，他的基金投资人可以获得无犯罪感的回报。梅茨将其员工称为“花童”。经过一年的运营，这只基金让投资客户感受到前所未有的好，回报达到 168%。梅茨关闭了基金申购的窗口，以免被资金、客户以及过多的处理工作弄得晕头转向。为了实现“让穷人富裕起来”这个想法，他打算推出仅仅 50 美元的最小投资额的基金，并在都市的贫民区和其他贫困地区推广。

到了 1969 年，共同基金掌控的股票市值达到了 500 亿美元，每年的换手率达到 50%，比 1962 年每年 20%的换手率，这是一个疯狂的步伐。仅凭从专家那里得到的一点点线索，股民们快进快出地切换股票，如同基金经理处理他们的持股一样随意。基金冲浪也是非常时髦的行为，投资者在那些业绩亮眼的基金之间进进出出，总是试图抓住最新的一波行情。然而，这些喜欢基金冲浪的投资者在每次转换中都要付出高额的佣金作为代价，但是，如果梅茨基金或卡尔基金能让他们一年赚上一倍，谁还会在乎佣金手续费呢？

对于股市上充满的淘金热潮，那些高高在上、令人窒息的股价，以及对所谓“新时代”拉拉队式不动脑筋的推崇，只有股市老手才心存恐惧。这些大力鼓吹者认为，新计算机技术和数据存储行业会引发新的商业革命，并重写商业和金融的角色，所以，股市上升之后还会上升，不可能下跌。在这样的氛围之下，想不被卷入“新时代”的热潮之中是很难的。

戴维斯家族的第二代谢尔比就在 1965 年受到感染，在一封写给客户的信件中他提到：“像全国工业会议这样一个深孚众望的机构也认为，60 年代后期到 70 年代早期的市场将是一个从未经历过的情况，目前的高度繁荣会周期性持续下去。”他援引“新开发的产品”和“令人激动的新行业，例如原子能、海水净化以及空间通信”等名词，并认为这些可以成为强有力的牛市催化剂。他也正确地提到了两个负面影响因素——越南问题和贸易支付平衡问题，但是他低估了这些负面因素的杀伤力。

“我们也认为，股市的螺旋式下跌就像经济的螺旋式下跌一样不太可能发生，并且意识到，在我们这样一个多元化、富足的国家，拥有完善检测和制衡机制的政府，人们已经摆脱了1929年螺旋式大萧条下跌带来的恐惧。”

当“狂野”的投机者就要变得无机可投的时候，当时籍籍无名却极具投资天赋的巴菲特正悄然凭借自己的“非狂野”投资组合脱颖而出，他是所谓“新时代”的怀疑论者。1968年，他的私人合伙公司投资者获得59%的回报，而同期道琼斯指数仅上升9%。在享受了上升的胜利后，巴菲特做了一件令金融业同行震惊的意想不到的事。他解散了自己的投资公司，将钱还给合伙人，并附上一封信，告诉投资人，自己“对未来前景有把握的主意”已经枯竭，面对如同蒂芙尼奢侈品一样高高在上的股价，他无法找到合适的投资对象。他将自己的资金投入了无聊的市政债券之中。

经济滞胀、股市浩劫

“对未来前景有把握的主意”的缺失并不影响华尔街的专家们继续推荐价格昂贵的股票。美林证券力荐39倍市盈率的国际商业机器公司（IBM），培基公司推荐50倍市盈率的施乐，布莱尔公司推荐56倍市盈率的雅芳。福特基金会主席麦克乔治·邦迪讥讽他的受托人过于保守，并鼓励他们将捐助和信托资金投入股市。

在寻找“下一个施乐”的股市狂潮中，只要名字中带有“电子”或“数据处理”的公司股票，投资者都会一拥而入。公司之间也相互轻率地购买彼此的股票，华尔街在公司合并风潮中扮演从中撮合的角色。一些大企业显得笨拙，例如美国国际电话电信公司（ITT）、立顿、林-蒂莫科-沃特公司（LTV）都变得越来越大且笨拙。戴维斯对于这类企业从不触碰，但谢尔比却与此不同，正如你将在本书第 12 章所看到的那样。

1968 年，晕头转向的市场先生避开了重重不利，包括马丁·路德·金和肯尼迪总统的遇刺、芝加哥警察在民主党全国大会上痛殴抗议者、遍地的校园骚乱以及外国银行拒绝美元。就像约翰·布鲁克斯写到的：“愚蠢的股市继续快乐行走，丝毫不在意价格的飞升，就像所有的事情都 OK……”①

“新股的疯狂往往是危险的繁荣的最后一个阶段。”布鲁克斯提到。1969 年，新股大量发行，其中最受欢迎的被称为“射手”，因为这些新股的价格在上市首日像被喷射出去一样。看护医疗中心和其他与健康有关的公司被认为会受益于政府医疗改革方案，这些公司都属于“射手”中的杰出代表。

尽管有对“狂野”基金经理人的盲目崇拜，但由《二十世

① John Brooks，*The Go-Go Years*，Wiley，1999，PP. 12，279，305，353.

纪基金》杂志发表的一项研究表明，1960—1968 年期间，即便只是随便买进，获得的回报也会高于购买专家挑选的股票。这是一个有争议的话题。在这篇研究报告发表不久，这样的回报也消失了。连续三个月的打击，令道琼斯指数在 1970 年春天勉强保住 800 点大关。经济学家被通货膨胀和经济衰退的双重存在搞得倍感困扰，他们称这种状况为滞胀。全国上下陷入一片惶恐之中，“这是自美国内战以来最为郁闷和黑暗的 4 月之一。”布鲁克斯说。

资产的消失所带来的效应，与当初资产增多所带来的效应一样多，伴随的是旷日持久的越南战争、血腥的校园骚乱（四名肯特州立大学的学生被俄亥俄州国民警卫队打死）以及日益剧烈的种族冲突。在人们心目中一向形象高大的宾州中央铁路公司破产倒闭；美元持续下跌；房屋开发商无所事事；华尔街上有 100 家公司面临消失或合并的命运。纽交所那著名的宣传牌“拥有一份自己的美国企业股”也被悄无声息地摘了下来。到了 1970 年 5 月，布鲁克斯报告说：“每一个在主板挂牌的上市公司的股价仅为 1969 年初时的一半。”

正如以往发生过的一样，那些升得高的股票跌得比道琼斯指数多，道琼斯指数下跌了 36%。那些拥有吹嘘过度的公司的股票的投资者损失惨重，这些公司有诸如数据处理、数据控制、电子数据系统或任何名字中带有“数据”一词的公司。10 家最著名的大企业的股价平均下跌 86%；高科技公司的股价平均下跌 77%；电脑和电脑租赁公司的股价下跌 80%。1970 年*，以计算机技术为支撑的纳斯达克市场**首次登上历史舞台，而此时计算机类股票却正在经历浩劫。

当电子数据系统公司的股价从 164 美元跌到 29 美元，他的大股东 H. 罗斯・佩罗账面损失了 10 亿美元。多年之后，佩罗参与美国总统竞选，他希望通过一本正经的一面吸引公众，他展示了魁格船长的性格，但最终还是失去了候选人身份。其实 1970 年他就获得了全世界的瞩目，因为他是金融史上第一位失去 10 亿美元的人。广大投资者的平均损失较这个数目小很多。佩罗的损失有一半发生在地球日这一天。

如同股票的表现未尽如人意一样，那些持有它们的"持枪狂徒"的表现也一落千丈。格里・蔡对于退出游戏的时机把握得很好。早在两年前的 1968 年，他的曼哈顿基金回报为−6%，在 305 只基金中排名第 299 名。蔡立刻将公司以 3 000 万美元多一点的价格出售，并从主动管理型基金经理位置上退休。他没有受到真正的惩罚性打击。

---

* 根据本书后文介绍，以及公开资料显示，纳斯达克证券交易所成立于 1971 年。——译者

** 纳斯达克全称为（美国）全国证券交易商协会自动报价表。——译者

梅茨基金大跌 90%

前面提到的几个弗雷德倒是一直坚守在自己的岗位上，直至客户损失严重，名声扫地。弗雷德·卡尔的企业基金大跌了一半。在《商业周刊》对他的赞美报道发表 9 个月之后，卡尔辞职。至少，卡尔还保持了与大势飞镖靶表现同步的安慰，纽交所挂牌的典型股票都下跌了 50%。纽交所曾经的新广告口号——“拥有一份自己的美国企业股”被弃置一旁。为了阻止客户从基金中赎回，弗雷德·梅茨说服美国证监会（SEC）允许他冻结基金资产。但这充其量是一个有争议的预演，欧米茄惨败令其雪上加霜。梅茨购买了大量欧米茄公司的“限售股”，在这些限售股可以在公开市场上出售之前要求有一段等待期。很多基金可以支付较低的价格投资这些限售股，在账面上显示较高的价格，这样可以产生即刻的满足感。例如，以 3.25 美元/股购买了欧米茄股票后，梅茨可以按照 16 美元估值记账，这样的“所得”帮助他的基金在 1968 年的基金排行榜上名列前茅。

一年之后，当 16 美元的欧米茄终于丧失了它的可信度之时，梅茨的客户蜂拥而来纷纷赎回基金。但由于梅茨持有的欧米茄股票是限售股，所以无法卖出获得足够的资金应付客户的赎回。这时，梅茨基金向 SEC 提出暂停赎回的申请。

当梅茨准备说服那些赎回的客户时，欧米茄的股价为 0.5 美元，此时，市场先生下跌得厉害。梅茨希望股价能够重振，也希望客户能够重新考虑一下自己的决定。但不幸的是，股价未能重振，客户也没打算重新考虑。最终，梅茨基金损失了自己最初价值的 90%。此外，还有一个幸运的注脚，梅茨当初打算帮助那些不太富裕的人，而将基金投资门槛降低至“50 美元起步”的投资计划未能实施，这真是不幸中的万幸，这避免了那些不太富裕的人陷入更加贫困的窘境。

1970 年，3 100 万美国股民中有 1/3 都是股市新手，他们首次投资进入股市的时间段在 1965 年（道琼斯指数大约 900 点）到 1970 年（道琼斯指数大约 650 点）之间。正如布鲁克斯在《狂野年代》中所写“（这次）人民资本主义的狂潮至少造就了 1 000 万美国投资者，或者说是全体美国投资者的 1/3，人们比入市之初更加贫困，整体损失了数以十亿美元计的财富”。布鲁克斯将这种惨况称为“1929 年的年份酒”。

保险业的困境与机遇

估值过高的保险股也没有逃过大跌的命运，像大多数股票一样，这类股票无法支撑高高在上的估值，它们的下跌还伴随着负面的如潮恶评。一位《财富》杂志的记者和一位德高望重的统计学家有理有据地写道：保险行业向来都是放不上台面的生意。

这位统计学家就是欧文·普洛特金博士。1968年，他在26岁时做了一项深入的调查研究，这项研究覆盖了1955—1968年的绝大部分时间整个保险行业的状况。这项研究激怒了保险业，而戴维斯也正是在此期间建立了他的保险投资组合。普洛特金的研究显示了为何保险行业较其他行业的投资回报率低，不仅回报少，而且盈利的基础也脆弱不堪，常常从一个季度到下一个季度都会大幅波动。

普洛特金的研究恰恰是他抨击的行业委托他进行的调查，研究报告由他所在的公司——杰出的亚瑟·利托会计师事务所发布，这大大增加了报告的可信度。保险公司的老板们急忙凑在一起，拼凑了一篇拙劣的反驳声明，辩称保险行业"真实的"盈利是普洛特金所提到的两倍。普洛特金毫不费力地对这个反驳进行了再反驳，最终，怀疑论者被迫同意了他的结论。这位无辜却讨人嫌的普洛特金的结论是："（没有什么）可以改变这样一个事实：保险行业目前是一个利润低下的行业。"

保险行业的低利润原因之一是严格的监管，这令所有的保险公司都有些恼火。保险公司不断要求获得提高保险产品保费的许可，但监管部门照例拒绝授予这样的许可。在监管部门看来，保险公司已经在持有的投资组合里积累了大量值钱的资产，它们应该可以负担得起少收一些保费，给客户让一些利。而在保险公司看来，它们的资产持续受到越来越多的索赔和未来灾难的威胁。举一个汽车保险的例子，1970 年 12 月的《财富》杂志封面文章题目是：《为什么没有人喜欢保险公司?》。自 20 世纪 50 年代后期，根据记者杰里米·梅因的报道，汽车保险费用上升的速度是生活成本增速的两倍，尽管有如此明显的意外收获，一般的保险公司依然举步维艰。

根据梅因的说法，1955 年是保险行业利润创纪录的一年，但自 1955 年以来，整个财险行业累计损失约 15 亿美元。梅因说，这种长期的效率低下是由管理呆滞、太多经纪人分食佣金、一些客户偏好争论诉讼造成的。

汽车越来越普及、高速公路越来越发达，这也产生了更多的交通事故、更多的伤害损失、更多的赔偿支出。学生骚乱、滥用迷幻药物、城市游击战等都增加了保险索赔开支。每当保险公司试图提高保费以弥补日渐增高的成本和负债，都会遭到州监管当局的拒绝，保险客户也对提高保费表示强烈不满。

保险业始终卡在一个无法解决的公共关系问题之中。一个尽人皆知的品牌却无利可图，这种情况是罕见的。消费者会偏爱可口可乐的饮料，或克里内克丝的面巾纸，又或约翰迪尔公司的柴油机，但是他们不会对诸如国立农场保险公司的汽车保险或保诚保险公司的人寿保险有特别的偏好。精明的客户会从评级机构给出的名单上挑选排名靠前的保险公司，然后，根据各个保险公司的费率情况比较哪一家的产品价廉物美。

至于从哪一家保险公司买保险，是盖可公司还是旅行家公司，是大都会保险还是公平保险，人们实际上都无所谓。通常情况下，他们所购买的是当地的保险经纪推销给他们的产品。一般而言，人们对于所有的这些竞争者持同样的怀疑和怨恨态度。当人们遭遇死亡、病痛或伤害这些坏事情时，他们会觉得付出的保费是物有所值。但当没有发生什么不测时，人们会抱怨获得保障的代价太大了。那些试图提高保费的保险公司总是被指责是贪婪地乱要价，而它们的利润水平实际上是时有时无，常在盈亏平衡点上挣扎。

在财产险、意外伤害险领域，一连串的丰年之后会跟着一连串的歉岁。在巨大的灾难之后，例如飓风、地震、洪水或其他类似的巨灾之后，索赔的金额数以十亿美元计，使得财务状况不佳、资本实力薄弱的保险公司破产倒闭，而财力雄厚的保险公司得以重组、提升保费，整个行业开始另一轮嬗变的繁荣周期。保险公司当然可勤俭节约，但是削减成本通常不会受到热烈的响应，尤其是那些拿着高薪的办公室冗员。20 世纪 70 年代早期，3 000 家保险公司共雇用了 140 万员工，在工作效率方面，保险行业的效率几乎和政府部门的效率一样低下。整体而言，一般的保险公司收取 2 美元的保费才能提供 1 美元的赔付金。1969 年，财险公司每完成 7 美元的索赔支付，其中便有 3 美元用于工资和行政费用。

正如梅因指出的那样，如果像拉尔夫·纳德这样难缠的专栏作家都可以推动底特律生产更加安全的汽车，那么，更有权势的保险行业为何不早做同样的事情？在对于本行业没有信心的一片共鸣中，一些领先的保险公司开始渐渐将富余的资金投入不相关的行业。安泰保险购买连锁酒店；安泰和旅行家保险均涉足房地产；乔治·华盛顿任总统期间就早已成立的 INA 保险公司建立了一家控股公司以使其业务多元化。如同保险公司将业务延伸至非保险行业一样，一些非保险公司也将业务拓展至保险业。美国运通收购了费尔曼基金保险公司，ITT 吞并了哈特福德火灾险公司，如此等等。但这些行为并未使得保险业的经营状况有所改善。

一个保险公司的投资者无法仅仅凭借活得久以及一个值得信赖的品牌，就可以得到不错的投资回报。即便是少数的几个错误决策就可以断送一家公司，即便是著名品牌也会遭遇厄运，20 世纪 60 年代，世界上最著名的保险商——伦敦的劳埃德，就差点因此倒闭。劳埃德公司未能对贝特西飓风、劫机事件以及其他灾祸危难引发的潮水般汹涌而来的索赔做好充足的准备，1965 年，劳埃德有 1.06 亿美元的赤字。

这些众所周知的负面信息使得戴维斯的成就更加令人印象

深刻。一个明明很糟糕的行业，为什么能够给精明的投资者提供如此杰出的回报？其中有这样几个原因。保险公司掩盖了它们真实的利润，这样一来，才形成上述提到的利润匮乏，这些至少部分是精算造成的假象。

当保险股价格低廉之时，戴维斯乘机入手，特别是在他最初的投资组合中有很多小型公司。这些小型公司被大公司收购之时，就是戴维斯收获的季节。他抓住了第二次世界大战后房屋保险、汽车保险、人寿保险的高潮，但避开了周期性表现不佳的公司，例如安泰，股东的忠诚在这里受到惩罚。他寻找那些富有进取精神、低运营成本的复利机器，像日本的保险公司、伯克希尔·哈撒韦公司（巴菲特的公司）、AIG，这些公司能数十年如一日地提升股东的资本价值。一家管理良好的高科技公司，常常会被聪明的竞争者或拥有最新科学发明的对手掀翻在地，但一家管理良好的保险公司却可以计谋取胜，经久不衰，而且，永远不用担心产品过时。

第十章/*Chapter Ten*

谢尔比迈向华尔街

昂扬向上的 20 年

1969 年，当美国宇航员尼尔·阿姆斯特朗身穿米其林宇航服在月球漫步时，戴维斯时代渐渐过渡到儿子谢尔比时代。这条时间分割线似乎有些任意武断，因为虽然谢尔比已经开始在华尔街工作，但戴维斯依然宝刀未老，壮心不已。1969 年，谢尔比和他的好友、搭档杰里米·比格斯接管了纽约风险基金。这是谢尔比第一次走上公众舞台开始他的选股投资生涯，并开始接受 SEC 的审核监管。戴维斯没有机会见证儿子职业生涯的首次亮相，因为他已经离开美国赴任驻瑞士大使。理查德·尼克松总统提供了这个机会，国务卿威廉·罗杰斯是戴维斯自杜威时代就结识的好友，他极力促成了此事。

这 20 年对于美国而言是整个国家昂扬向上的 20 年，60 岁的戴维斯是这个时代的受益者。在这整整 20 年间，股票投资者硕果累累，投资股票想不赚钱都是很难的事，但债券投资者却颗粒无收。在这非同一般的时期，道琼斯指数上升了 5 倍，但与此同时，道琼斯成分股的盈利仅仅增加了 1 倍。人们获利的多少取决于他们支付不断上升的价格的意愿，意愿越强烈，回报越大。投资者对公司未来盈利的预期比公司的当前盈利更能推升股价。除此之外，公司的实际盈利更是通过负债得以实现，在过去的 20 年，企业债务扩张了 5 倍。

数年之前，戴维斯开始进入股市的时机实在是再好不过了。在大众满腹怀疑、股价跌无可跌的时候，他开始进场。但戴维斯的儿子谢尔比介入纽约风险基金的时机实在是再坏不过了，此时大众欢欣鼓舞，股价高高在上，几无价值可言。

戴维斯的投资之旅启程，恰逢其时：一般的股票价格市盈率约在 6 倍，股息率在 8%～10%；债务利率水平也很低；国债收益率低于 3%。而当谢尔比开始纽约风险基金之时，情况则不太妙：股票市盈率在 20～25 倍，股息率在 3%～4%；国债收益率在 5%～6%。此时，牛市已经步入年老体衰甚至垂死挣扎的阶段。道琼斯指数上摸历史高点，这个高点在随后的 15 年再也没有达到过。随之而来的市场，无论对于债券投资者还是股票投资者，都是危险不可靠的，从债市和股市中脱身才是明智之举。在谢尔比职业生涯的早期，黄金和地位卑下的货币市场火爆一时，却恰恰是 1929 年以来最为危险的时刻。

驻瑞士大使的鲜花

重回当年恋爱的地方，戴维斯和凯瑟琳夫妇搬进了美国驻瑞士伯尔尼的使馆。戴维斯很高兴有机会在这样一个国家工作，到处都是像他一样勤俭节约的人，保险业是一个充满魅力的行业。为了不让资产躺在那儿沉睡，戴维斯将他们在塔里敦的房子租了出去。仅仅 1 个月的房租就超过了他们 30 年前买房的总价。

瑞士的外交官们对戴维斯熟记人名的本领非常吃惊。在一场接一场的聚会上，戴维斯站起身介绍在场的每一个来宾，不用看客人名单。他之前在各种爱国者协会中的经历——身披绶带、佩戴勋章，主持正式的晚宴——使他在伯尔尼的各种聚会场合游刃有余。

身为大使，戴维斯终于换上了一身燕尾服和高档皮鞋。“我代表我的国家。”他对妻子说，为自己的着装变化辩护。每一天在公共场合，他都会在服装的翻领处别上一朵康乃馨。“将来我离开瑞士的时候，一定会有一个人想念我，”他玩笑道，“就是那个每天给我提供鲜花的人。”他一直认为鲜花是从大使馆的花园里采摘的，但等到任期快要结束的时候，他忽然很恼火地发现鲜花竟然是从花店买来的。如果他早一点知道真相，他会避免这种“浪费纳税人金钱”的做法。

戴维斯让他的副手肯·艾比特主管纽约的办公事务并照看他的投资组合。艾比特擅长的是债券投资，对股票没有感觉。但他的老板对此并没有多加关注。戴维斯大使全神贯注于自己的大使岗位职责：改善瑞士与美国的关系；劝说瑞士银行家废除秘密账户制度，这些秘密账户常常是非法所得的隐匿之所。他对资本利得税非常反感，所以总是满仓投资，以应对财富的贬值风险。远离祖国并不意味着远离损失，当他从市场的喧嚣和尘埃中脱离出来之后，很快，熊市的踪迹和绝望就向华尔街袭来。

两个兼职的小帮手

谢尔比已经为他的职业机会做好了准备，因为他整个青春期的前前后后都受到耳濡目染。戴维斯是一个自学成才的投资者，他从各种经验和资源中总结学习，形成自己的投资准则、风格手法。作为第二代的谢尔比则是从一开始就受到整个投资氛围的熏陶。他的整个童年就是他人生的MBA。他在这样的环境中长大，饭桌上有人谈论股票，前往哈特福德进行调研，屋子里堆满了公司年报。他吸收金融知识的方法就像一个音乐家在童年学习切分音或全音阶一样。

大约从他9岁开始，谢尔比和当时7岁半的妹妹戴安娜开始成为父亲的兼职办事员。“如果你们努力工作，”戴维斯告诉孩子们，“或许你就会喜欢上它。”每隔一周的星期天下午，他们就会用办公室里的手摇油印机将戴维斯的保险业双周刊印制出来，进行核对之后，塞进信封，封上信封并贴上邮票。

“亲爱的委托人”，每一封信都是这样的开头。孩子们好奇什么是委托人，是否有人阅读这些信件，以及为什么他们的酬劳不是现金，而是在当地餐馆的晚饭。“他们做的比我做的好吃。”凯瑟琳这样说。但孩子们还是愿意得到现金酬劳。

谢尔比在投资知识耳濡目染下长大。大约在20世纪50年代，美国人的餐桌上讨论的都是麦卡锡听证会、朝鲜战争、战无不胜的扬基棒球队。在公园、后院，别家的父亲教孩子三种球类运动：棒球、篮球和橄榄球。而戴维斯教儿子的是保险公司的知识：它们如何理赔、什么能损害它们、它们如何使财富增长。戴维斯的热情极具感染力。

还有当时流行的教育观点：“诚实乃是上策”“省下一分钱就是赚了一分钱”，诸如此类。谢尔比除了学习这些常见的知识点之外，还学习了更为复杂的企业和金融课程：

- 不要成为债券投资者，因为债券投资者是一个资金的出借者；应该做一个股东，因为股东是公司的所有者。拥有一家成功企业的股票，所得到的回报远远超过持有它的债券。
- 你的投资越是明智，你的财富就会增长得越快。如果你知道你的投资回报率，那么“72 法则”会告诉你需要多长时间将你的财富翻一番。回报率越高，复利增长越快。如果有 10%的回报率，那么 21.5 年的时间就可以将 10 万美元变成 40 万美元。如果是 12%的回报率，结果将会是 595 509 美元。

走访公司

1950 年的夏天，戴维斯一家开车沿着宾夕法尼亚收费高速公路西行，他们此行的目的地是伊利诺伊的斯普林菲尔德，那是富兰克林人寿保险公司的总部所在地。这里并非什么旅游胜地，但访问保险公司对于戴维斯而言却是度过了美妙的时光。在其他几次旅行中，他带着家人访问了不少保险公司，例如：位于纽约格兰瀑布地区的格兰瀑布保险公司，位于印第安纳州福特维恩的林肯国民保险公司，位于艾奥瓦州得梅因的企业家保险公司等。通常，在戴维斯与这些公司 CEO 和首席财务官（CFO）在会议室里促膝长谈，讨论未来的计划、评判过去的表现时，凯瑟琳会带着孩子们在当地公园和博物馆游览。每当戴维斯访问一家公司时，他都会留意公司高层管理人员的停车场，在那里，他会获得一些有用的信息，以便推断公司高层是在致力于提高高尔夫球水平，还是致力于提高公司股东回报。

在访问公司时，他还喜欢到处走走看看，无论是公司的走道还是等候室，他会观察是否有浪费、效率低下的迹象，欣赏一下设计师设计的家具以及其他昂贵的装饰。谢尔比 13 岁时就参与过一场与富兰克林人寿保险公司高层的会面，看着高高的天花板、褐色的实木墙裙、镀金的装饰，他认定这里一定是有很多钱的地方。“这里一定有很多钱。”著名的银行大盗威利·萨顿也是这么想的。如果当年萨顿受过投资教育，知道以戴维斯拥有股票的方式获得财富，这个问题多多的重刑犯就不至于在牢里待那么长时间了。无论在什么场合，富兰克林人寿保险公司都给谢尔比留下深刻的印象，让他一有钱就想买这家公司的股票。这是他拥有的第一只股票。到 20 世纪 80 年代，美国烟草公司收购富兰克林人寿保险公司前，该公司的股价已经上涨了 10 倍。

斯普林菲尔德的全家旅行也给谢尔比上了“关于股票下跌”的一课。在 6 月的闷热酷暑中，全家行驶在宾夕法尼亚的收费高速公路上。开着收音机，他们听到了哈里·杜鲁门总统（他于 1948 年意外地战胜了戴维斯的上司托马斯·E. 杜威，赢得了总统竞选，入主白宫）宣布朝鲜战争的消息，股价旋即下跌。这是戴维斯下海办公司以来第一次遇到的重大调整，但他似乎对市场的抛售行为持欢迎态度。“危中有机，”谢尔比记得父亲的教诲，“一个下跌的市场，让你有机会以优惠的价格购买伟大的公司。如果你知道自己在做什么，你会在这期间赚很多钱。只不过明白这个道理或许需要很长时间。”

第二年夏天，戴维斯一家在康涅狄格州的麦迪逊租了一间夏季度假别墅。麦迪逊为大都市纽约提供木材、海岸线运输以及每日铁路服务，这三项服务的重要程度依次递增。最后这一项对戴维斯最具吸引力。这间夏季别墅的主人是纽约证券交易所的总裁G. 基思·芬斯顿，也就是劝说人们买股票活动的策划者，这项活动不太成功。

正是从这里，谢尔比每天和父亲一起用三个小时前往华尔街。父子俩天不亮就起床，穿好衣服，狼吞虎咽地吃完早餐，步行到麦迪逊火车站，赶一早6：00的火车（这是最早班的火车）去纽约的中央车站，在那里转乘地铁，9：00到达派恩街的办公室。这个通勤方案给戴维斯在10：00股市开市之前提供了专心工作的时间空隙。纽约证券交易所当时保持着与银行一样轻松的作息时间，还没有一周7天、一天24小时不停歇地交易。

下午三点半股市闭市后，他们原路返回。在返回麦迪逊火车站的路上，谢尔比记录着“确认单”，也就是当天他父亲席位的客户进行买卖的交易凭条。“这项工作最难的部分，”谢尔比回忆说，“是计算每一笔交易所涉及的税费，那段时间政府曾经收过这类的税。当时，便携式计算器还没有发明出来，我们必须用手算。我将确认单塞进已经写好地址的信封。当火车到达纽黑文，我就跳下火车，将信件投入附近的邮筒，寄给客户。”

他们大约会在晚上七点钟回到麦迪逊的别墅，晚饭之前还要去长岛进行例行的冷水浴。在戴维斯放松的夏季日程表里，通勤和工作的时间占据了每天24小时中的13个小时。

在麦迪逊度过两个夏天之后，戴维斯一家在缅因州的度假胜地东北海湾租了度假小屋，远离公共交通线路，距离曼哈顿有10小时的车程。50年代中期，戴维斯一家在山上买下了可以俯瞰乡村的度假屋，这座由铁路巨头卡伯特（来自波士顿）公司承建的休闲木质结构的居所，可以饱览海湾，具有无敌海景。戴维斯通过附近的地方机场往返华尔街。

勤俭节约的美德

除了这次购买房地产之外，戴维斯家庭日益增长的财富似乎对于其家庭支出和日常花销没有带来明显的改变。在家时，戴维斯依旧穿着他那破了洞的毛衣和旧裤子。在全家出行时，他穿着仅有的旧鞋子在前面领路。每次凯瑟琳将那双旧鞋子扔出去，戴维斯总是从垃圾桶里捡回来，用胶水、胶条或橡皮筋将它们修补好，放回壁橱里。有一个夏天，戴维斯家请的厨师说炉子里冒出汽油的味道，那个炉子已经锈迹斑斑，时不时会有铁锈掉进食物中。她指着炉子上锈蚀的洞，建议主人买一个新的炉子。戴维斯围着炉子闻了闻气味，拍了拍这个老古董，“我们不需要一个新炉子，”他坚持道，“用油漆涮一下，补上洞就行了。”

凯瑟琳知道家里的钱在不断增多，但对她而言，纸面富贵如同海市蜃楼一样。从夏季的度假别墅到缅因州和华尔街之间的穿梭飞行，戴维斯一家的生活水平很明显随着他职业生涯的改变而变得富有，但那个时候，百万富翁很稀少，也没有所谓“邻家的百万富翁”一说，所以，他的孩子们从来没有想到自己的父亲已经是个百万富翁。他们没有计划放弃位于塔里敦的主要家庭居所，另觅更佳的住所。一家人还是开着经济型雪佛兰汽车，坐飞机经济舱，去滑雪时住经济型旅馆。在用餐时，孩子们不可以点龙虾。唯一能吃到龙虾的方法，是在缅因州的水产市场或当地码头买回来自己动手。

戴维斯认为节俭并非一种虚妄的美德，并将这种理念传递给他人。在他的观念里，花掉一美元就是浪费了一美元；而没有花掉的一美元却可以复利增长。他教育孩子们不要浪费金钱资源。无论是在家里，还是在外面，戴维斯一家对待金钱就像沙漠部落的人对待水一样珍惜，无论做什么事情，尽可能做到节俭。在投资账户里——那是钱应该待的地方，金钱是快乐的、滋润的。离开了投资账户，金钱是不安的，甚至是有毒的，它有损独立的精神，侵蚀所有人的工作干劲。

在戴维斯的女儿戴安娜小学三年级快结束的时候，她请求父亲送她去参加夏令营，因为她的很多要好的同学都参加了。她的要求遭到了父亲的拒绝，戴安娜随即写了一封信给著名的约翰·D. 洛克菲勒——他也住在塔里敦，请他通过父亲戴维斯的交易席位购买保险股票。她认为如果洛克菲勒通过父亲的席位进行交易，那么获得的佣金足以支付夏令营的费用。但是，洛克菲勒一直没有回音。这样的趣闻轶事非常典型。勤俭节约在戴维斯家是培养孩子的重要部分，这样，他们在长大成人时才具有独立的人格，免于金钱的毒害；他们才能在经济上独立自主（最好是量入为出），用余钱进行投资，开始自己的复利人生。

一般而言，高中或大学里都没有教授投资学的课程。“资本主义”这个词对于很多教育工作者而言，意味着合法的盗窃，而华尔街就是盗贼出没的地方。

1958 年，谢尔比 21 岁。约翰·肯尼思·加尔布雷思出版了《富裕社会》一书，从文学的角度对喧嚣的美国经济进行了嘲讽，认为这造就了一代贪婪的、只知道努力工作的中产阶级。

在这本畅销书里，这位对现实不满的哈佛经济学家表达了他的倾向，他认为一个经济体应该被社会工程师所主导，应该致力于少一些生产、少一些消费，对大众而言更是如此。加尔布雷思相信，如果人们能按照斯巴达式的自律方式生活，会比天天为了拥有汽车、电器和流行服装而拼命工作，要更健康、更快乐。当圆滑势利的老派富人可以将财富玩弄于股掌之间时，他担心那些傲慢轻率的新派富人会丧失原本固有的美好品质。他有一个流行的观点：投资于公司是罪恶的、冒险的，消费过度是俗气的、可耻的。

戴维斯对于加尔布雷思有关资本主义的危机的观点并不完全认同，但出于不同的原因，他却很赞同斯巴达式的自律。戴维斯认为节约下来的资本可以进行更多的生产，从而为广大民众创造更多的财富，而加尔布雷思恰恰认为应该让人民远离财富，这样可使人们保持更好的纯真本性。

通过与小伙伴聊天，戴维斯的孩子们发现，自己得到的零花钱比别人的少，而承担的家务活比别人更重：扫落叶、堆木头、铲雪。他们那些喜欢周末睡懒觉的小伙伴也会过来，拿起耙子，加入戴维斯家的清理大军。在谢尔比 8 岁左右时，他和戴安娜指着网球场旁边的一块空地说有足够的空间，央求父亲建一个游泳池，戴维斯表示初步同意，但条件是：家庭成员必须亲自动手挖坑，以节省昂贵的挖掘机租赁费用（这已经是戴维斯极少有的对孩子的溺爱行为了）。

孩子们简直不敢相信父亲戴维斯是认真的，这意味着他们要自己动手挖一个 15 英尺宽、40 英尺长、8 英尺深的大坑，但孩子们还是接受了这个方案，因为根本没有其他可替代的方案。凯瑟琳很明智地选择待在屋子里，看着其他人利用两个周末的时间挖土、挑土，累得筋疲力尽。工作的结果是：一个小土山和手上磨出茧子。到了第三个周末，这帮业余的挖掘者终于挖到基岩的深度。当谢尔比和戴安娜强抑喜悦时，戴维斯叫停了挖掘工作。他请人开来推土机完成了余下的工作。

谢尔比和戴安娜总是能带着好成绩回家，一般也不会惹麻烦，除了有一次在万圣节，他们将红色油漆泼洒在一位不受欢迎的邻居家的门廊上。有人叫来了警察，他们两个被当场抓住。这件事情上了当地报纸的头版。

戴安娜当时只有 10 岁，她以为自己和哥哥谢尔比会被抓去坐牢。但是没有，戴维斯为邻居门廊上的新画作支付了罚款，回家后他罚孩子们到房屋的阁楼上安装墙板，并写一篇关于这次破坏行为的作文。

第二代的成长

随着财富的增长，戴维斯对于家族渊源越发痴迷。几年下来，他将一个又一个自己参与的各种爱国者协会的会员资格传给儿子谢尔比，作为生日礼物。但处于青少年期的谢尔比对于正襟危坐、举旗游行或聆听冗长的关于文化传承的演讲毫无兴趣。“我一直无法搞清楚，为什么父亲对这些团体如此有兴趣，”谢尔比说，“他的投资着眼未来，而他的情感系于过去，这真是一件令人好奇的事。这些团体里的确有些有趣的人，但这应该不是吸引他的原因。也许这是他回顾历史的一种方式，历史是他当年在大学里喜欢的专业。或者，也许他强调自己的血统，是为了保护我母亲远离社会上那些心胸狭隘的人的歧视。”

在理论方面，谢尔比简直就是父亲戴维斯的克隆版。他进入劳伦斯维尔中学，之后进入普林斯顿大学。他学的专业是历史，而不是会计，也没有去读工商管理专业硕士（MBA）。每当学校学习的间隙，他会到父亲的办公室里帮忙，他也为学校的报刊撰文（他父亲当年曾经是同一报刊《普林斯顿人》的编辑）。他也为报刊的副刊《保险生涯》出力，包括向他父亲的公司出售广告，以及撰文报道分析业内的情况。有一次，他为了一篇《纽约时报》报道，采访几位苏联学者（也是他父亲的朋友）。他考虑将保险行业作为职业（这是他父亲的投资偏好），但准备在华尔街开始自己的职业生涯（这是他父亲的关注区）。

在普林斯顿大学三年级的暑假里，谢尔比在欧洲旅行的途中遇见了后来的妻子。他在普林斯顿大学基思·克勒格尔学院里最好的同学与他选择同一座旅行城市，两个普林斯顿大学人与两个瓦萨人相遇在罗马。谢尔比将他们领回家，他妈妈更喜欢其中的一个女孩，名叫帕梅拉。但在罗马相遇时，谢尔比对一个叫温迪·亚当斯的女孩有感觉。他又一次跟随了父亲的脚步，因为当年戴维斯也是在欧洲的旅行中遇见了他未来的新娘凯瑟琳。凯瑟琳出生于费城的一个富裕家庭，温迪出生于波士顿。当温迪第一次来到戴维斯家在缅因州的度假屋时，谢尔比带着她轻松地爬上了附近的山。温迪通过了戴维斯家对于未来儿媳的测试：爬山之后的心情是否如同开始时一样愉快？谢尔比求婚了，那一年，谢尔比 21 岁，温迪 20 岁。他们在毕业后的第二个夏天结婚，自那之后，他们再也没有一起爬过山，但他们的婚姻持续了 17 年。

相比于谢尔比与父亲经历的相似之处，他们之间的关系实际上要冷淡一些。谢尔比在普林斯顿大学的四年间，戴维斯给他写过信，但从来没有收到过回信。戴维斯将写信看作一种义务和责任，没有回复令他很恼火。谢尔比认为正式的写信简直就是浪费时间，尤其当时电话已经普及。写信的方式显得很正式、刻板，充满了警句式的建议和父亲不厌其烦的唠叨。谢尔比刚进入普林斯顿大学时就收到了父亲寄来的一张表，显示了最近年度的投资成就，除此之外没有其他任何内容。谢尔比认为这是父亲发来的挑战书，比比谁做得更出色。他们之间的关系在一场家庭争吵之后更加恶化，这件事竟然还上了《纽约时报》的头版，详情见本书第十一章。

谢尔比在普林斯顿大学的第四年，他父亲暗示给他一份工作，但谢尔比没有理会，他希望到华尔街，当一名股票分析师。他早就得出结论，父亲戴维斯“难以相处”，并且“肯定给我的工资也会低得可怜”。谢尔比曾经听戴维斯夸奖过纽约银行的研究部门做得很好，于是他报名参加了该银行的一场面试。招聘负责人答应他可以从分析公司开始，不用从柜台窗口或评估贷款部门的实习生岗位干起。谢尔比非常高兴，银行也立刻雇用了他，周薪为 87 美元。

谢尔比和温迪搬入了一间曼哈顿的公寓。他和他的岳父韦斯顿·亚当斯一见如故，相处融洽，甚至到了相互欣赏的地步。亚当斯也是一位金融家，曾经担任过波士顿证券交易所的总裁，创立了一家著名的投资公司——亚当斯·哈克尼斯·希尔公司。他还是一个运动爱好者，曾经拥有过萨福克唐斯赛马场。他拥有波士顿棕熊队，将加拿大风格的冰球引入美国。谢尔比在工作中体现出来的责任感、稳重和机智给亚当斯留下了深刻的印象。他让谢尔比担任棕熊队的财务主管，还时不时地带着谢尔比四处巡视，寻找具有冰球天赋的人才。周末，他们待在家里一起观看比赛。他们有时去波士顿，中午喝一点血腥玛丽鸡尾酒，午餐有时会点龙虾。戴维斯绝不会这样做。

谢尔比如何分析公司

在保险业的圈子里，戴维斯非常出名，但在银行业以及华尔街的圈子里，如果有人提起他的名字，会引起疑问："戴维斯是谁?"不像那些大明星、文学名家或著名大亨的儿子，谢尔比可以从那些谈论父亲如何辉煌的话题中摆脱出来，他可以在父亲所在的领域中自己赢得名声，塑造自己的生活方式。

股票研究分析这个工作在当时还是一个相当模糊的概念，很多券商对分析员并没有提供热心的支持。典型的关于公司或行业的报道通常出自职业投资人之手，普通投资者很少有机会看到分析报告。今天市场上信手可得的信息，在20世纪50年代后期简直属于机密级别。纽约银行意识到市场对于可靠信息的需求，于是采取行动以满足这一需求，它将研究分析报告卖给养老基金、公募基金、银行的信托部门以及其他机构投资人。

谢尔比的第一个老板彼得·乐蓓是一位和蔼可亲的数字迷。乐蓓没有让谢尔比研究他最擅长的行业，因为尽管保险类股票价格走高，但保险业依然被认为是边缘行业，前景并不令人兴奋。于是，谢尔比被指派研究美国行业中那些举足轻重的公司：那些具有持久力和经济影响力的公司；那些在未来最有可能成功的公司。"就像在大学里，"谢尔比说，"这些关于钢铁、橡胶、铝、石油、铜、水泥等行业的生产商和销售商的报告，像学期的论文作业一样。”

每一个“学期论文作业”都包括图表，这样，读者可以将过去数年的利润率、营业收入、销售等指标进行比较。“你应该留意，一家公司是否降低了成本，提了利润，并且加速了成长。”谢尔比说，“如果一家公司比同行更为优秀，你应该了解为什么。一旦你有了这些数据，就可以比较容易地询问管理层：公司的未来如何？这种令人欣喜的趋势是否会继续下去？他们做了些什么使得业绩如此优秀？”

下班之后，谢尔比依旧会待在办公室，翻阅财经杂志、新闻通信，以及其他分析师的报告，寻找不同的视角。一般的观点无法吸引他的兴趣，数据的堆砌根本不能令他满足。他意识到，自己无法仅仅依靠计算尺和加法机（当时计算器还没发明）判断公司的未来前景。所以，他到公司不久，就说服老板允许他联系目标公司，对其进行现场访谈，亲自提出问题，这是他的父亲曾经运用的方法。大部分分析师不会离开自己的办公桌，很少会有分析师实地访问研究名单上的公司。如果没有机会给公司的领导层打分，如何将实干家与吹牛大王区分开来？谢尔比的计划是将分析师的闭门造车转变为实地调查，他所在的银行并不热衷于这个计划，但他仍然取得了一些尝试性的进展，获得了为数不多的预算。

当时，上市公司还没有设立投资者关系部门，对于谢尔比的造访毫无准备，而且纽约银行本身也不确定派他去这么做是否有益。在这个过程中，22 岁的谢尔比经常发现自己坐在公司高管的房间里，直接面对像他的父亲一样年纪的 CEO 们。

作为轮胎橡胶行业的分析师，谢尔比飞到俄亥俄的阿克伦，这个城市相当于橡胶行业的底特律。他前往会晤该行业的五大巨头（固特异、凡士通、通用、库珀、联合皇家），这些同行竞争对手的总部都聚集在 10 英里的半径范围内。谢尔比在 1959 年通过一次出行拜访了这五家公司。轮胎行业是一个周期性行业，利润会随着经济的荣枯而升跌，所以，轮胎行业的股票也会随之涨跌。这个周期性循环的特性导致人们对该行业的普遍看法是：这类股票靠不住。

使戴维斯身家达到八位数的牛市发生在 1959 年，但这并未吸引市场主流的注意力。总体而言，大众还是持有“谨慎”的投资：债券。但是债券的糟糕表现嘲弄了他们的谨慎。债券的表现持续令人失望，而股票则不断给人惊喜。在 20 世纪 20 年代末，股票从顶点沦为令人失败的资产，而到了 50 年代，股票成为不太流行却获利丰厚的赢家。

道琼斯指数尽由重工业巨头所主宰，它们都在谢尔比的研究清单上——橡胶、汽车、水泥、铝业。它们中的大多数如今已经远逊当年。这些行业中的公司被吹捧为高质量、低风险，并且适于任何投资组合长期持有。尽管当时雷诺兹金属公司和美国铝业公司已经有些摇摇欲坠的苗头，但即便是最为悲观的分析师，也没有预见到这些设备公司被废弃、工厂被关闭、最终锈迹斑斑的命运。更没有分析师分析出，这些曾经坚忍不拔的行业精英为什么再也没有回到当初利润丰厚的年代，为什么在 20 世纪余下的这么多年中一直让投资者失望叹息。

快餐店、购物中心、连锁店很快便从东海岸蔓延到西海岸，但谁也没有料到麦当劳、唐恩都乐以及肯德基这样的公司，有朝一日会比万能的美国钢铁公司这样的巨无霸为股东创造更多价值、带来更多盈利。

很快，谢尔比就从小圈子里脱颖而出，成为纽约银行权益研究部门的负责人。25 岁时，他被任命为副总裁，是自亚历山大·汉密尔顿（美国国父之一）之后最年轻的副总裁。在这次荣升之后，有人告诉他，如果他能坚持 30 年，他将有机会成为纽约银行的总裁。对于这样的建议，谢尔比反复思考，想得越多，越觉得这样的前景没有吸引力。“我看见自己参与一个又一个正式的晚餐会，基本上会困在一个看似荣耀的关系网中。我意识到，我宁愿看 100 张财务报表、访谈 100 位 CEO，也不愿意去主持一个鸡尾酒会，招待 100 位公司认为重要的客户。”

为成长支付高价：让谢尔比后悔40年的教训

谢尔比完成了很多非常出色的研究报告，当然也有少数判断失误的研究报告。当有人问及后者的时候，他回答道："作为分析师，应该记住那些所犯的错误，并从中吸取教训。我从未忘记赫兹租车公司的案例，这家公司一上市就是热门股，卖到了30～40倍市盈率。我当时给它很高的评价。但事后看来，这是愚蠢的。这家公司的确还行，但是股价过于昂贵。"赫兹租车公司的大部分利润来自出售旧车，相比其租车业务，出售旧车业务很不稳定，因为旧车的价格波动幅度会很大。

谢尔比也忘不了雷诺兹铝业公司，在推荐这家公司40年后，他依然后悔曾经在1960年的报告中推荐过这家公司。当时，雷诺兹铝业与美国铝业公司、加拿大铝业、恺撒铝业并称"四大铝业"，主导了世界铝业市场。在第二次世界大战之前，美国铝业公司享受着它在业内的生产垄断地位。但是，美国政府为其创造了竞争对手，政府成立了制铝工厂，并将其出售给雷诺兹公司和恺撒公司。为了增加新企业的生存概率，政府为它们提供零息贷款，这种零息贷款被称为"必需品证明"。同时，反垄断行动迫使美国铝业公司将其加拿大分公司分拆出来，成立加拿大铝业公司，形成了铝业四强的局面。

当时对于铝的需求极为旺盛，所以这四家公司的生意都源源不断，它们在朝鲜战争期间需要加班加点才能完成订单。

在谢尔比 1960 年 5 月写的“铝业调查”报告中，他注意到铝业公司的运营成本非常高，经过 50 年代股市的蓬勃上涨行情之后，这些公司的股价也变得昂贵（市盈率为 25～40 倍）。但是，他漠视了这些问题的存在，基于铝业的光明前景，他给出买入建议。他告诉华尔街：“当前市场上对于目前盈利的高估值，从长远而言是有道理的。”

他所喜欢的雷诺兹铝业公司，其股价始终低于 1956 年高点。对于该公司位于弗吉尼亚州里士满市总部的访问，让谢尔比倍感兴奋。他和他的分析师同行参观了公司巨大的展厅，展厅里从地面到天花板，堆放着与实物同样大小的产品模型，据说，“用不了多久，这些东西都可以用铝材制作出来”。从小汽车到家具、从火车头到桥梁，都可以用这种轻型金属制造，公司还说，航空业对于铝制品也存在着巨大潜在需求。

谢尔比回到办公室，奋笔疾书，写了一篇热情洋溢的回顾，并大力推荐当时已经 40 倍市盈率的雷诺兹铝业。他估计未来每三年公司盈利可以翻一番，这样，一个看起来昂贵的东西就变成了令人尖叫的便宜货。他认为，这是一只完美的成长股，毕竟雷诺兹铝业自成立以来一直保持高速增长的势头。

这是一个典型的谢尔比进行公司实地调研、与管理层交谈，反而令其误入歧途的反面案例。当他在里士满感叹于展厅里巨大的模型时，在公司的库房里，积压的铝制品堆积如山。分析师没有注意到这个情况，因为库房不在他们的参观范围之内。

尽管铝的新用途激动人心，但供给远远大于需求。于是，产品价格下跌，利润骤降，股价更是如同蹦极一样坠落。40 年后，雷诺兹铝业以及其他金属类公司的股票价格，比艾森豪威尔还是总统时、约翰尼·马蒂斯还是青年偶像时还要低。谢尔比亲眼见证了为“成长”支付高价格的危险。这也让他意识到，一般而言，公司管理层会强调公司积极正面的一面，而忽略消极负面的一面。

戴维斯的智慧：金钱永不过时

戴维斯依然在威廉大街 110 号的办公室里料理着他的保险投资组合。谢尔比偶尔会过来一下，顺便聊聊自己的工作，不过，戴维斯对于铝业、橡胶、汽车或混凝土公司没什么兴趣。这类公司会要求具备造价昂贵的工厂、维修和升级更新，这些都会消耗公司资源，令资金枯竭。在经济衰退时期，这些公司会陷入亏损，所以它们的盈利不稳定。新工艺技术或发明可能让它们脆弱不堪，甚至陷入破产的境地。

纵观整个制造业公司的历史，很少有可以存活长久的公司，除非它们能够重塑自己，以逃脱被淘汰的命运。一些保险公司已经在庆祝它们的200岁生日，它们现在出售的产品，与200年前美国国父们在世时并无二致。保险公司用客户的钱进行投资，并从中获利，而制造业公司却没有这样的机会。谢尔比虽然没有像父亲一样一直跟踪保险业，但他工作的纽约银行已经教会了他——银行业与父亲喜欢的保险业有很多相同之处。银行与保险在运作上会倾向于非理性，富丽堂皇、华而不实的总部像一座巨大的陵墓。银行永远不会过时，因为金钱永不会过时。谢尔比自己所在的银行就是一个明证，纽约银行早在18世纪就成立了。

伴随着其长寿之名，银行业也有着乏味的名声。因为银行业从来不会引领潮流，所以投资者也不会为其支付交易溢价(这意味着，购买银行股票不可能迅速赚大钱)。由此，你可能总是有机会以相对于其他类型公司具有折扣的价格买到银行股，能以便宜的价格搭上银行的成长。

银行是靠其他人的钱获利的，所以，必须谨慎。鲁莽的放贷行为是一种职业病。但是，有经验的经理人可以将风险最小化，保持谨慎之智战胜贪婪之心。

如果不是纽约银行为谢尔比提供了熟悉这个行业的环境，他成为银行和金融机构业内成功基金经理的道路可能要多花上十年时间。

戴维斯那位再保险业的老友兼同事理查德·默里，在谢尔比升任纽约银行副总裁后不久来到他们在缅因州的度假屋。尽管是戴维斯一家长期的老朋友，默里却完全不了解谢尔比在华尔街做什么。虽然聊过很多次，默里回忆道："戴维斯几乎从来不提他的孩子们。这样一来，我对于谢尔比的印象就是一个爱玩的男孩、一个信托的受益人。他能在父亲的领域里很快自立门户，并得心应手，我从来没有想到过。"

第十一章/*Chapter Eleven*

继承风波

4 000 美元到 380 万美元

在遗产继承这一话题方面，戴维斯和巴菲特的看法完全一致。他们两人都反对信托的形式，他们对流行于信托界的懒散、药物成瘾和自尊低下的情况极力谴责。根据传记作家罗杰·洛温斯坦的表述，巴菲特希望他的子女继承其优良的品质。而在这方面，戴维斯的做法是为儿子谢尔比和女儿戴安娜开立了小小的信托投资账户。

20 世纪 40 年代初，戴维斯在每个账户里投入了 4 000 美元——这个数字不会影响他们自力更生的能力。到了 1961 年，正如纽约《每日新闻》报道的那样，“每个当初 4 000 美元的橡树种子，现在已经成长为 380 万美元的巨大橡树”。

即便戴维斯再乐观，他也没有想到孩子们的信托投资账户会复利成长得如此凶猛，以至于他们从大学一毕业便近乎跻身于全国顶级富豪阶层。他希望这些橡树种子成长的速度慢一些。但是，这两个信托账户，尤其是女儿戴安娜的，却成为一场恶毒的法律和公共关系层面上争斗的战利品。

戴维斯将投资利润最大化的结果与他的信念存在巨大的冲突，他认为巨额的遗产会导致受益人的腐化堕落。每当他想到自己 21 岁的女儿戴安娜可以控制她自己名下的信托财产，戴维斯就会感到窒息，无法忍受。一想到自己当初主要靠戴安娜母亲继承的财产过日子，戴维斯决定不能让女儿拥有可以终生无所事事的财产。从理论上讲，儿子谢尔比信托账户里的 380 万美元也应在戴维斯反对之列，但是为何戴维斯仅仅反对女儿戴安娜的那份信托，个中缘由在下面的论述中可以见到。

在戴维斯为信托的困境苦恼不已的时候，他决定为一项更有价值的事业做一笔大额捐赠：捐款给普林斯顿大学历史系。他感激母校，在那里他度过了激动人心的四年，他知道伟大的人如何创造伟大的文明。通过将历史知识在金融上运用，戴维斯投资于那些创建了伟大保险公司的伟大 CEO，这也为普林斯顿大学带来了荣耀。他出席校友聚会，将普林斯顿大学的横幅挂在缅因州的夏季度假屋里，与从前的老教授们交谈，并同意捐赠一个教席以纪念他的父亲——1886 年从普林斯顿大学毕业的乔治·亨利·戴维斯。他还答应为那些“值得又确有需要”的学生提供几项助学金和奖学金。

然而，当签署支票给普林斯顿大学的那一刻来临之时，戴维斯仿佛患了严重的书写障碍症。他的儿子谢尔比说：“金钱是我父亲建立丰功伟业的工具，他不愿意失去任何一分钱。”经过了几个月的磨磨唧唧，这位勉强的捐赠者忽然有了一个好主意，既能满足普林斯顿大学，又能不令自己失分，他决定将女儿戴安娜信托账户中的财产捐给普林斯顿大学。这样一来，没有了信托财产的戴安娜可以在未来的成长中重塑她“激动、欣喜和满意”的人生。

戴维斯没有与戴安娜商量此事，尽管这项捐赠资产来源于她的名下。戴维斯直接让律师起草了将 380 万美元转移给普林斯顿大学的文件。（当时的社会，妇女不参与家庭财务事宜的议定，即便财产属于她们也是如此，这是当时的标准做法。）

戴维斯在曼哈顿市区安排了一个会议，计划让戴安娜当着满屋子的律师、信托官员、普林斯顿大学代表的面，签署财产转移的文件。他安排妻子凯瑟琳通知女儿戴安娜参与这场强制性的“下午茶”活动。

戴安娜感到有些怀疑，所以她待在马萨诸塞，参加一个教师岗位的面试，没有前往曼哈顿。下午茶活动这边，那些受聘的专家、被邀请的客人（包括普林斯顿大学校长罗伯特·戈欣和纽约化学信托银行的主席）围坐在一张古老的枫木桌边，一边寒暄一边等待。戴维斯一面不停摆弄着手中的纪念钢笔，一面估摸着是不是火车晚点，但心中的怒气渐渐升起。直到傍晚，戴安娜也没有出现，很显然，她不会来了。

戴安娜和母亲凯瑟琳都认为在戴维斯这项高贵行为的背后，一定另有隐情。因为这时，戴安娜身边出现了一位求婚者，是预科学校的历史老师约翰·斯宾塞。她父亲对此持反对意见，戴维斯认为戴安娜才 21 岁，这时结婚还太年轻，尤其对方仅仅是个前途平平的教师。戴维斯为女儿付费参与了指导女子初涉社会的团体：纽约的初次社交舞会和拉伊的韦斯特切斯特沙龙舞会。戴安娜可以在这里遇见很多未来的大亨，他们前途远大、雄心勃勃。为什么戴安娜不从这些精英中挑选一个乘龙快婿呢?

尽管这位求婚者斯宾塞是温斯顿·丘吉尔的远房亲戚，并且他的家族属于“古老的哈特福德”一脉，这些倒是符合戴维斯胃口的加分项，但是这些加分项抵不过减分项。斯宾塞比戴安娜大四岁，在一所乡村学校教书，他的暑假只能在家乡的农场度过（而戴维斯认为戴安娜生活在城市或城市周边会更幸福）。此外，斯宾塞坚持尽快结婚，这更加引起了戴维斯的疑虑，他怀疑斯宾塞这么做是觊觎女儿的财产。

父女间隙

斯宾塞和戴安娜不顾父亲要求他们推迟结婚的想法，宣布了正式订婚的消息。他们的反抗激怒了戴维斯，但凯瑟琳站在女儿这一边。母女俩一致认为，是戴维斯一手策划了普林斯顿大学捐款一事，以达到不让戴安娜的钱落入斯宾塞口袋里的目的。谢尔比也在幕后支持妹妹。他也拥有自己的信托财产，于是兄妹俩聘请了一位律师以保护他们共同的财产。戴维斯没有动谢尔比信托里的数百万美元的财产，这更使人相信他对戴安娜信托采取的手段是为了对付她的未婚夫斯宾塞。

在戴安娜没有出现在下午茶的晚上，她给家里打了电话，想和父亲心平气和地谈一谈。她告诉戴维斯，自己希望将信托捐赠一事推迟到即将到来的婚礼之后再做决定。戴维斯生气地挂了她的电话，并聘请一家公关公司，该公司随即发表了一份 5 页纸的声明。1961 年 6 月 2 日，当《纽约时报》的读者们打开报纸后，发现百万富翁和他叛逆的女儿的照片出现在头版，新闻很醒目：

这个女孩拒绝父亲的安排，不愿将380万美元捐给普林斯顿大学。

戴维斯飞去苏格兰出差，于是一场远距离的骂战开始了。他指责女儿是“不可理喻的自私鬼”。他痛心戴安娜身上吸收了“当今在美国年轻人中间流行的不切实际的功利主义”。他说，戴安娜的这种自私心态应该受到更多的谴责。他还说，他已经“保证”每年给女儿3万美元的生活费，并承诺给10万美元现金作为新婚礼物。“戴安娜一直都是一个好姑娘，但是看来金钱助长了她的贪婪。”戴维斯向全世界肯定地说，“如果钱少一些，我们会更快乐。”

对此，戴安娜在曼哈顿斯宾塞一个亲戚家的公寓里举行了一场公开反击会。由于她未婚夫的兄弟刚刚因癌症过世，她告诉记者，她倾向于将信托财产捐给癌症研究，而不是捐给普林斯顿大学。她在一次电话采访中倾诉道：“父亲用金钱威胁我，我怀疑自从我们订婚以来，他就一直以此为武器。我们结婚后，只打算过普通人的日子。请理解我们，金钱对于我们而言并不重要。我们不会自命不凡，但是我们希望自己做决定，而不是由父亲替我们做决定。”

戴安娜坚持说，她从未听过父亲每年计划给自己3万美元生活费，以及10万美元结婚礼物的话。对于父亲的挖苦和公开攻击，她感到痛苦和尴尬：“现在，我不知道该怎么办。无论如何，他这么做是为了他自己的面子。”对此，戴维斯通过越过大西洋发来的电报进行回击，他忠实的发言人对媒体表达了他最近的嘲讽态度。戴维斯说：“她就是固执，完完全全的固执。”戴维斯的主要发言人也插上两句：“你们或许感到这有些不可思议，但是，戴维斯先生强烈地相信，年轻人拥有太多财富不是什么好事，他认为这对他们不利。”

“过去一周发生的可悲事情更加确凿地向我证明了，太多的金钱会让年轻人头脑发热。”戴维斯强调，“由于戴安娜没有费丝毫力气便获得了这笔380万美元的巨额财产，所以，对于如何处置这笔财产，她没有丝毫道德上的权力。恐怕她需要的是被好好打一顿屁股。”

《纽约时报》随即刊登出醒目头条新闻：《父亲说女儿为了380万美元应该打屁股!》。对此，戴安娜回击道：“我不愿意这么说我自己的父亲，但他越来越像一个专制主义者。”

记者们蜂拥而来，从各个角度进行追踪报道。在克莱斯勒大厦，他们采访了戴安娜的律师朱利安·布什，她没有发现任何关于戴维斯一年给3万美元的文件证明。他们还采访了戴安娜的母亲，凯瑟琳说：“对于这件家事被搞得沸沸扬扬，我感到非常不高兴。这真是荒唐可笑的事情，我女儿是一个慷慨大方、热心的女孩，根本没有占有这笔钱的心思。”他们还采访了戴安娜的未婚夫，他说自己在这场金钱风波中，遭到了朋友们的

“可怕的冷嘲热讽”。记者们还走访了普林斯顿大学，普林斯顿大学的发言人否认戴维斯曾经有过这样的提议，尽管各方都承认事实的存在。发言人立刻改口说：“这是家庭内务，我们大学不希望被卷入。”记者们就 3 万美元一事对戴维斯穷追不舍，最终，戴维斯承认这项费用并不是由他支付，或许数十年内不会成为现实，是从戴安娜母亲凯瑟琳的遗产中支付，但是在母亲离世之后才能得到。很显然，是戴维斯重新编造了故事，以凸显戴安娜的贪婪和自私。

记者们试图采访戴安娜的哥哥谢尔比，但他出海去了科德角。当记者终于联系上他时，谢尔比不想做任何评论，但随后他还是说了一下。戴维斯宣称，谢尔比将会放弃信托财产，将其投入父亲打算成立的一个慈善基金中，对此，记者们希望得到谢尔比的回应。“我不知道我父亲在说什么。”谢尔比说。

各种新闻媒体对此事的报道持续超过了一周，《纽约时报》《每日新闻》《世界电讯报》以及其他纽约的媒体都在头版头条刊登了戴维斯家族的新闻。头条的作者以娱乐的心情写道，“女继承人何以回报父亲”“女继承人拒绝捐赠的立场坚定”“父亲为捐赠将女儿剔除继承人名单”，这暗指打屁股的威胁。记者们将“任性”的女儿戴安娜（“113 磅体重、身材匀称、勇气可嘉”）和“维多利亚式思维、情绪波动的五月花号后代”的父亲戴维斯比较着看热闹。有时候，他们会站在戴维斯的立场上

（乐善好施的父亲对应自私的女儿），但更多的时候，他们会站在戴安娜的一边（年轻爱侣遭遇老古董的阻挠，孝顺的女儿对抗专制的吝啬鬼），其间，偶尔他们也会批评一下双方，以显得客观公正（印第安式的慷慨富人被涉世不深的女儿搞得很尴尬）。

从《纽约时报》到各类小报，记者们都是从金钱角度和社会角度对此进行大肆渲染：戴安娜的两次初涉社会；戴维斯的殖民地先祖；戴安娜未婚夫斯宾塞与丘吉尔的关系。《纽约时报》的西德尼·克莱恩借题发挥地写道："在社交圈中有一种猜想，如果戴维斯的祖先们知道这种情况会怎么样。这些人包括约翰·阿尔登和弗兰西斯·库克（来自五月花号船），以及托马斯·沃伦——1607 年最早在詹姆斯敦建立殖民地的成员之一。"

在这些报道中，很少有记者提到戴维斯巨额财富是源自美国股市的牛市。1961 年，股市依然蓬勃向上。戴维斯财富的绝大部分是自己创造的，他仅仅是一个通过聪明选股而致富的前政府官员而已。所有的报道中都忽略了，任何一个聪明的投资者都可以通过合适的方式，将 4 000 美元变为 380 万美元。纽约的媒体本应该将戴维斯作为一个资本主义的精英案例报道，然而，他们的报道仅限于戴安娜的初入社会和戴维斯家族的血统问题。这更加强化了美国是欧洲排外的翻版这一概念，在这里，富人更富，势利眼则更加势利。

此时仍在苏格兰的戴维斯非常生气，他继续在媒体的头版上表示恼怒不已，这既对他的生意不利，也对女儿有损害。凯瑟琳作为母亲希望家庭团结，她和戴安娜在韦斯特切斯特的一家汽车旅馆订了一个房间。看到妻子与孩子们站在同一条战线上，戴维斯更加生气。他回到美国后，全家在缅因州的度假屋相聚。他们的方式具有典型的戴维斯风格，早上起来一同洗冷水浴，表面上和和气气，但他们的律师却在纽约争执不下。

家庭风暴过去

从戴安娜没有出席“下午茶”的那天算起，七天之后宣布了休战。6 月 9 日，纽约《每日新闻报》报道：“戴安娜、父亲和美元的家庭纠纷平息。”戴安娜和谢尔比每人从各自的信托中得到 100 万美元，其余部分交由戴维斯任意处理。“我们又是一个和睦的家庭了。”引发此次不和谐的戴维斯说，“戴安娜是个聪明又通情达理的姑娘。”“现在，每个人都很高兴。”凯瑟琳也回应道，“我们家庭的风暴终于过去了。”

1961 年 6 月 24 日，戴安娜和约翰·斯宾塞在斯卡伯勒的长老会教堂举行了婚礼，参加仪式的有 150 人。一些记者见证了婚礼的过程。“婚礼很愉快。”《每日新闻》报道。他们使用了一个形容词“gay”，作为愉快的意思，这个后来用于同性恋的词，当时仍属于异性恋。“当戴维斯先生将身披白色婚纱、手持黄玫瑰的女儿交给新郎时，他看起来是最快乐的人。”婚礼进展得很顺利，直到宾客们酒足饭饱，尽兴而归。

3 年后，在普林斯顿大学的校园里举办了戴维斯父亲 100 周年诞辰的纪念晚餐，戴维斯将一张 530 万美元的支票交给校方。信托投资组合中股票价格的上涨，包括日本保险公司的巨幅上涨，弥补了支付给戴安娜的 100 万美元。戴维斯的父亲在十年前已经离世，戴维斯的兄弟乔治出席了晚宴，一起出席的还有戴维斯的妻子凯瑟琳、儿子谢尔比、女儿戴安娜（她并未以女捐赠人的身份出席）。

戴维斯觉得普林斯顿大学未能就此项杰出的捐赠予以他合适的荣誉，至少，他希望能够跻身普林斯顿大学投资委员会，当然，最好能提名为大学理事。但是，这两个愿望都未能实现。最令他恼火的是，他向大学的捐赠基金推荐了保险股票，基金因此投资而获利，但他从来没有收到过感谢或佣金。他与历史系保持着密切的联系，出资设立了几个戴维斯教授讲席，每年资助关于殖民地历史的系列讲座，因为他一直欣赏美国先驱者们的勇气。

对于已经在纽约银行正式就职的谢尔比来说，媒体头版的家庭纠纷让他尴尬。在随后的几年里，朋友们和商业伙伴们不断提到“剔除继承人名单”和他父亲的夸夸其谈，这对谢尔比多少有些刺激。他与父亲的关系在这场风波之前就已经有所疏离，在此之后两人的距离就更加远了。由于领教了公共宣传上既愚蠢又执着所带来的羞愧不安，谢尔比有意避开媒体记者的采访，这就可以解释为何他日后管理的基金业绩出众，但很多年都保持低调。

第十二章/*Chapter Twelve*

玩转热钱绝妙三人组

第二代创业

1965年，在一场圣诞节晚会上，谢尔比决定离开纽约银行。在喝下几杯蛋奶酒之后，他与耶鲁大学的毕业生、同为纽约银行副总裁的盖·帕尔默，决定一同开创一片天地，成立自己的投资公司。儿子谢尔比的再一次模仿令父亲戴维斯很高兴，他放弃了稳定的工作，走上风险自担、盈亏自负的创业之路。戴维斯20年前也是这样。

他们两人离开纽约银行之后，试图说服杰里米·比格斯加入他们的团队，成为公司的第三位合伙人。比格斯当时管理着10亿美元的美国钢铁公司养老基金。谢尔比他们是通过比格斯的父亲认识比格斯的，比格斯的父亲是纽约银行一位受人尊敬的高管，曾在工作中给予谢尔比很多帮助。在收到邀请后，比格斯认为没有任何理由离开实力雄厚的美国钢铁养老基金去加入一个新开始的企业。“你一定是疯了，”他对谢尔比说，“你甚至连账户都没有。”

谢尔比的小公司开张了，聘请了三位员工，接了几个投资账户，这时他再次向比格斯发出邀请。1968年，比格斯终于接受了邀请，离开了美国钢铁公司。对此，他的银行家父亲表示质疑，他母亲却大力支持。她指着戴维斯、帕尔默、比格斯的名字，兴奋地说：“这个家庭还从来没有谁自己创业过。”比格斯的父亲和谢尔比的父亲都没有将自己的资金投在儿子的公司里让他们管理。

这金融界的三剑客都刚刚三十出头。谢尔比瘦小，个子不高；帕尔默敦实矮胖；比格斯又高又瘦。帕尔默善于组织，干些出头露面的事情，他是个大胃王，爱说话。他和比格斯喜欢跟客户聊天。谢尔比对于闲聊没有丝毫的兴趣。比格斯和谢尔比负责大部分股票挑选的工作，两个人常常加班加点地工作，特别是到了3月份，那是上市公司发布年报的高峰期。但是，比格斯的加班还算有所节制，他在加班之后，选择回家与家人一起吃晚饭。谢尔比则完全是个工作狂，他选择一直待在办公室。

谢尔比将每天 16 个小时的工作时间安排得满满的，他会给分析师、投资者关系负责人、上市公司 CEO 提很多问题。当不提问题时，他就阅读各种报告，准备更多的问题。他很自律，如果没有搜集全部相关信息，没有审阅过每一份报表，没有从各种角度进行过思考，他就会觉得自己是一个懒虫。

在他们创业的第三年，三剑客搬到了市中心更宽大的办公室里，为方便他们还拆除了中间的隔墙。那时，他们手中管理的客户资金达到 1 亿美元，一些投资于股票，一些投资于债券，取决于客户的意愿。谢尔比将父亲的名字放在顾问委员会里以壮门面，但是，他们不久就取消了顾问委员会。因为他们意识到门面装饰得再好也无法赢得客户，能赢得客户的是投资表现。

长期持续获利的基石

他们将公司的业务印在一本有历史厚重感的小册子上，配以深褐色图片，印刷使用的字体看起来像是手写体。这样的宣传册给人一种传统、亲和、严谨的感觉。但在小册子的内页却是一种相反的景象，他们将自己描述为“具有想象力”、“客观的”以及“进取的”公司。

“因为每一个账户都代表不同的财务状况，”他们写道，在精心思考之后，“我们会分别考虑每个客户的情况，然后根据他们的不同做出相应的投资决策。然而，无论客户的需求有何不同，他们至少有一个目标是一致的——在适度安全的情况下，追求资本长期增值最大化。”

这被称为“基本投资哲学”愿景陈述，在很大程度上归功于戴维斯。尽管其中很多观点今天看起来人所共知、显而易见，但对于20世纪60年代中期的人们而言，却是相当超前的。

- 股票价格基于公司的盈利。最终，公司盈利或亏损决定了投资者的输赢。

- 公司的盈利取决于美国的经济状况。股市牛市的原因是美国经济规模每隔16～18年就会翻一番，过去的100年都遵循这样的规律。

- 如果历史会重演，那么平均在每一个投资人的一生中，经济会扩张8倍。如此推算，一个投资人在其一生的股票投资生涯中，至少可以取得8倍的回报。甚至在那些股票价格的增长快于公司盈利的时期里，投资人可以干得更漂亮。并且，在股价增长的同时，投资人还能获得分红。

这是一切可以持续取得复利增长的基石，懂得和相信这一点，是成功投资所应具备的知识。当持有一个合理多元化的投资组合或基金时你才可能获胜，其中还有关键的一点，就是时间。你不需要运气、热门小道消息或者认识什么人，也不需要具有什么杀进杀出的灵活身手，如果你指望这些，反而注定会亏钱。长期亏钱的人往往误解了他们亏钱的根本原因，他们总是会认为自己很倒霉。没有一个坚定的逻辑基础去理解复利的形成，很难做出明智的投资决策。

这本深褐色的小册子告诉我们谢尔比在他投资生涯的早期是如何选股的。只有那些“盈利超越平均水平的公司”才能吸引他的注意力，这听起来很像戴维斯双击中的市盈率（PE）。但是，与戴维斯的不同之处在于，谢尔比并不在乎为盈利优秀的公司支付高价格。谢尔比关注那些“变化中的行业”，并像之前做分析师那样，跟踪股市中“投资者在不同行业之间的切换偏好”。他和比格斯并不特别关注某几类公司，对于保险类或银行类公司也没有特别的兴趣。他们在投资中不停地换手，以求能够抓住股市热点趋势。而戴维斯从不关心趋势，但在火热的60年代后期，市场被流行的高科技股所主宰。三剑客在高科技股上的投资很快就得到了回报。

与此同时，谢尔比、帕尔默和比格斯的出色表现不断赢得新投资者的加入。比格斯负责招待客户，开车或飞往各个不同的城市，在那里，他拉着公司的大客户（大多数情况是公司养老基金管理机构）吃晚饭，跟他们沟通最新的想法。他和谢尔比吃惊地发现，养老基金管理机构最关心的并不是基金的升值。他回忆道：“好心经常没有好报。我们为一个机构投资赚的钱越多，他们给我们管理的资金就越少。他们会将资金提出来，转给那些比我们做得差的基金经理，因为他们认为上一年的差生会在下一年里更加努力，以改善投资结果。”

比格斯仍然记得他在罗姆·哈斯公司（一家化学和塑料供应商）遇到的令人尴尬的招待。在代表公司向比格斯表示一连串的感谢后，公司发言人对比格斯说，公司养老基金将从比格斯公司里抽走 1 000 万美元的资金。比格斯说：“听到这样的消息，你简直想把头发都揪下来。”

1966 年，谢尔比和比格斯偶然遇见了休·布洛克，他是一位忠诚的亲英派，穿着考究，是朝圣者协会的总裁，他与谢尔比和比格斯两人的父亲都是朋友。布洛克在伦敦有一个投资风格保守的公司，他在纽约分公司的营销员马丁·普罗耶科特说服他的老板发行一只“进取型”基金，以丰富公司令人厌烦、单调无趣的产品线。

接手纽约风险基金

对于这个进取型的基金到底有多大发展潜力，布洛克也心存疑虑，所以，他将公司的控股权让给了满怀热情的下属普罗耶科特。因为这家公司是源自纽约的一家风险公司，所以普罗耶科特将它称为“纽约风险基金”。随着长达一年的内部演练，这只风险基金运作得并不怎么样。布洛克意识到了失败，他想起来与谢尔比和比格斯的偶遇，于是，他让普罗耶科特邀请这两位年轻人来管理该基金。为了不支付费用，布洛克将自己在公司的股份分给他们，代替薪水。普罗耶科特负责营销和推广，布洛克的公司负责文件处理工作。谢尔比的两位搭档将纽约风险基金视为副业，他们认为主业应该是管理富裕家庭的财产、公司养老基金等。而谢尔比将其视为一个可以测试自己挑选股票技能的机会。

1969 年 2 月，谢尔比和比格斯开始了他们作为主动型基金经理的工作。那个时候，美国正深陷越南战争的泥潭，通货膨胀不断攀升，万能的美元正在失去其购买力，也渐渐失去了全世界其他地方的尊重。股市在 1966 年的小熊市中稍有振作，但很快另一波下跌又开始了。能在接近熊市底部之时开始掌管一只新基金是幸运的，至少暂时如此。新的投资者又给纽约风险基金投入了 200 万美元的新资金，这对于大多数基金而言是一个小数字，但对于纽约风险基金而言，却使得它的资产总额翻了一番。谢尔比和比格斯有机会用手中的现金不断买入那些下跌的股票，而他们的大多数同行手中已经没有现金了。

熊市不会鸣着喇叭宣布自己的到来，即便是典型的基金经理也相信暴跌有可能，会忍不住抛出股票，然后等待下跌之后再买入。除非你能准确地预测市场时机，在股价大跌之前恰好卖出，否则如果在卖出之后股价继续上升，基金管理人则会失去客户，因为这种踏空损失会令你落后于那些全力满仓的竞争对手。基金管理人的饭碗是否能保得住，取决于他们是否可以与大众一致，所以，基金经理宁愿与大众一起遭受折磨，也不愿意去预测那些根本无法准确预测的股市下跌。当危机来临时，这就迫使基金必须卖出核心股，以满足那些情绪善变的投资人赎回现金的要求，这些人既要求赎回，又要求剩余的投资还有回报。这样的举动会令那些忠诚的基金投资人受到损害，因为基金被迫将具有吸引力的股票以不具吸引力的价格卖掉。除此之外，也造成基金没有能力购买价格低廉的股票。

从 1969 年 2 月份起，谢尔比和比格斯开始买进同行们正在抛售的股票。“你正在买进的是在你指间流经的东西，”谢尔比后来告诉《机构投资者》杂志，“你在最低价位买进的机会非常小，但是如果有 5%或 10%的可能，你的获利将会相当惊人。”

他们管理的纽约风险基金投资组合持股不超过 30 只，帕尔默解释了其中的原因：“世界上最容易的事情，是购买最新的好主意。但这没什么用，也无助于改善你的投资表现……你可以购买 200 只不同的股票，但这种过于分散的策略，使得没有一只股票可以足够改善你的投资业绩。”“当你持股更为集中的时候，”比格斯说道，“你会更容易在下跌的股市中进行防御。”“卖出两只股票，就可以撤出 20%的资金。”帕尔默接着说，“持有更少只股票会令基金经理在买入时更加谨慎。如果很多不同的资产纠缠堆积在一起，你很难做出判断，难免会好坏不分。”

在纽约风险基金早期的这些行动中，很难看到有戴维斯的影响。谢尔比和比格斯买了一系列的小型、快速增长的公司股票——从麦当劳到多纳圈，再到家庭看护连锁、医疗供应、房地产开发以及一些炼油厂。谢尔比在他父亲喜欢的保险公司中买了四只股票，它们来自友邦保险（AIG）、盖可保险（GEICO）等，但投资组合中的保险和金融类投资不超过10%。在谢尔比和比格斯接手之前，房利美——美国按揭生意的重要玩家——就已经在组合中，他们接手之后，很快就卖出了这只股票。十多年后，谢尔比又将这只股票买了回来，房利美这只股票是带给他盈利最多的股票之一。

遭遇反向戴维斯双击

他们最大的持股分布在高科技股上。帕尔默负责外出开发客户，谢尔比和比格斯负责打理投资组合，他们的投资组合包括梅莫雷克斯、数字设备、美国微系统、莫霍克数据等。“数据”和“系统”是当时可以吸引投资者蜂拥而至的时髦词语，尽管股市有所回调，这类股票的价格却依然高高在上，预期高涨。

财经界评论员们宣称这是一个“美国独创的新时代”，这实际上是前辈们在20世纪20年代后期所创造的短语的重复。谢尔比被这些“新时代”公司的“可预见的高盈利”所吸引。就像一个成功的作家必须有自己的写作风格一样，一个成功的投资者也必须找到自己的投资风格。谢尔比急于证明自己，将父亲的教诲抛诸脑后，他被市场上狂野的战鼓声激荡得心神摇动。在当时喧嚣的市场环境中，谁都很难置身事外。

一天下午，比格斯和谢尔比访问了梅莫雷克斯公司的总部。他们采用了戴维斯的调查方法，到公司高管的停车场数了一下停车场的空位。这些信息可以明白地显示一个公司的重要人员是否早早下班去打高尔夫了。除非是突发紧急的疾病，无论任何借口，都不应该将琐事置于真正的人生目标之前。对于梅莫雷克斯公司的高管而言，他们真正的人生目标就是为股东创造更多的利润。看到停车场满满当当的车，比格斯大为兴奋：“这里的员工每天工作20个小时。”他对此啧啧称奇。于是梅莫雷克斯成为他和谢尔比的最大持股。

第一年运作的结果的确非常不错，正如谢尔比在接受《机构投资者》杂志采访时表述的那样。在144家竞争对手公司宣布亏损的同时，谢尔比和比格斯掌管的纽约风险基金盈利25.3%。作为初出茅庐的新人，取得如此成绩，谢尔比说：“连我们都认为自己是天才。”1970年2月7日的《商业周刊》杂志发表了祝贺文章，题目是《玩转热钱的绝妙三人组》。在配合文字刊登的照片上，谢尔比留起了鬓角，看起来很摩登。比格斯和谢尔比均否认自己属于“狂野”类投资者，或“持枪歹徒”一类的股民，尽管他们持有的梅莫雷克斯以及其他一些高科技股票明显看起来就属于“狂野”类型的股票。“当你买一家好公司的股票时，”比格斯在定义他们自己的投资策略时辩解，“即便它的股价被高估，你知道它依然是一家好公司。”

谢尔比更进一步详细阐述道：“我们保证我们绝不会在一个牛气冲天的投机市场中成为冲在最前面的头号人物。我们可以避开那些在去年造就了短时赢家的狂野投资哲学，它们热衷于发行的新股和柜台交易上的热门股票。”尽管这么说，他们持有的股票还是远远超出了戴维斯可以忍受的程度。

1970 年 3 月，三剑客的团队又吸收了 5 500 万美元的新投资资金。当资金刚刚到位的时候，那篇《商业周刊》的赞美文章言犹在耳，梅莫雷克斯公司的股票价格就因为财报不佳，一天之间大跌 20%。趁着大跌，谢尔比和比格斯买进了更多。当梅莫雷克斯股价遭遇腰斩再腰斩之后，从每股 168 美元一直跌到 3 美元，他们再次出手买进。他们最后以 20 美元的价格抛出，损失巨大。

梅莫雷克斯是一只具有想象力价格标签的快速成长股，一旦公司盈利下降，加之投资者热情消退，这两个因素的效应叠加，影响是致命的。这时，戴维斯双击的反向效应显现出来。让我们假设一下，一只热门的成长股，每股盈利 1 美元，以 30 倍市盈率标价，该股价格应该为每股 30 美元。如果该股盈利下降一半，同时投资者不再抱有幻想，只愿意支付 15 倍的市盈率，那么，这只 30 美元的股票瞬间便会跌到 7.50 美元。当股票进一步跌至 10 倍市盈率的估值时，那么，30 美元的股价会跌至 5 美元。《玩转热钱的绝妙三人组》这篇文章标志着他们连续得胜的终结。

“梅莫雷克斯的股价大跌使得所有人都受了伤。”比格斯说。但是，这并不是他们投资组合中唯一一只大跌的高科技股票，计算机磁带公司是另一只命运相仿的股票。三剑客打理的纽约风险基金从冠军的荣耀位置跌到了傻瓜的位置，从初出茅庐便荣获第一名的位置落到了次年的倒数 10%的队伍中，这个数字令人气馁。

为了集中精力将纽约风险基金拖出泥潭，谢尔比拒绝了比尔·沃瑟曼请其加入费城沃瑟曼家族信托委员会的邀请。狂野比尔以其一贯的尖锐幽默式口吻说：“对于你那些半生不熟的想法，我们可以更多地试一试。”对此，谢尔比无法完全地驳斥，他的信心开始有所动摇，随后，动摇得更加厉害。“我父亲在他投资生涯之初，有着五年的荣耀时光。”他回忆道，“而我，却在开始之初，就要经历五年地狱般的困境。”

1971 年 7 月，纽约风险基金的第三个年头的年度报告送到了客户的邮箱中。代表公司名称的大写的 V 字母占据了信封的表面，在这个大 V 之下，是一张照片，上面有三个戴眼镜的人注视着一张纸，纸上的题目是《一个以资本增值为目标的投资基金》。在内页蒙太奇效果的照片中，男职员们（都戴着眼镜）相互注视或看着相机镜头，那些看起来更年轻的女职员们在接听电话。对于华尔街人士而言，如何让资本取得激动人心的增长始终是一个挑战。

当玩转热钱的三人组冷静下来之后，纽约风险基金并没有给投资者带来激动人心的回报。基金的单位净值在 1969 年为 10.22 美元，到 1970 年跌到了 8.06 美元，到了 1971 年，投资者的耐心等待得到的结果是 10.88 美元。此时，纽约风险基金的整体规模为 2 900 万美元。如果谢尔比和比格斯只是管理这一只基金的话，他们恐怕必须另找一份工作了。

近期的未来前景是光明的，或者说纽约风险基金的主席、总裁和首席组织官马丁·普罗耶科特是这么认为的。在给股东的信中，他充满热情地说："谈到未来的展望，所有的指标都是积极的。"信心满满的消费者出手大方，通货膨胀有所抬头，但是很温和。他说：经济遇到的问题"在性质上是暂时的"。普罗耶科特说得对，但是仅仅是暂时说得对。

“漂亮五十”登场

1969年到20世纪70年代的剧烈下跌很快就被人抛诸脑后。当沃茨公司失火，当美国的主流人群与嬉皮士的年轻一代斗争，当越来越多的美国人在越南战争中阵亡，华尔街又开始重拾升势，牛市行情再次展开。1971年，纳斯达克市场开始登上历史舞台，计算机报价取代了交易池中的尖叫和手势挥舞。一年之后，芝加哥商品交易所开始推出金融期货合约，将股票和债券变成商品——猪肉和大豆都变成了纸质合约形式。一个确定的信号表明了乐观情绪：唐纳森·勒夫金·詹雷特公司（DLJ）上市。《繁荣的麻烦》一书作者詹姆斯·格兰特写道，DLJ公司的上市打破了上百年来华尔街公司从合伙人那里筹资的传统。它们以往都是推动其他公司上市，而不是它们自己。

股民们满怀热情地返回股市，但是他们已经不再对风头已过的科技股感兴趣。金钱的潮流改变了方向，从那些狂野的科技股转向规模更大、更加安全的神奇的蓝筹股，它们由所谓的“漂亮五十”（nifty fifty）构成。它们包括很多著名品牌：雅芳、宝丽来、吉列、可口可乐、IBM、施乐、麦当劳等。

20世纪上半叶，整个经济的状况从繁荣到萧条，动荡不已，因此，人们已经不再指望上市公司可以稳定、持续地成长。从

40 年代开始，萧条情况渐渐有所好转，拥有成长股成为风尚。到了 70 年代初期，这股风潮更加广泛。在它们的顶峰之际，“漂亮五十”的股价在 40～50 倍市盈率，一些甚至超过 70 倍市盈率。华尔街的分析师们宣称可以以任何价格拥有这些“漂亮五十”股票，因为它们属于“一生一次的股票”。它们获得了分析师们的大力吹捧，他们说这些股票可以保持长期的增长，不像那些一夜崛起的高科技股票，“漂亮五十”的风险更小。无论什么价格买入，买入后忘了它们，几年之后，你会得到令人兴奋的回报（见表 12－1）。

表 12－1　　原“漂亮五十”*

公司	股价（美元）**	市盈率
宝丽来（Polaroid）	63	97
帕藤（Simplicity Pattern）	54	50
迪士尼（Disney）	6.50	82
雅芳（Avon Products）	68	63
美国国际电话电信公司（ITT）	60	16
舒立兹酿酒公司（Schlitz Brewing）	58	37
施乐（Xerox）	50	47
休伯莱恩（Heublein，Inc.）	58	31
可口可乐（Coca-Cola）	3	44
麦当劳（McDonald's）	3.75	75
潘尼百货（JCPenney）	22.50	31
吉列（Gillette）	4	25
美国运通公司（American Express）	16	38
西尔斯百货（Sears）	58	29
旁氏（Chesebrough-Ponds）	44	40

续前表

公司	股价（美元）**	市盈率
伊士曼柯达（Eastman Kodak）	66	44
安海斯-布希（Anheuser-Busch）	4.50	33
凯马特（Kmart Corp.）	16	49
通用电气（General Electric）	9	25
百事（PepsiCo）	1.60	27
国际商业机器公司（IBM）	80	36
美国医疗设备供应公司（American Hospital Supply）	33	50
3M公司	21	40
施贵宝（Squibb）	26	34
路易斯安那地质勘探公司（Louisiana Land and Exploration）	48	25
美国数字设备公司（Digital Equipment）	15	61
美国安普公司（AMP Inc.）	7	47
金刚砂空中货运公司（Emery Air Freight）	30	55
美国国际香精香料公司（International Flavors and Fragrances）	14	72
百得电动工具公司（Black & Decker）	36	51
百特国际（Baxter International）	14	73
强生（Johnson & Johnson）	5.40	60
露华浓（Revlon）	36	25
巴勒斯（Burroughs）	37	46
百时美（Bristol-Myers）	4.30	27
宝洁（Procter & Gamble）	14	33
花旗银行（Citicorp）	19	21
得州仪器公司（Texas Instruments）	15	42
默克（Merck）	5	45
先灵葆雅公司（Schering-Plough）	8.50	48
辉瑞制药（Pfizer）	5	28
美国普强制药（Upjohn）	7	41

续前表

公司	股价（美元）**	市盈率
菲利普·莫里斯公司（Philip Morris）	4	25
美国家用产品公司（American Home Products）	10	38
礼来制药（Eli Lilly）	10	43
路博润公司（Lubrizol）	11	34
哈利伯顿公司（Halliburton）	23	37
陶氏化学公司（Dow Chemical）	17	25
斯伦贝榭公司（Schlumberger）	12	46
抵押贷款保险公司（MGIC Investment）	N/A	
平均市盈率		42.70

* 截止时间为 1972 年 12 月 31 日。

** 取最接近整数。

资料来源：蒙哥马利证券公司。

第十三章/*Chapter Thirteen*

1929 年以来最严重的萧条

当父亲戴维斯出任美国驻瑞士大使，到 3 000 英里之外上任时，谢尔比顿觉一种解放。戴维斯从伯尔尼写信告诉他一些有关保险行业前沿的最新进展，但谢尔比从不回信。如同往常一样，尽管谢尔比每年都会利用去瑞士滑雪的机会看望父母，但这对父子关系的维系更像是尽到一种责任，而不是基于热情。当他们一起在乡间的路上开车旅行时，戴维斯会带上午餐，那是从火车餐车上带回来的几个面包卷。

抛出美国、买入日本

与此同时，1972 年 5 月，戴维斯的朋友兼同事詹姆斯·罗森沃尔德在旧金山圣·弗兰西斯酒店举行的证券分析师聚会上，发表了前瞻性演讲。他对日本抱有好感，建议逃离美国股市，买入日本股票。可惜的是，很多人没有听从他的建议。1972 年，美国股市开始重整旗鼓，已经从 1969—1970 年熊市最糟糕的底部有所反弹。乐观派认为市场最坏的时候已经过去。罗森沃尔德对此持有不同看法，并且提供了一条出路。他演讲的主题是：美国股市并非城里的唯一游戏。

他的演讲以道琼斯的萎靡不振开头，他提到组成道琼斯指数的 30 家公司里，仅有 9 家公司在反弹中创出新高。而其中最大的输家——美国铝业、国际纸业、伯利恒钢铁和美国钢铁的股价甚至低于 20 世纪 50 年代的水平。另一些公司也明显落后，例如美国电话电报公司（AT&T）、德士古、通用汽车、杜邦、联合碳化物、标准石油，它们在 20 世纪 70 年代初的股价比 20 世纪 60 年代中期还低。

在演讲中，罗森沃尔德问大家："在这个大厅里，谁还记得牛市中的那些雄文？当时提到的那些股票，杜邦为 261 美元（现在 164 美元）、通用汽车 114 美元（现在 77 美元）、美国钢铁 108 美元（现在 32 美元）。当我们在谈论如何战胜平均水平的指数（例如道琼斯指数）的时候，难道我们不像是在讨论如何战胜一个现在已经坐在轮椅上的前世界冠军吗？"

"我曾经不止一次地想到，"他继续说，"在纽约证券交易所的大门口应该贴上一条标语：‘进入此地者，请放弃一切希望。’”从这句令人泄气的话开始，他继续分析了工人活动如何阻碍了美国企业的发展：罢工的钢铁工人在汽车展厅里赢得了待遇优厚的合同，待遇之高令人震惊。结果，底特律的高价格成本将自己挤出了汽车界，日本汽车以其低价格、高质量大举进攻。由于工会的抵制，底特律的汽车业很难转换到日本现代化电脑控制方式的生产组装线。没有数十亿美元的投入，美国钢铁业根本没有希望与日本现代化的对手竞争。

罗森沃尔德开玩笑地建议客户应该投资于美国的跨国公司，以抗拒熊市的打击（这个建议领先于这个时代），但他又否定了这个策略，因为执行起来问题重重。既然工会能就保持国内就业率问题向政府施压，天知道会不会就那些海外盈利征收致命的重税。而在国外，美国的跨国公司还面临着那些反资本主义国家没收工厂的威胁。罗森沃尔德由此得出结论：买一些非美国公司的股票是一条风险较小的跨国投资之路，正如他和戴维斯之前在日本进行的投资一样。

在美国国内方面，罗森沃尔德认为，华盛顿会继续扩大支出的政策，通货膨胀会相应升高。他怀疑政府会强制推行价格和工资管制，或采取其他严厉措施以遏制物价上涨。考虑到这些不利的征兆，罗森沃尔德敦促他的听众们撤离美国股市，买进日本股票。

自从罗森沃尔德和戴维斯投资日本以来的十年间，东京证券交易所的道琼斯指数从 1 400 点涨到 3 400 点，翻了一番还多。在此期间，一大群美国人在做和他们一样的事，使得日本股市的海外持股从 1.85 亿美元跳升至 39 亿美元。尽管已经有了显著的获利，但罗森沃尔德认为盈利的大头还在后面。日本刚从漫长的萧条中复苏，出口经济非常活跃。日本还将它的影响力延伸到了亚洲。日本的汽车公司比底特律聪明，日本的电视机厂商也打算采取同样的策略。

“漂亮五十”的兴衰

由于美国股市涨势喜人，所以，无论是股评家还是大众，都不相信罗森沃尔德对于未来的严峻预测。在《巴伦》杂志举办的圆桌会议上，那些高端人士依然持牛市观点。人们认为，市场已经在 1966 年和 1969 年遭到了两次熊市打击，6 年之内，熊市不可能再来一次。但是，第三次打击还是来了，并造成了最为严重的损失。

1973—1974 年的这一轮溃败是自 1929—1932 年经济危机以来最为严重的崩溃。1929—1932 年，股市遭到大举抛售，间或伴随着反弹，这段时期被称为熊市Ⅰ。从 60 年代后期的下跌到 1974 年的触底，这段时期被称为熊市Ⅱ。

历史的进程中总是有一些事件成为催化剂：越南战争久拖不决。总统尼克松手下那些肮脏的骗子因窃听民主党而被捕，而总统本人因录音事件被指破坏公正。随着弹劾的进一步展开，尼克松被迫辞职。以色列与阿拉伯国家的战争，以及阿拉伯国家石油卡特尔的石油禁运，将油价从 6 美元/桶推升至 23 美元/桶。紧张的司机们排起了长龙，等着灌满他们的油箱，油价是禁运之前的 4 倍。

除了政治方面的负面消息外，美元在国际市场上迅速丧失吸引力，进而拖累美股表现。自 20 世纪 40 年代后期起，美元一直是最为可靠的货币，在世界上扮演着重要角色。但是到了 70 年代初期，由于政府过度发行货币，损害了美元的吸引力。1959—1971 年，美元货币供给增加了 60%，消费者价格指数上升了 40%。美国的贸易伙伴们对“山姆大叔”的货币失去了胃口，转而要求以黄金作为支付手段。面临着国家黄金储备的流失，尼克松政府宣布美元“贬值”。公共债务增加，伴随着企业利润的下滑，通货膨胀开始蠢蠢欲动，然后一发不可收拾。

股价并没有反映出这么多问题，事实上，股价以前也反映不了什么问题。标普 400 指数（S&P 400）迅速从前两次的大跌中反弹，1973 年达到了不可思议的 30 倍市盈率峰值。然而，该指数中包含的公司分红很少，股息率不到 2.5%。

这些可怜的收益还要受到通货膨胀的打劫。以至于事实上，1968—1982 年，如果考虑通货膨胀因素，股票的实际回报率（按标普指数计算）是负数。但是，持有股票的大众并不理会通货膨胀，他们持有的理论认为，通胀对于债券不利，对股票有利。多年以来，持续上扬的通货膨胀未能阻止牛市的脚步，这更加强化了大众认定的一个观点：通胀不会对投资组合造成威胁。

有一种假设认为，企业可以通过提价的方式保持与通货膨胀同步，这样便可以维持它们原有的利润率。但是到了 20 世纪 70 年代，这种观点被证明是错误的。一旦市场觉察到这个错误，公司的股价就会相应地被重新定价。

华尔街屈服了。爱激动的比格斯试图说服谢尔比，在第三波熊市来临之前，他们应该减轻持股仓位。于是，谢尔比主持的纽约风险基金将 30％的资产变现。一般而言，试图择时是一个傻瓜才会干的事情，谢尔比之后再也没有干过这样的事情。但是这次行动挽救了基金，否则的话，在始于 1973 年 1 月终于 1974 年 12 月的这次危机中，谢尔比的基金很可能陷于毁灭的境地。

从 1969—1970 年的热身预备到最终令人吃惊的结局，一大批损失累累的受害者，从高科技股中抽身逃离，将资金转投到安全的蓝筹股上，这些蓝筹股被称为“漂亮五十”。但当大众都开始追逐“漂亮五十”之后，这个策略就失灵了。那些在自己的投资组合里抱着宝丽来、迪士尼、雅芳一起睡觉的人，一觉醒来，却发现经历了一场财富被吞噬的梦魇，这些股票从高峰到低谷，大跌了79%～85%。

“漂亮五十”之中，跌幅榜前二十名的股价平均下跌了50%～85%。以蒂芙尼珠宝式高价购买的股票突然之间只能以伍尔沃斯式的廉价抛售，例如1973年麦当劳股价估值高达75倍市盈率，之后跌至18倍市盈率，股价跌去61%。在整个过程中，麦当劳公司本身没有问题，问题在于对股票价格的估值。与此类似的情况也发生在罗斯·佩罗的电子数据系统公司（EDS）上，它不是“漂亮五十”成员，该公司的利润虽然上升，但无法支撑其500倍市盈率的估值水平，于是股价从40美元跌至3美元。这种估值的收缩使得雅芳公司的股价从68美元跌到14美元，宝丽来的股价从63美元跌到9美元，施乐的股价从50美元跌到17美元（见表13-1）。

在1974年年底，整个构成道琼斯指数的公司在以6倍市盈率的标价出售，就像一个堆积着货品的廉价商店，投资者们可以轻易地发现不少优秀的公司。短短数月之前还高达30倍市盈率的标普400指数，现在却跌到了毁灭性的7.5倍。这时，买这些股票的好处是能获得5%的分红。道琼斯指数在1 000点时风情万种，现在570点时却只有坐冷板凳的份儿。

表 13－1　　“漂亮五十”大滑坡*

公司	股价（美元）(1972.12.31)	市盈率 (1972.12.31)	股价（美元）(1974.12.31)	市盈率 (1974.12.31)	价格变化（%）
宝丽来（Polaroid）	63	97	9	22	−85
帕藤（Simplicity Pattern）	54	50	9	15	−83
迪士尼（Disney）	6.50	82	1.25	14	−81
雅芳（Avon Products）	68	63	14	14	−79
美国国际电话电信公司（ITT）	60	16	14	4	−75.5
舒立兹酿酒公司（Schlitz Brewing）	58	37	15	9	−75
施乐（Xerox）	50	47	17	12	−65
休伯莱恩（Heublein，Inc.）	58	31	20	8	−65
可口可乐（Coca-Cola）	3	44	1	16	−64
麦当劳（McDonald's）	3.75	75	1.40	18	−61
潘尼百货（JCPenney）	22.50	31	9	17	−60
吉列（Gillette）	4	25	1.60	9	−60
美国运通公司（American Express）	16	38	6.50	12	−60
西尔斯百货（Sears）	58	29	24	15	−58
旁氏（Chesebrough-Ponds）	44	40	18	13	−58

* 根据股价计算的价格变动数据，与表中提供的数据多处有出入，为保持原书的一致性，此处对数据不进行修改。——译者

续前表

公司	股价（美元）（1972.12.31）	市盈率（1972.12.31）	股价（美元）（1974.12.31）	市盈率（1974.12.31）	价格变化（%）
伊士曼柯达（Eastman Kodak）	66	44	28	16	−58
安海斯-布希（Anheuser-Busch）	4.50	33	2	17	−57
凯马特（Kmart Corp.）	16	49	7	25	−55
通用电气（General Electric）	9	25	4	10	−54
百事（PepsiCo）	1.60	27	0.75	11	−53
国际商业机器公司（IBM）	80	36	42	13	−48
美国医疗设备供应公司（American Hospital Supply）	33	50	17	20	−47
3M公司	21	40	11	17	−46
施贵宝（Squibb）	26	34	14	14	−46
路易斯安那地质勘探公司（Louisiana Land and Exploration）	48	25	24	8	−45
美国数字设备公司（Digital Equipment）	15	61	8	13	−45
美国安普公司（AMP Inc.）	7	47	4	19	−44
金刚砂空中货运公司（Emery Air Freight）	30	55	16	21	−44

续前表

公司	股价（美元）（1972.12.31）	市盈率（1972.12.31）	股价（美元）（1974.12.31）	市盈率（1974.12.31）	价格变化（%）
美国国际香精香料公司（International Flavors and Fragrances）	14	72	8	28	−43
百得电动工具公司（Black & Decker）	36	51	21	19	−42
百特国际（Baxter International）	14	73	9	27	−39
强生（Johnson & Johnson）	5.40	60	3	28	−38
露华浓（Revlon）	36	25	24	13	−35
巴勒斯（Burroughs）	37	46	25	21	−31
百时美（Bristol-Myers）	4.30	27	3	13	−27
宝洁（Procter & Gamble）	14	33	10	21	−26
花旗银行（Citicorp）	19	21	14	11	−26
得州仪器公司（Texas Instruments）	15	42	11	17	−25
默克（Merck）	5	45	3. 60	23	−25
先灵葆雅公司（Schering-Plough）	8.50	48	6.50	22	−23
辉瑞制药（Pfizer）	5	28	4	17	−23
美国普强制药（Upjohn）	7	41	5.80	22	−21
菲利普·莫里斯公司（Philip Morris）	4	25	3	15	−19
美国家用产品公司（American Home Products）	10	38	8.30	23	−18

续前表

公司	股价（美元）（1972.12.31）	市盈率（1972.12.31）	股价（美元）（1974.12.31）	市盈率（1974.12.31）	价格变化（%）
礼来制药（Eli Lilly）	10	43	8.50	27	－15
路博润公司（Lubrizol）	11	34	9.80	16	－13
哈利伯顿公司（Halliburton）	23	37	22	18	－2
陶氏化学公司（Dow Chemical）	17	25	18	9	8.3
斯伦贝榭公司（Schlumberger）	12	46	14	27	19
抵押贷款保险公司（MGIC Investment）	N/A				
平均市盈率		42.70		16. 76	－43.6

资料来源：蒙哥马利证券公司。

“当别人贪婪的时候，你要恐惧；当别人恐惧的时候，你要贪婪。”巴菲特给出了这样的建议。1974 年，恐惧四处蔓延。总统在不光彩的事件中下台，经济再次陷入衰退，通货膨胀继续肆虐横行。在一个举步不前的经济环境中，物价却不断攀升，这是一个令经济学家也备感迷惑的新困境，他们称这种现象为“滞胀”。当消费者推迟大宗消费时，他们手中的现金购买力却在日复一日地贬值。1974 年，各商业媒体的头条都从消极变成了恐慌：“墓地飘过的口哨”（《商业周刊》）、“为什么买股票呢?”（《福布斯》）、“令人讨厌的下滑”（《巴伦》）、“惊恐乱窜”（《福布斯》）、“阴霾加重”（《财富》）。

在这段时间，华尔街最佳的投资对象是不起眼的货币基金。这类基金的发明可谓恰逢其时。各地银行以及储贷机构为了与货币基金竞争，都提高了活期储蓄账户的利息。几十年来，由于管制，美国所有银行只提供利息相同的低息，储户存折上没有多少收益。现在，储户们终于迎来了解放。

在这一时期，谢尔比掌管的纽约风险基金连遭不测。基金的投资人在 1970 年、1973 年、1974 年分别损失了 20%。那些从一开始就购买了基金的先锋，在持有 5 年之后，他们的忠诚获得的奖励却是颗粒无收。相比之下，即便将现金放在床垫之下，也会比这回报更好。纽约风险基金拥有 5 000 万美元的资产规模，对于拥有它的布洛克集团而言，该基金仅仅是一个小麻烦，否则的话，布洛克就会解散基金，或解雇谢尔比以及他那些遭受熊市不断打击的同事。

这场危机发生的时候，克里斯·戴维斯年仅 8 岁。在他的记忆里，这是他父亲经历的一个紧绷的时刻。“爸爸从报纸上剪下一张图，镶在相框里，挂在墙上。图中显示的是道琼斯平均指数陡然下跌。在图上，有人潦草地写了一句话：‘守住道琼斯’。”

幸亏没听格雷厄姆的话

1974 年，熊市终于停止了对市场的肆虐，谢尔比飞到加州南部的拉霍亚，去见本杰明·格雷厄姆，他是巴菲特的老师，对戴维斯也有很大的影响。格雷厄姆和他的夫人住在一个宽敞而又朴素的公寓里，从这里可以俯视太平洋海景。他刚刚庆祝了八十大寿。在朋友们举办的宴会上，他发表了一个关于美与生活的意义的演讲，只字未提资产负债表、市盈率或账面价值之类。①

在平时的工作日，格雷厄姆坐在他拉霍亚的券商办公室里，阅读着来自标普最新的分析师报告。他并没有完全脱离股票（不幸的是，他仍然持有盖可保险公司的股票。详情请见第十四

① Roger Lowenstein, *Buffett: The Making of an American Capitalist*, Random House, 1995, p. 195.

章)，但在大跌来临之前，他已经削减了部分仓位。60 年代后期，他告诫那些愿意听取他意见的人，股价过高，应该回避。那些牛眼看市的股评家对格雷厄姆的建议不屑一顾，认为他是个守旧派。在他们眼里，格雷厄姆的行为实在是失去了获得金钱的快乐，就像在商场里只顾着看价签是否便宜，而忽视了成群的消费者不断往家里买东西的现象。结果，1969—1970 年、1973—1974 年接踵而至的熊市证明格雷厄姆是正确的，华尔街上的股价又便宜了。一般情况下，那些在市场兴奋疯狂阶段的热心买家，在低价阶段反而退避三舍。市面上流行的观点如此的暗淡与消极，以至于谢尔比也颇有挫败感。

“不要绝望，”格雷厄姆在他的公寓里，一边喝茶一边对谢尔比说，“年轻人，你正面临着一个你们这代人一生中最伟大的买入机会之一。好好干。”格雷厄姆说的是对的，但是，他却给了谢尔比一个具有误导性的建议：买入盖可。所幸的是，谢尔比没有听从这个建议。对于纽约风险基金的投资人而言，这实在是莫大的幸运。

市场上争相逃命式的清仓提供了最新的证据，证明赶时髦地追逐成长股只会有损财富。一个流行的话题是，很多美国最著名的公司成为“漂亮五十”的受害者。谢尔比对这次股灾进行了调查研究，并重新调整了自己的策略。自此以后，他的投资策略是避开高价的快速成长股，转而投资于低价的适度成长股（见表 13－2）。他认定，那些不招人待见的股票，即便遇到大市下跌，它们的表现也不会太令人失望。当你有楼梯的时候，为什么要冒险进行撑竿跳呢？

表 13－2　　高期望值与低期望值

高期望值 一只利润增速为 30％的成长股，在 5 年后利润增速降为 15％						
	1994 年	1995 年	1996 年	1997 年	1998 年	1999 年
盈利（美元）	0.75	1.00	1.30	1.69	2.10	2.52
市盈率（倍）	30	30	30	30	30	15
价格（美元）		30				38
结果：股价从 30 美元升至 38 美元 业绩表现：6.7％的年化投资回报率						
低期望值 一只利润增速为 13％的成长股以 10 倍市盈率出售，5 年后以 13 倍市盈率出售						
	1994 年	1995 年	1996 年	1997 年	1998 年	1999 年
盈利（美元）	0.88	1.00	1.13	1.28	1.44	1.63
市盈率（倍）	10	10	10	10	10	13
价格（美元）		10				21
结果：股价从 10 美元升至 21 美元 业绩表现：20％的年化投资回报率 “戴维斯双击”						

表 13－2 中的案例表明了以合适的价格，投资于那些回报虽不起眼却稳定的低调公司所得到的益处。在“高预期值”部分，我们看到一个收益惊人的高价股会有怎样的结果。这家公司在前 5 年有着令人印象深刻的高速成长，在此期间，公司利润每年增长 30％。然后，到了第六年，利润增长仅有 15％。于是，投

资者们不再抱有幻想，仅仅愿意支付 15 倍市盈率的估值。这家公司本身非常成功，但对于那些 5 年前支付 30 美元的股东，留给他们的只是 38 美元的资产以及并不令人满意的投资回报。

在“低预期值”部分，我们以一家普通的公司为例，这家公司的利润每年增长只有 13%，这类公司令华尔街感到无趣，并且投资者只想支付 10 倍市盈率的估值。此后的 6 年中，公司发展得不错，随着期望值的上升，投资者渐渐加注，并愿意支付 13 倍市盈率的估值。现在，5 年前支付 10 美元的股东拥有了 21 美元的资产，以“戴维斯双击”的形式实现了财富翻番。

拼搏而后失利的过程，给谢尔比和比格斯上了一堂重要的课：一旦发现企业利润遭遇波折，应该尽快卖出这家公司的股票。“你可能不愿意相信这是真的，”比格斯说，“但是，如果你等到大众市场都确认了下跌的消息，这时再想卖出就已经太晚了，因为股价已经崩溃了。”当经济环境进入萧条阶段，谢尔比和比格斯放弃了那些表现不佳的科技股，转而投资于那些可靠的大公司，例如菲利普·莫里斯公司、大都会广播公司*。他们认为即便在经济不景气的时期，烟草公司和电视台也能吸引投资者，也能吸引投机分子。比格斯说：“当你遇到经济衰退和市场大滑，会发现一些道琼斯中的老牌蓝筹公司干得不错。即便

* 巴菲特也投资了这家公司。——译者

是用短期盈利水平来衡量，这些老牌蓝筹公司也比数字公司或梅莫雷克斯公司这类科技公司表现得更好。”

谢尔比与林奇双星闪耀

遇见市场反弹的时候，谢尔比是一个“顺势反击”型选手。当一家具有吸引力的公司由于暂时的坏消息而出现股价低迷时，他会出手。他会寻找那些以折扣价获得可预测收益的机会，而与此相反的策略曾使他陷入麻烦。另外，在熊市Ⅱ之后，谢尔比看到仅仅因为便宜而买入股票是危险的，他意识到很多便宜的股票之所以便宜，是因为它背后所代表的公司本身就是平庸的公司。他强迫自己不应为廉价而心动，应该进行全部的调查研究。

像他的父亲一样，谢尔比对于投资组合中持有的每一只股票都想象着自己拥有该公司的一部分所有权。他既拒绝投资“衰退”的公司，也不会加入对流行的拥挤追逐。他掌管的纽约风险投资基金不会投资咖啡吧、折扣零售商，或仅仅依赖于一两件小发明、小创造的高科技公司。他对于管理层的研究如同研究数字一样，他说：“如果有些情况糟糕了，你想知道有谁了解情况。”强劲的资产负债表和强有力的领导层可以令他夜夜安眠。

“金钱永不过时”成为谢尔比的座右铭之一。银行、证券以及所有与金钱打交道的企业，这类公司不会一朝醒来发现金钱已经过时了。而那些高科技公司却有可能一朝醒来，发现原来利润丰厚的发明被他人的新发明所替代。于是，他增加了银行和保险类股票的仓位，减少了零售和电子类股票的仓位。他的逻辑是，一个管理优良的零售企业即便在一代人手中可以茁壮成长，但之后却有可能面临灭顶之灾。但是，毁灭一家管理优秀的银行却没那么容易。

他也投资于天然资源类的公司，在这方面，他采用了主题投资方式，当初在纽约银行实习时进行行业分析学到的东西，在这里派上了用场。70 年代中期，不断上升的通货膨胀是明显的主题，这有利于原油、矿产、林业产品以及其他硬资产。通过专注于资源类的主题，以及寻求那些不那么热门、偶尔会提供“戴维斯双击”效果的适度成长股，谢尔比领导的纽约风险基金的表现始终名列前茅。他将不利因素控制在最低限度，例如将投资组合的换手率保持在每年 15%，几乎处于“懒得动”的状态，而同行的基金一般的换手率为每年 90%。较少的换手，意味着较少的税务负担和交易成本。很多公司，甚至美国政府本身，都深陷债务的泥潭，上升的利率更是令债务无法偿清。谢尔比注意到，上升的利率会令债务人破产，所以，他郑重宣布他的基金绝不会投资有债务问题的公司。

在纽约风险基金转型的过程中，谢尔比得到很多经验教训。在从 1974 年的底部反弹之中，很多小型公司股票的表现超过了那些耳熟能详的大公司。正是在这一波行情中，谢尔比和另一位年轻的基金经理——彼得·林奇——脱颖而出。他们两个都避开了所谓的“漂亮五十”，因为熊市之后，那些下跌最多的股票往往回升缓慢。他们为自己的投资组合挑选了一些不太知名但前景良好的公司。在接下来的 9 年里，小型公司股票的表现持续优于其他类型股票。1975—1980 年，这段时期并非牛市（股市平均几乎没涨没跌），但一个机智灵活的投资家却依然能够取得胜利，这一点，谢尔比做到了。

接近 1976 年年底的时候，已经遭受重击的“漂亮五十”股票再次遭到打击。迪士尼的股价从 5.50 美元跌到 1974 年的 1 美元，认为便宜机会来临的买家纷纷出手，将其推高至 3 美元。随后的两年，买家变现获利，股价被打压至 2 美元，下跌 33%。这是一个伟大的机会，这个娱乐业的巨人继续在成长，而其股价仅有 10 倍市盈率。

廉价的进口钢铁、飙升的利率以及疲软的美元（甚至连墨西哥比索都比美元强势!）继续困扰着市场，令道琼斯指数以及其他蓝筹股一筹莫展。但这没有吓到小型公司股票，到 1977 年小型公司股票创出历史新高。在这段时期，如果你想赚钱的话，必须考虑小型公司股票。

华尔街本身也存在着内在问题。1975 年，美国证券交易委员会取消了股票交易方面的固定佣金制度，银行和券商进入了自由竞争时期，在此之前，它们长期免于自由市场竞争，丰厚的佣金使得它们可以获得持续丰厚的利润。现在，这块肥肉没有了，收入急速下降，券商和投资公司丧失了可靠的获利来源。

戴维斯的经纪公司处于收支勉强平衡的边缘，作为对于新政策的应对之法，戴维斯关闭 6 个在世界各地的一人办公室，例如克利夫兰、伦敦和旧金山。这些办公室的人员并不曾花费他一分钱，他们自己负担行政费用，并通过说服客户从戴维斯经纪公司下单交易保险股票来养活自己。现在，降低后的佣金已经无法令他们感兴趣。整个华尔街弥漫着挥之不去的萎靡不振气氛，纽约证券交易所的席位标价 3.5 万美元，仅仅比戴维斯 30 年前购买时高出 2 000 美元。

出售基金公司

至于谢尔比的纽约风险基金，最初在 1969 年以每股 10.64 美元进行的投资，到了 1978 年年中，达到了 14.64 美元。如果在一个牛市中，9 年中 43%* 的回报根本不值一提，但在死气沉

* 根据实际数据计算应为 37.59%。——译者

沉的 70 年代，这个业绩值得起立鼓掌。因为，在同期作为整个市场平均水平的代表——标普 500 指数下跌了 1.7%。

道琼斯指数在 1974 年触底 577 点之后，在 1976 年年末迅速飙升到了 1 014 点，但它并未能保持这种强劲的势头。在 70 年代余下的时间里，道琼斯指数始终在 740～1 000 点之间震荡。到了 1981 年，道琼斯指数回落到了 742 点，早在 1961 年它就曾首次触及过这个点位。

尽管 70 年代经济繁荣，但企业利润还是受到了通货膨胀的拖累，政府对此束手无策。福特政府发起了一项奇特的反通胀运动，向大众发放了“现在让我们抗击通胀”的徽章（这几个字的英文首字母缩写为 WIN，是“赢”的意思）。这种抗击通货膨胀的做法，与十年之后南希·里根发起的打击毒品贩子的“说不”运动如出一辙。物价继续高涨，甚至连“WIN”的徽章也被收藏者拿去拍卖出了高价。

理论上，公司可以将上升的成本转嫁给它的客户，但实际上，它提价的速度赶不上供应商提价的速度。1976 年，黄金的价格从每盎司 35 美元上涨到 100 美元，到了 1979 年攀升到 700 美元。一向强大的克莱斯勒公司向政府请求援助。保罗·沃尔克成为美联储主席。伊朗的狂热分子在德黑兰劫持了美国大使作为人质。

1978 年 1 月，谢尔比、帕尔默和比格斯将他们的基金管理公司卖给了丰信信托公司。对于这个出售决定，谢尔比和帕尔默持赞成态度，而比格斯反对，但最终大家还是达成了一致。他们目睹了太多像他们一样的中等规模公司终结，尽管他们吸引了6.5亿美元的客户资金进行管理，但谁也不能保证这些资金的主人始终会跟随他们。这三剑客面临着与华尔街更强大公司竞争的“残酷现实”。丰信信托公司出价不菲，并与三人签署了具有吸引力的5年雇佣合同，委任他们为副总裁，他们每一个人都成为大富翁。

在公司出售过程中还出现了几个小插曲，致使整个流程推迟了几个月才完成。根据谢尔比的说法，帕尔默希望被任命为丰信信托公司的总裁，但是当他意识到这个愿望无法实现时，他立刻离开了丰信信托，转而去了通用汽车的退休基金就职。帕尔默的过早离开使得谢尔比和比格斯心存怨气。如果在丰信信托收购之后基金的客户能留存下来，他们就能赚大钱，但是现在帕尔默的转身离去让这个希望破灭了，因为他一直负责维护客户关系。

纽约风险基金是这次合并中的孤儿，这时正好快到了基金的十周年庆。法律上的一些约束使得丰信信托公司无法收购共同基金，三剑客依然被允许继续管理基金，但仅仅作为一项副业。最初说服休·布洛克成立纽约风险基金的马丁·普罗耶科特是这项副业的大股东，谢尔比和比格斯是小合伙人。纽约风险基金能继续存活下来，谢尔比对此很高兴。比格斯将选股的工作交给了谢尔比。现在，谢尔比可以自由决策了，脑子里不用再充斥着别人的噪声。对此，他的庆祝方式就是在工作日程上安排了更多公司调研，会见更多的CEO。

在世贸中心大厦97层的丰信信托公司总部，谢尔比和比格斯一起在这里有了办公室，他们不再需要有正式的协同合作。在他们的办公桌上，放着青铜名牌（写着比格斯先生和谢尔比先生），看起来他们待的地方就像狄更斯小说中的账房。这两个名牌都来自纽约银行，在那里，谢尔比度过了实习生涯，而比格斯的父亲是纽约银行著名的副主席兼首席投资官。谢尔比和比格斯，这两位纽约风险基金的合作者，一起吃饭、一起研究市场，经常周末也在一起。比格斯说："尽管我们各自都经历了两次婚姻，但我们二人的友情从未改变。"

第十四章/*Chapter Fourteen*

戴维斯重返华尔街

戴维斯 6 年损失了 60%

1975 年，戴维斯携夫人凯瑟琳从驻瑞士大使任上回到美国。他们到了哈特福德后，立刻去了一家最近的冷饮店，那里有他们在瑞士朝思暮想了 6 年的奶昔。戴维斯在塔里敦的房子、他的投资公司、他的投资组合中都曾有过美好的记忆。然而，房子遭遇了一场火灾和一些粗心大意的房客；他的投资公司一如既往地生意一般，尤其是在 SEC 颁布了取消最低交易佣金的法令后，公司收益更是雪上加霜；他的投资组合更是遭遇了 1969—1970 年、1973—1974 年两次熊市的打击。

当戴维斯在 1969 年出任美国驻瑞士大使的时候，他的净资产在 5 000 万美元左右。6 年后，当他返回美国时却只剩下 3 000 万美元*。不仅仅是他的股票令他失望，1973—1974 年的熊市让每一个人都很失望。戴维斯不在美国期间，他的投资组合交由肯·艾比特管理。但戴维斯并没有因为糟糕的表现而责怪他，因为即便艾比特建议戴维斯抛出股票，他的老板也不会听从他的建议。

戴维斯专心于自己的大使工作，由于瑞士与华尔街有着一夜的时差，这使得他不像那些天天盯着股价或科特龙电脑终端交易系统的投资者那样，面对资产的跳水，陷于股价短期波动的懊悔之中，也不用以事后诸葛亮的口吻发出“如果早知道”之类的慨叹。实际上，很多保险公司比标普 500 指数中的制造业公司跌得更厉害，图 14－1 是一张关于财险-意外伤害险公司的图表（由证券研究公司提供），显示出这个板块从 150 美元下跌到 60 美元。人寿和健康保险公司（见图 14－2）在华尔街跌到谷底之前，从 280 美元下跌到 120 美元。这两张图仅仅是分析了一部分保险公司，它们并不能代表整个保险行业。尽管如此，它们在这个阶段的下跌依然非常具有代表性。

---

* 从前后文看，此数据应为 2 000 万美元，因为 6 年下跌幅度为 60%。——译者

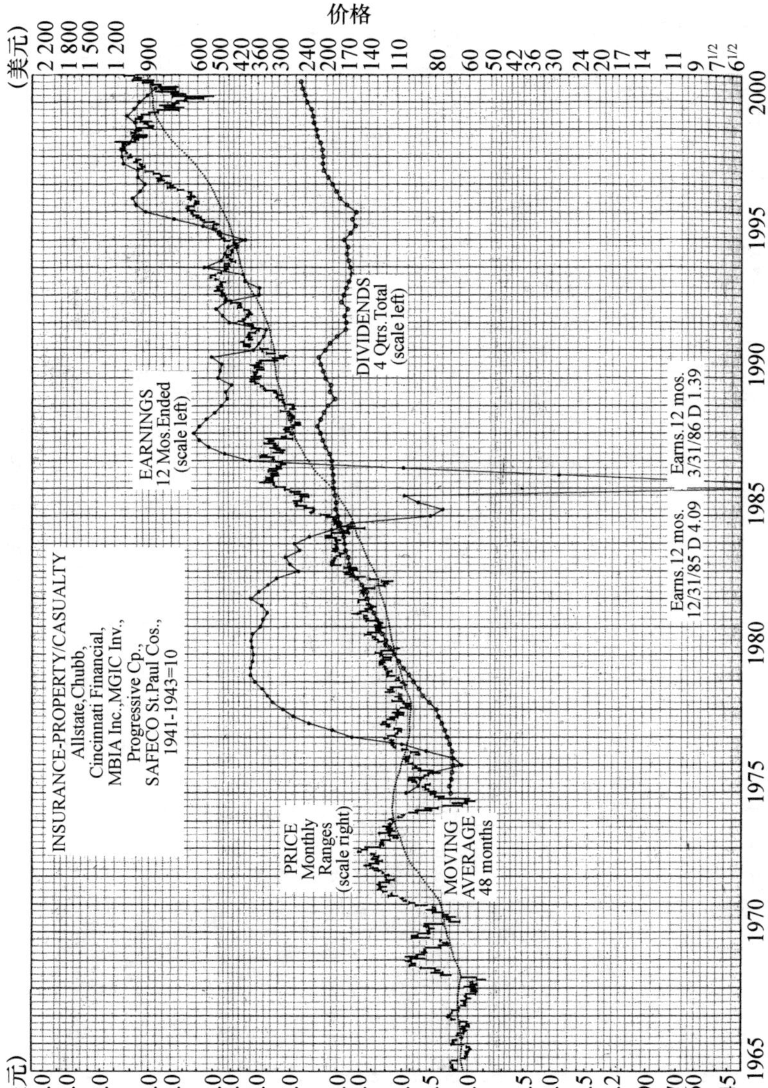

图 14-1 财产-意外伤害险公司情况表

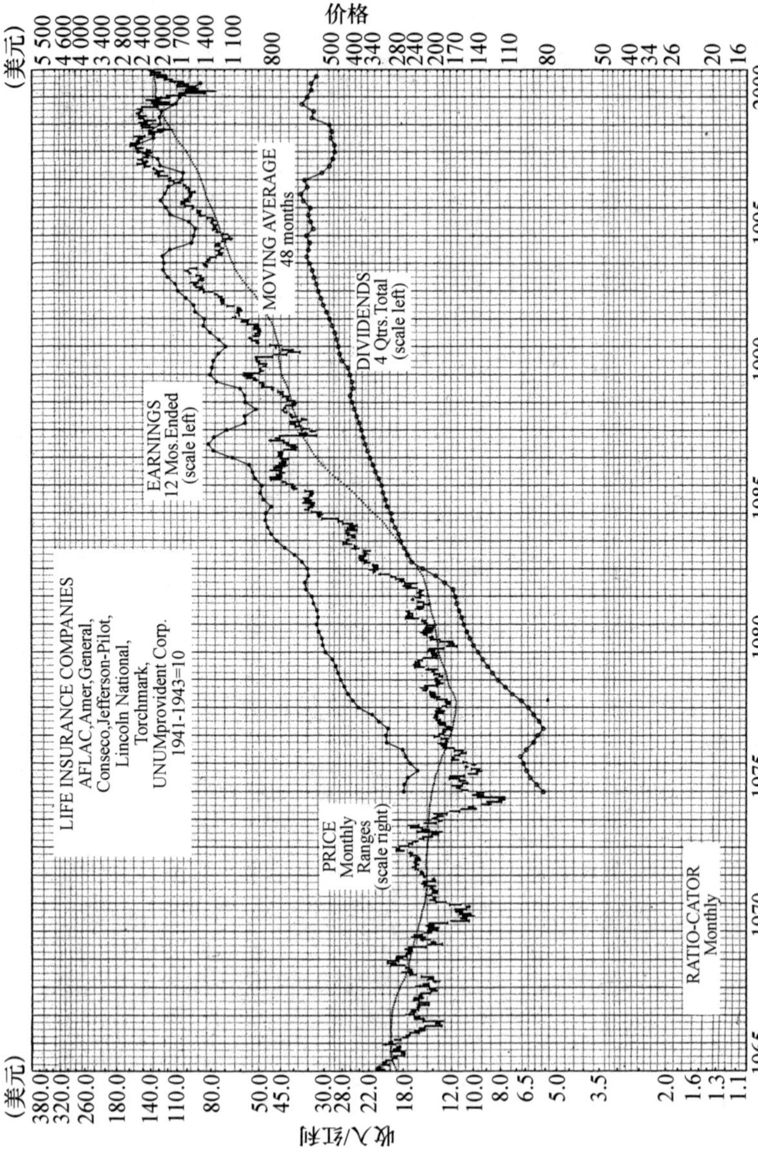

图 14-2 人寿和健康保险公司情况表

一些保险公司由于管理不善，将股市的麻烦演变成为公司的麻烦。忠诚保险公司是一家有200年历史传承底蕴的公司，也遭遇了三次重大失误。60年代初期，它大量投资于债券或持有现金，错失了股市的牛市。为了改正错误，它抛弃了一贯谨慎的原则，在1973—1974年的熊市中杀进股市。然而，股市继续下跌，在接近底部的时候害怕了，于是抛出了手里尚在亏损之中的股票，再次买入债券。不幸的是，随之而来的是股市牛市重临，而债市却由于通货膨胀的抬头再次崩溃。

英雄所见聚焦盖可保险

对于盖可保险公司（GEICO，全称“the Government Employees Insurance Corporation”，即政府雇员保险公司。后被巴菲特的伯克希尔·哈撒韦公司全资收购）而言，同样的失误不仅仅发生在投资组合方面，而且发生在承保部门，这样的失误差点导致盖可保险成为历史上最大的一起破产案例。连伟大如盖可保险这样的公司都曾命悬一线，这提醒人们没有什么公司不会犯愚蠢的错误。由于盖可保险持有大量股票，这吸引了戴维斯和巴菲特的兴趣，甚至还吸引了巴菲特的导师本杰明·格雷厄姆的兴趣。他们三个都很欣赏盖可保险只提供必要保险业务的方式。格雷厄姆早在20世纪50年代就在哥伦比亚大学的课堂上向巴菲特介绍过这家公司，他惊叹于盖可保险杰出的净资产回报率，称之为“不可思议”。这位著名的作家、教授一度担任过盖可保险的主席。

盖可保险20世纪30年代成立于得克萨斯，创始人是利奥·古德温，他采取了两个聪明的策略，使得该公司从众多保险公司中脱颖而出。一个策略是，通过邮寄信件的方式销售保险，这样就减少了昂贵的经纪人中间成本。另一个策略是，它只卖给在体制内的政府工作人员。古德温曾经读过一篇报告，结果显示在联邦政府、州政府以及其他地方政府工作的人员车祸的频率低于蓝领阶层或公司工作人员。与体制内的人约会可能很无趣，但他们却是保险公司理想的客户。

成本低廉以及索赔较少，这两个因素造就了盖可保险的成功。本杰明·格雷厄姆发现了这些特质，并在1947年买下了盖可保险公司一半的股份。不久，盖可保险上市，所以，到了1951年任何人都可以买到这家公司的股票，也正是这一年，巴菲特对盖可保险产生了兴趣。那年的一个周六，这位格雷厄姆的明星学生从纽约乘火车到华盛顿，亲自拜访盖可保险。到了公司发现门是锁着的，于是他砰砰地敲门，叫来了管理员。23岁的学生说服管理员开门，并有幸与CEO长谈了四个小时。

在这样的访谈中，巴菲特发现盖可保险公司的利润竟然是同行的5倍，并且利润增长迅速。华尔街的分析师们将盖可保险评级为“股价过高”，对此，巴菲特持不同意见。作为还是一个学生的巴菲特，与华尔街经验丰富的专业人士对垒，但他的观点并未因此而动摇。他的导师格雷厄姆教导他：“不要因为大众的反对而正确，也不要因为大众的反对而错误。”

巴菲特甚至拒绝了格雷厄姆让他等盖可保险股价便宜一些再买入的建议（当时，股市正处于兴奋期，格雷厄姆预计会出现调整）。但这个来自奥马哈的新手实在忍不住，迅速将自己的绝大部分储蓄（1 万美元）投入了这一诱人的发现。股市继续上升，盖可保险的股价也随之上涨。没过多久，巴菲特 1952 年卖出了盖可保险股票，获利 50%。数年之后，盖可保险的股价继续以标普 500 指数两倍的速度上涨。当戴维斯 60 年代初发现盖可保险的时候，已经 52 岁。他的研究将他引入了巴菲特和格雷厄姆涉足的领域。盖可保险可以用客户的保费支付索赔，因此公司的投资组合可以原封不动地不受影响，这令戴维斯印象深刻。

随着公司持有的投资组合以欢乐的复利速度增长，盖可保险迅速成为摇钱树。由于戴维斯持有相当的盖可保险股份，公司要求他成为董事会成员。到了 70 年代，飙车行为、慷慨的理赔评审委员会、欺诈索赔等开始困扰这家业内收益最为可靠的公司。当时，美国人口中年轻人比例之高前所未有，满街都是青少年驾驶员。他们喜欢改装车辆，增大马力，加装闪光片，这些更加鼓励了他们鲁莽的狂欢。“严重程度”——这是业内用于形容意外事故发生率的词——呈现上升趋势。60 年代后期，通货膨胀的发生更是让修车费用和处理意外事故的成本大大提高。而理赔评审委员会更是前所未有地慷慨，连斜视这样的小症状都可以演变为法律诉讼，成为有利可图的消遣。

盖可保险下跌 90%

如同雪片般飞来的莫名其妙的裁决，令保险公司步履蹒跚，盖可保险的 CEO 拉尔夫·佩克选择了公司历史上最糟糕的时刻放松承保政策，开始向体制外人士出售保险。然而，这一新政策的实施带来的令人兴奋的新客户，却导致公司更为昂贵的损失，索赔上升，准备金减少。1974—1975 年，公司一直向媒体和董事会隐瞒事实真相，包括戴维斯也被蒙在鼓里。最后，是一位董事会外聘的审计师透露了这一坏消息。索赔的总额已经超过了公司的资产。1975 年，盖可保险宣布令人难以置信的亏损，亏损额为 1.26 亿美元。在公司股价触及 42 美元的高位之后，一路跌去 90%，股价降至 4.80 美元。

戴维斯作为盖可保险最大的股东，此刻却成为最大的输家，本杰明·格雷厄姆比他也好不了多少。格雷厄姆这个时候已经 80 多岁，他有时住在加利福尼亚，有时住在法国。格雷厄姆将毕生的大部分身家都投入了这家下沉中的企业。在这场危机中，戴维斯从瑞士的大使任上返回美国。1976 年，400 多名愤怒的股东聚集在华盛顿的斯塔特勒希尔顿酒店，对公司高管们进行讽刺挖苦。一个月后，公司 CEO 佩克下台。戴维斯跻身巡视委员会寻找新 CEO 的人选，于是，曾受雇于旅行家集团的杰克·伯恩成为新任 CEO。伯恩迅速关闭了盖可保险在各地的 100 家办事处，裁减了一半的雇员。尽管如此，公司依旧盘桓在破产的边缘，股价进一步跳水，跌到了每股 2 美元。

这时，伯恩的一个熟人——《华盛顿邮报》的出版人凯瑟琳·格雷厄姆（她与巴菲特的导师本杰明·格雷厄姆并无关系）打电话给他，提出了一个神秘的建议。她说如果伯恩愿意的话，她的一个不愿透露姓名的朋友可以为其出谋划策。一开始，伯恩拒绝了，但稍后有人告诉他，这个神秘人可能是凯瑟琳·格雷厄姆在报业上的商业伙伴巴菲特。于是，伯恩给格雷厄姆回了电话，约定了在她那里会面的时间。会面当天，当伯恩走进门口，巴菲特已经在客厅里等他。这位盖可保险的前股东与现任 CEO 相见甚欢，一直聊到了天黑。巴菲特想知道，盖可保险是否依然是一个低成本运营的公司，伯恩肯定了这一点。伯恩坚持认为，如果公司能幸存下来，一定会重返当年传奇般的高利润时代。基于这些肯定，巴菲特以每股 2.125 美元的价格购买了 50 万股盖可保险的股票，并承诺日后会买进更多，数量会以百万计。同时，巴菲特敦促伯恩筹措更多资金。于是，伯恩通过出售 2 700 万新股的方式筹集了资金，发行的新股中有 1 800 万普通股，外加派息率具有吸引力的 900 万优先股。

戴维斯一生都在后悔的事

巴菲特和伯恩的紧急救援计划导致董事会成员两极分化。戴维斯反对新股发行计划，他认为这些以地板价过度发行的新股会“摊薄”未来的利润，并拖低未来的股价，是对股东利益的伤害。但脾气暴躁的 AIG 公司主席汉克・格林伯格希望先挽救公司，然后再慢慢处理细节问题。戴维斯在 AIG 持有大量股份。格林伯格认为“如果公司破产倒闭了，什么都一并归零，谁还在乎摊薄不摊薄的问题”。经过一番激烈的争吵，戴维斯怒气冲冲地离开会议室，回到自己的办公室之后，立刻抛售了他手中持有的全部盖可保险股份。当时，盖可保险的股价已经涨到原来的 4 倍，从 2 美元上升到 8 美元，这应该感谢巴菲特的大力买入。通常，戴维斯不会让情绪影响投资，但是这一次，他实在太生气了，以至于忽略了盖可保险未来的盈利以及巴菲特数以百万计的投资所带来的信心。直到戴维斯晚年，他都在为卖掉盖可保险股票而感到后悔。

在实施了巴菲特和伯恩的紧急计划数月之后，盖可保险回购了一些伯恩先前为紧急筹措资金而发行的新股。这次回购是一个强有力的证据，表明盖可保险已经度过了最艰难的时刻。戴维斯给伯恩打电话，“杰克，”他说，“如果知道你会采取反摊薄措施，我就不会卖出股票了。”

戴维斯始终有机会重新投资盖可保险，但他一直没有这么做。后来，本杰明·格雷厄姆在法国普罗旺斯的艾克斯去世，时年 82 岁。当时，盖可保险依然前景不明。

在另一次独立的交易中，伯恩打算购买盖可保险的子公司——盖可人寿（GELICO）的全部股份。不像它的母公司，盖可人寿从来不履行其诺言。在盖可保险危机期间，戴维斯辞去盖可保险董事之职后，伯恩邀请谢尔比进入盖可人寿董事会。伯恩知道谢尔比是一个自食其力、很能干的投资家。伯恩希望谢尔比的加入，有利于维护公司的声誉。

戴维斯强烈反对收购盖可人寿，就像之前反对盖可保险发行新股一样。问题关键在于价格谈不拢，伯恩提出收购价每股 13 美元，戴维斯坚持 21 美元，并且毫无讨价还价的余地。没过多久，伯恩的收购建议就被抛弃了，因为一家英国保险公司出价每股 32 美元收购了盖可人寿。谢尔比协助参与了这场获利不菲的交易谈判，而戴维斯也从他的坚持中获益匪浅。

在 70 年代初，戴维斯就准确地预测到汽车保险和意外保险行业会面临艰难时刻，尽管不一定是针对盖可保险这一家公司。

“保险业处于一个下降周期之中。”他对于儿子谢尔比说。考虑到他在投资中喜欢使用融资杠杆的习惯，他的投资下跌 60%（从 5 000 万美元跌到 2 000 万美元），这样的表现已经很不错了。如果在他的投资组合里没有日本股票以及适时的变化，恐怕他在 1973—1974 年的危机中早就破产了。

他始终持有人寿保险公司股，日本股票一直是他在牛市中的最大赢点，但是他抛弃了美国意外保险和汽车保险类股票。他增加了 AIG 的持股，这是他在日本发现的美国全球化的保险巨人。AIG 这家公司具有多元化、国际化的特征，富有创造力，而且很节俭，就像它那独断专行的 CEO 汉克·格林伯格一样，他通常是一分钱掰两半花。随着 AIG 不断收购其他保险公司，戴维斯持有的 AIG 股份不断增多。每当 AIG 以换股方式收购戴维斯持股的小型保险公司时，戴维斯持有的 AIG 股份就更多一些。

无论是盖可保险发生的争吵，还是产生的投资损失，各种打击与不顺都没有改变戴维斯的工作习惯，也没有令他精神萎靡不振。他一直保持高昂的热情，带着那只装满了各种报告的公文包早出晚归，乐此不疲。从他办公室走到小会议室的走廊里，墙上挂满了各种从政时的照片和出任大使时的纪念品，其中有一张是手绘的卷轴，内容是庆祝他加入大宪章爵士团的典礼，这个社团具有长达 750 年的历史。他后来获得了该社团的年度最高奖，该奖项曾经颁给过三位美国总统（胡佛、艾森豪威尔、尼克松），以及两位著名的将军（麦克阿瑟、奥马尔·布莱德利）。墙上除了卷轴（包括一个飞行纪念品）之外，还有他与罗纳德·里根、杰拉尔德·福特的合影。

戴维斯喜欢人们称他为“大使”。他的妻子凯瑟琳对于珠宝并没有太大兴趣，常常佩戴统一发给大使夫人们的一枚金胸针。“这个不贵，”她回忆说，“但是，它是我收到的最为宝贵的东西。”

戴维斯生逢其时，有什么理由不兴奋呢？1976 年，股票价格很便宜，连巴菲特也说，他感觉就像一个欲望勃发的青年闯入娱乐厅里。当时，市场上到处是廉价的股票，就像戴维斯早先刚刚开始投资时那样，那是整整一代人之前的市场景象。1975 年 6 月，戴维斯给他的订户写了一篇特别报告，如果有人不嫌麻烦地认真阅读，会看到上面写着：“火灾险和意外险行业将迎来自第二次世界大战结束以来，通货膨胀尾声后的最大改善……火灾险和意外险的收益大增将会重燃寿险股激情。”

第十五章/*Chapter Fifteen*

谢尔比买入银行股：戴维斯买入一切

在戴维斯投资生涯的后期，他不再局限于自己原先偏好的行业，开始尝试各种不同的行业。戴维斯这种看似漫无目的的策略令朋友和家人们备感困惑，相比之下，他们之前看到戴维斯参加哈雷俱乐部、在草坪上玩平衡车也没感到这么吃惊。

人们推算戴维斯的这一变化始于他被任命为“价值线”的董事，价值线是一家研究机构，追踪大约 2 000 家上市公司，对每家公司的时效性、安全性以及升值潜力进行评级。价值线作为一家研究机构，将上市公司的研究信息装订在一个活页册子里，尺寸大小类似城市黄页电话号码簿等，里面的信息每月更新。价值线在各地的图书馆很受欢迎，并获得从乔·斯多克皮克到沃伦·巴菲特等很多专业人士的青睐，巴菲特就经常称赞它。

戴维斯开始认真地研究价值线的报告。他并不是钻进长篇累牍的公司年报和分析师的研究报告里，而是从这些引人注目的资源中挖掘出所有相关的数据来。很多卓越的公司正标出诱人的价格，令他忍不住想将它们全都揽入囊中，尤其是那些获得价值线顶级评价、等级为“1”的公司。

很多戴维斯熟悉的CEO老朋友们都退休了，他也不太相信从上市公司投资者关系部门那里得到的二手信息。他感到自己已经脱离了圈子，缺乏信心下重注，所以，他仅仅是下了数百个小注。过去的30年中，他的投资组合中都持有30～50只股票，现在，这个花名册增长到了数以百计。即便有了价值线带来的便利，他依然热衷于自己亲自追踪最新的数据，以至于筋疲力尽。戴维斯的家人怀疑，他的这种调查研究的疯狂是为了避免身体的衰老退化。此外，由于他的经纪公司几乎面临解散，他无法容忍公司里的股票交易员无所事事，白拿薪水。他不停地交易是为了让手下员工有些事情做。

对冲基金“二八法则”

为了让员工的工作更加丰富，也为了让生活更有激情，戴维斯开始涉足日内交易，这种短期的频繁交易，使他更加远离自己当初“买进并耐心持有”的投资策略，而当初的策略正是他致富的原因。他开立了一个特别账户，用于这种按照事先设定价格进行的短线交易。例如，他以每股 40 美元的价格买入安泰公司股票，以 45 美元卖出，然后再次以 40 美元买入。如此，他会在几天或几周的时间里反复进行同一只股票的买卖交易。对于这种快速进出的短线交易，戴维斯投入的资本不会超过其总资本的 3%，这样可以保持在一个非主流市场中获得适度的利益。

华尔街已经渐渐将戴维斯遗忘了，他的新闻简讯从来就没有引起过太多的关注，现在就更加无人关注了，影响力几乎为零。那些过去还前来咨询意见的机构，现在也不再给这位“保险业主任”打电话了，他们更喜欢从年轻的分析师那里获得研究信息。甚至，最近一批走上分析师岗位的年轻人从来就没有听说过戴维斯这个名字。只有他的日内交易和如饥似渴的购买行为，以及开发的股票出借业务（即融券业务），才给沉闷以至于“昏昏欲睡”的公司带来一线生气。

他的股票出借业务利用了始于芝加哥交易所的股指“期货和期权”业务。投机者现在可以利用这项业务工具，对于那些达到价格顶部的股票或债券进行或多或少的下注。以前传统的商品期货业务基于现实中真实的农业状况，有些时候期货交易数量会低于现金的交易数量，农场主生产大豆、猪肉以及其他农产品，他们会将期货合约与现实联系起来。股票期货也是同理，市场上必须有人提供股票作为现实交易的原材料。一般而言，这些股票是从持有普通股的机构和富豪手里借来的，因为他们手中票源充足。戴维斯就是这样的持股股东。当戴维斯了解到这一点，他立刻决定将自己的存货出借给那些做对冲的人和投机者，这些人大多是悲观主义者，他们希望通过沽空股票获利。

卖空者借到戴维斯的股票后，必须支付给他借用股票的利息，这样，戴维斯也不至于守着股票账户无所事事。那些借到股票的人有义务在某一时间将股票归还，或以市场价向戴维斯买下这些股票。作为股票出借方，戴维斯面临的到期不还的风险很小，因为这种出借行为会要求提供抵押品，如果标的的市场价格走势超出风险预期，他们会被要求增加更多的抵押。

“这七个人认为常春藤高校联盟是一个花园俱乐部。”克里斯以开玩笑的口气形容这些人，他们极力说服戴维斯进行股票出借业务，并自己办理贷款和文件工作。“他们干得不错。”通过提供原材料（意指出借股票），戴维斯可以分得利润的80%（大约每年1 000万美元），这些“花园的园丁”通过出工出力分得余下的20%。（20世纪40年代后期，阿尔弗雷德·琼斯首次提出“对冲基金”的概念，他曾经是著名财经杂志《财富》的员工。对冲基金可以以两种方式进行交易——做多或做空。具体采取哪种策略，取决于市场的情况。对于对冲基金的管制约束远远少于共同基金，琼斯的这个创造还允许管理人的投资范围扩大到商品、债券或任何他们感兴趣的东西。1955—1965 年，琼斯自己的投资人获利超过 750%，这个纪录吸引了很多竞争对手。这使得一个原本是灵光乍现的概念变成了一个行业。时至今日，“二八法则”依然有效。在获利的分配比例中，出钱与出力二者的比例，前者占 80%，后者占 20%。）

整个 80 年代，戴维斯持有的保险组合为他带来了 5 亿美元的新增财富。来自他核心资产的增值超过了出借股票、日间交易以及参考价值线而投资的数以百计的不同股票带来的收益总和。这些新收益具有偶然性和多元化。

回馈社会

戴维斯的财经生涯分为三个阶段：学习、赚钱、回馈社会。其中，学习阶段一直持续到他四十出头，赚钱阶段从四十岁持续到他七十多岁，接近八十岁。到这个时候，他开始将注意力转移到回馈社会的阶段，考虑如何将一心一意积累的财富捐赠给那些幸运的受赠者。先前，他将戴安娜的信托财产捐给了普林斯顿大学（530 万美元的捐赠设立了历史系的教席），他还在韦尔斯利学院、三一学院、塔夫茨大学的佛莱彻学院设立了教席。他为林肯中心、布拉德利大学和纽约保险学院慷慨修建了图书馆，并捐赠了大量图书。这些捐赠的资金中有一些还在他的掌控之下，这样他（以及后来他的孙子克里斯）可以继续管理这些资金的投资事宜。他并不倾向于向学术界捐赠更多的金钱，他也反对给家族成员大额的馈赠。戴维斯向孙子克里斯一再强调很多年前对儿子谢尔比和女儿戴安娜说过的话："你不会从我这里得到任何金钱。这样，你就不会被剥夺自己赚钱的乐趣。"

戴维斯家族的财富完全超越了曾经庞大的沃瑟曼家族的财富，凯瑟琳的娘家沃瑟曼家族财富大部分置于信托之中，其投资表现大大落后于戴维斯的投资组合。戴维斯以及后来的谢尔比会推荐股票给沃瑟曼家族信托，尽管家族信托的投资表现远不及戴维斯，但这已经包括了来自这对父子推荐股票而获得的巨大利益。

相比于依然健在的沃瑟曼家族成员，戴维斯当然是一个更为优秀的投资者，他变得更富有，而他们却没有，这种现象的背后还另有原因。一般而言，典型的信托运作模式除了构建财富之外，还有多重目标。这多是基于信托的设立者对于后代的不信任感，他们害怕自己的子孙后代会堕落成为挥霍浪费、游手好闲的信托受益人。因此，律师会在合同中规定，子女不得动用信托本金，但信托可以为他们提供充足的收益以满足他们正常的花销。出于这样的目标，家族信托通常会大量投资于债券以及派发股息的股票。进入 50 年代，沃瑟曼家族信托放弃了全部持有债券的投资策略，但依然以收入为目标，而不是以成长为目标。

在大部分情况下，“以收入为目标导向的投资组合”给其投资者带来的回报会低于以成长为导向的投资，尤其是当受益人将信托产生的收入用于消费支出，而不是进行再投资以取得复利增长效应。在提取消费的虹吸现象和税务征收的双重影响之下，以收入为目标导向的投资组合注定逃脱不了资产日渐萎缩的命运。

如果说勇气、幸运、天赋、才干、进取精神（以及在一些情况下的技巧）造就了一代人，那么，依赖、现金流失、山姆大叔会毁掉接下来的两代人。戴维斯并没有遭受这样的命运，但是如果他的后人没有遭遇同样的命运，学校也没有遭遇同样的命运，谁会有呢？

沃伦·巴菲特有意将数十亿美元转给那些人口零增长的地方，帮助这个星球免于人口过剩。即便这样做，也可能意味着更少的人口会导致他最喜爱的跨国公司的产品面临更少的消费者，这些跨国公司包括可口可乐、吉列、AIG 保险。

当戴维斯 74 岁的时候，他开始着手退出策略，就像当初他开始进入喜欢的事业时一样，尽管人口零增长并非他的捐助目标。1983 年 9 月，在一架从欧洲起飞的航班上，戴维斯在一个备忘录上清楚地表达了自己的意愿："我在美国环球航空公司从伦敦到纽约的703航班经济舱里写下这段话。"在略做解释之后，他开始写道："我一直反对浪费、不想浪费，这次我尽己所能回答这个问题。"根本的问题是：谁能拿到钱？答案是：保守党。

尽管巴菲特选择大量投资于那些致力于人口更少一些的计划，但戴维斯倾向于支持那些促进资本主义和自由企业精神的计划，这可以使他聚集财富。以他的观点，集权政府、社会主义意识形态对经济不利。

"近年来，我开始质疑我们的国家是否……已经开始渐渐下滑，以至于最终会堕落到奴役状态。"戴维斯说。此时，他的年纪已经很大了，这更让他对联邦政策的摇摆不定以及笨拙的卡特政府令人沮丧的后遗症充满了紧迫感。尽管当时里根总统已经入主白宫，戴维斯依然深感美国是个陷入危机的国家。在大学里捐赠教席和图书馆对于社会固然有用，但是捐资帮助人们摆脱自由主义意识形态的束缚更是势在必行。

出于这样的目标，他发誓要加强传统基金会（这是一个与华盛顿的左翼布鲁金斯学会相对抗的右翼团体）、全国劳动权利基金会、伦理和公共政策中心、精准媒体协会、胡佛研究所以及其他提倡小政府、自由市场经济的团体。戴维斯一直是个保守派，但从瑞士回国后，他将更多的时间和精力投入政治方面，并担任传统基金会的主席。

“那么，他们乘坐的豪华轿车呢？”妻子凯瑟琳开玩笑地说。她指的是停在传统基金会办公室外面成排的奔驰轿车。凯瑟琳并不认同戴维斯对于自由主义威胁的狂热。对此，戴维斯反驳道：“为了在华盛顿更有效率，他们需要这些豪华轿车。”

戴维斯指定谢尔比、凯瑟琳、戴安娜和美国信托公司为财产的执行人，并且安排，如果谢尔比愿意的话，他可以帮助美国信托相关人员处理投资事宜。

在一个长达数页的“终极备忘录”中，戴维斯问自己为什么不给“子女们城堡和牧场？不给孙子们超级喷气式飞机？”他的回答如下：

> 如果子孙后代在一开始就可以得到信托提供的保障，永远不用工作以及衣食无忧，那么，他们对于生活有什么激情呢？（他拒绝让自己的后人过上“安逸的生活”。）因为从我自己的经历和那些拥有信托财富朋友的经历看，我知道这些倒霉的（不幸的）信托受益者常常（如果不是总是）会成为社会的牺牲品，需要心理学家、精神病专家以及其他人的照料。在留给子女遗产问题上，我认为应该给他们提供“安全网”，以防万一，但是，更重要的是，要激励他们成为优秀的人……为社会的共同福祉做出贡献。

作为一份附录，戴维斯禁不住回溯他的血脉之源：有两位最初抵达北美的五月花号轮船上的乘客，属于他的母亲一系，为约翰·阿尔登和法兰西斯·库克；有与他同名同姓的前辈，他在美国国会服务了30年；在他父亲一系，有北美第一个殖民地——詹姆斯敦的殖民者和弗吉尼亚议会的成员。最后，他赞美了自己的好运、自己的努力工作、社会福祉、国家利益、民生和为那些创造社会效率的人提供激励的社会："自由地活着比流血的死亡好!"

戴维斯将这个备忘录贴在办公室的一个抽屉上。他的家人从来没有看到过这个备忘录，但是他们不会对备忘录的内容感到吃惊。戴维斯家族中的人，没有谁指望从他那里得到任何财产。

自从那次普林斯顿大学的捐赠事件之后，谢尔比一直离开家独立居住和工作。父亲的投资业绩对于他而言，仅仅作为他管理的纽约风险基金表现的测量参照。此外，他继续在工作上与父亲保持距离，他的基金也没有再使用戴维斯的名号。他为丰信国际信托工作，距离他父亲的办公室也有相当远的一段车程。他的名片上只印着"顾问"两个字，没有更多的细节。他的目标是继续在华尔街做一个匿名的最佳投资基金经理。

然而，谢尔比与父亲的关系可能比他愿意承认的要好一些。谢尔比在塔克西多公园有一个居所，在佛罗里达有一个度假屋。

到了 80 年代初期，谢尔比又在他房地产的花名册上添置了第三套住房。这套房子位于缅因州东北湾区，就在他父母的房子旁边。他还记得儿时在这里曾经的快乐，在缅因州的海滩上散步、烤龙虾，在牙齿打颤的严寒中游泳。他决定给自己的子女（克里斯、安德鲁和维多利亚，加上他与第二任妻子盖尔所生的三个孩子）同样的经历。能够与父亲一起住在巨大的木质豪宅中，这是谢尔比自己成功的证明。每当父亲戴维斯从自己的院子里望过去，都会想到儿子的成功。

谢尔比买下这栋房子最初还是起源于一起邻里纠纷。之前的业主申请将自己的物业占地重新分割规划。该计划上报后，在市政听证会上，谢尔比的母亲凯瑟琳发言反对这项规划。于是，重新分割的规划被驳回，这项房地产开发业务泡了汤，受挫的前业主威胁要起诉戴维斯一家，邻里关系彻底破裂。不久之后，一块“出售”的牌子挂在了邻居房屋的院子前，一个匿名的买家出价大方。当交易达成之后，卖家发现虽然他想避开谢尔比，但结果还是卖给了谢尔比。

谢尔比的房子很豪华，但他希望能弥补一些开销，至少，他的房子升值了。除了比戴维斯拥有更多的房子（之后，他又添置了两处房屋，分别位于怀俄明州的杰克逊霍尔和佛罗里达州的霍布桑德）之外，谢尔比还是继承了父亲戴维斯的节俭风格。他购置的房屋都是精装修的，带有家具，他也从来不雇用设计师装修房屋。放在浴室里的肥皂都是他从酒店里带回家的。他也不买汽车，因为一旦离开经销商的手，汽车价格便进入下降通道。他想等到车出了状况再看，例如发动机坏了或车底板出现了锈斑。他会租车使用，因为定金的数额很小。他认为将大额支出省下来进行投资，赚的钱就已经足够买车了。

不靠谱的专家预测

在1979年的一次演讲中，谢尔比发言的题目是《正在到来的80年代》，他预测“市场先生”的郁闷情绪接近尾声。尽管存在讨厌的通货膨胀，谢尔比说：“会出现令人吃惊的好消息。”当时的市场情况是，很多股票受令人吃惊的坏消息影响，很多公司的股价低于账面净资产，市盈率徘徊在个位数上。

在经济方面，美联储用于遏制通货膨胀的传统手法——提高短期利率——这次没有达到理想的效果，但是，喜欢叼着雪茄的美联储主席保罗·沃尔克以丘吉尔式的沉着将反击通货膨胀的战斗一直延续至80年代。沃尔克继续提高利率，控制货币供给，直至政府基准利率飙升至20.5％，30年期国债利率达到了15％。在山姆大叔发行的国债上竟然附有15％的票息，这是整个20世纪所首见，即便风险更大的股票市场也只不过有10％～11％的回报。但是大部分投资者此时却避开了天上掉下的馅饼，更别说用桶去接天上掉下的金子，这种羊群效应就像整整一代人之前，人们蜂拥而上死死抓住 2.5%收益率的国债一样，这是 20 世纪一个由经验不足而导致的傻瓜游戏。

最终，金融界的万有引力定律还是发生了作用。34 年来持续上升的通货膨胀终于得到了遏制，1980 年的黄金和白银狂热恰恰是通胀即将终结的预兆。当时狂热的需求将黄金的价格推升至 700 多美元，白银的价格推升至 40 多美元。全国各地，人们纷纷将家里的银饰、手表、项链和奖杯变为金银换钱。一些黄金专家预测黄金将会达到 1 000 美元、白银会达到 100 美元大关，但是，金银的价格很快就掉头南下，再也没有回头北上。

1980 年是谢尔比掌管的纽约风险基金表现最佳的一年，回报达到 31.90%，几乎是标普 500 指数升幅的 2 倍，是道琼斯指数升幅的 3 倍。该基金也越过了一个里程碑——自从 11 年前起航以来，它的累计升幅超过了 100%，而同期标普 500 指数仅上升 18.8%，同期道琼斯指数竟然还下跌了 0.3%。如果将分红进行再投资，那么，最初投入纽约风险基金的每 1 万美元现在会变成 23 524 美元。

伴随着通胀的减退，债券和股票的持有者经历了一场为期长达 20 年的利率下行。但在有所回报之前，市场还是给了投资者熊市的最后一击，然后一脚踹开了 20 世纪最大牛市的大门。1981 年经济陷入衰退，道琼斯指数下跌 24%，巨大的下滑涉及了很多公司，包括农具（丰收公司）、金属（国际镍业公司）、石棉（曼维尔公司）等，这些都明显显示出硬资产公司的时代已经结束了。

美联储下调利率，是一个重大的转折信号。谢尔比意识到美联储主席沃尔克的反通胀行动已经成功改变了整个经济格局。早在 1947 年，戴维斯已经预见到长期利率的上升趋势。而在 1981 年，谢尔比预计利率的走势会反过来。他开始减少基金的均衡策略，渐渐集中于更少的某些行业。他卖出了石油、天然气的持仓，因为他认为随着通货膨胀的缓解，这些行业的好日子也会随之而去。

利率下行，负债空前

里根总统上台之后，联邦政府的负债又增加了 1 万亿美元，这个增量相当于整个美国政府之前历史负债的总和。消费者和企业效法华盛顿纷纷负债。在 80 年代后期，全美负债总额从 1970 年的 1.2 万亿美元，达到了 8 万亿美元。

随着利率的下降，人们想的是买任何东西都尽可能多借钱，无论是买高尔夫球场、大公司，还是买价格高昂的艺术品。加利福尼亚的金石滩高尔夫球场以大幅溢价的 9 亿美元成交。就在 1987 年大崩溃之前，梵高的名画《鸢尾花》在苏富比以 5 290

万美元的拍卖价格成交。石油大亨的女继承人佩森·惠特曼在1947年购买这幅画作的价格是8.4万美元，那一年，戴维斯刚开始投资保险股。《鸢尾花》的价格震惊了世界，但是如果按照复利计算，这幅油画的回报比起戴维斯投资保险股还是差远了。1987年，戴维斯的身家达到3.86亿美元。也是在这一年，戴维斯的持股之一的日本安田海上火灾保险以3 900万美元买下了梵高的另一幅名作《向日葵》。在戴维斯眼里，这幅画作没什么用，毫无价值可言。他认为这笔钱如果投资于股票或债券能取得更好的复利增长，但日本人热衷于炫耀性消费。他们还买下了洛克菲勒中心以及金石滩度假村。但很快，日本人就开始无法负担，这些物业最终一个都没有保住。

当迈克尔·米尔肯和他的垃圾债券团队举行他们那场著名的聚会——掠食者舞会时，那是杠杆收购的全盛时期。通过米尔肯具有魔力般的资金汇聚效应，类似三角工业公司纳尔逊·佩尔茨也可以鲸吞大型的美国企业，并将之分拆出售。这种分拆出售的策略风靡华尔街，并引发了历史上所谓的“敌意收购”风潮，这种敌意收购有时会导致定价过高，并且经常是不明智的行为。拜这种疯狂的杠杆收购所赐，美国有两家著名的连锁百货公司成为加拿大狂人康波旗下的物业。

谢尔比此时采取的是不同的主题策略，他认为利率下行，不利于砖头、灰泥、小玩意等无足轻重的相关行业，但有利于轻资产行业。因此，他将掌控的纽约风险基金转而投向那些在硬资产流行的70年代受到冷落的金融类股，它们当时都被低估。

银行业的优势

此时，银行股不但恰逢其时，而且股价适中，一般的市盈率约为10倍，盈利具有12%～15%的稳定增长。银行业古板乏味的名声导致投资者低估了该行业的价值，这是再一次演绎戴维斯双击的完美机会。

谢尔比当初在纽约银行实习期间，学习到银行的业务知识。银行业与父亲戴维斯钟爱的保险业之间有相通之处，银行不会制造什么东西，不需要造价昂贵的工厂、精细的机械、仓库、研究实验室或成本昂贵的博士雇员。银行不会产生污染，所以也不用在治理污染上花大钱。它无须销售小工具或成衣，所以无须聘用营销队伍；它无须运输货物，所以没有运输成本。

银行唯一的产品是钱，它从储户手中拿到钱，借给那些需要用钱的人。钱表现为多种形式（硬币、纸币、屏幕上的符号），但无论什么形式，钱永远不会过时。银行之间会有相互的竞争，但是银行业始终会存在。这一点不同于其他行业，例如马车运输、油灯、火车、电报机、打字机、留声机以及利润丰厚的Rolodex等，这些曾经领风气之先的行业，一旦遇见新点子、新发明，它们的好日子就会一去不复返。或许美国加州帕罗奥图市某个书呆子的灵光一现，就会导致硅谷一半的企业破产，但是银行业不会发生这样的情况。

正如之前提到的，一些银行的历史甚至可以追溯到美国建国时期国父们（the founding Fathers）的时代。包括纽约银行，国父之一的亚历山大·汉密尔顿曾是该银行最年轻的副总裁，这个纪录直到谢尔比的出现才被打破。只有很少的制造业公司可以如此长寿，普通制造类企业的长期存在，完全依靠它们的CEO能够迅速转换思维，摆脱过时的生产，转而投入新产品。

像保险业一样，银行业也是让人感到沉闷的行业。以银行从业人员为主题的趣味小说并不多见，尽管有一部以债券推销员为主角的小说《伟大的盖茨比》。在股市上，银行股激动人心的大涨也很罕见，除非它们涉及合并或收购要约，否则，在日常的财经报道中，很少看到银行类股票出现在活跃股票名单上。

亚特兰大有一群持有可口可乐股票的百万富翁，阿肯色州的本顿维尔有一群持有沃尔玛股票的百万富翁，华盛顿州的西雅图因为有一群持有微软股票的百万富翁而迅速蹿红。但是，人们从来没有听说过，有一群持有富国银行、大通曼哈顿银行或第一联合银行的百万富翁的存在。

银行业的风险在于允许其犯错的余地很小，不容有闪失。一家银行的赚钱方式是从储户那里吸收存款，通过放出贷款而盈利，也就是从彼得那里拿来钱，贷给保罗并收取利息。通常而言，一家银行的资本金大约可以覆盖5%～6%的放贷余额。如果借给保罗们的贷款出现超过5%的呆坏账，银行就无法偿还彼得们的存款。如果有很多像彼得一样的储户一起要求提取存款，遭到挤兑的银行只有死路一条。

尽管银行家们平时身着黑色的西装、举止严肃，但他们有时也会陷入非理性冲动，像炒股者一样在股市中杀进杀出。在经济活跃的上升期，他们会贷款给那些不确定的项目以及并不可靠的借款人。在经济繁荣期，借款人会按时还款，所以，这时银行的坏账不多，无须与贷款违约做斗争。由于呆坏账很少，银行只需提取不多的坏账准备金。这样通常会提升银行的利润，从而推高银行股价。

在经济萧条期间，消费者会捂紧腰包，储蓄现金，于是一个愉快的链条很快就变得不那么愉快。银行家们对于下一个借款的保罗更加挑剔，因为上一个保罗还款时出现了违约问题。这样，原本可以作为银行利润的钱被提取作为坏账准备金，当问题蔓延扩大时，利润就会减少。

为了摆脱这种窘境，银行需要得到帮助。通常，美联储降低短期利率会起到帮助的作用。降低短期利率对于银行而言如降甘霖，尤其是在长期利率依然维持高位的情况下。因为在这种情况下，银行可以从这种扩大的“利差”中获得利润的提升。

一旦经济遭遇衰退，就像1981年那样，投资者会变得悲观，对于银行股的预期当然也是前景黯淡的。令人沮丧的股价才能让精明的投资者获得超额的回报。认识几位银行家还是有用的，从一匹马的嘴里可以了解其他马的情况，由此推彼，谢尔比可以了解更多银行业内的情况。通常，一个银行家的见多识广的行业看法，比股票分析师和记者的看法更为乐观，后者较为悲观的情绪已经造成了股价折扣。（当联系不上CEO时，谢尔比会等上一段时间，然后从度假地再打一个电话。接到电话成为信息源的CEO往往会很高兴，因为谢尔比可以中断自己度假的欢愉来听取他的意见。）

一年盈利超过十年盈利总和

到了1993年，谢尔比的策略涵盖了他喜爱的银行以及一些他父亲戴维斯钟爱的保险股（丘博保险、林肯国民保险），还有一些其他行业的实力公司，尤其是电脑业（IBM、摩托罗拉、英特尔）和制药行业（默克公司）。他没有找到自己喜欢的日本公司，但是他父亲在海外的投资成功启发了他也进行国际化投资。他发现了几家全球化运营的公司，包括保险业的AIG、投行业的摩根士丹利公司。

在AIG引人瞩目的扩张帝国版图早期，即便阅读了所有可以获得的数据，也无人可以预见这家公司未来可以成为如此伟大的复利机器。正是汉克·格林伯格无形的领导力才造就了如此非凡的成绩。谢尔比像他父亲戴维斯一样投资了格林伯格，因为他们看到了他身上同样的管理技巧，格林伯格意志坚定，崇尚军事化管理，讨厌找借口，坚持忠诚底线。

谢尔比还应该感谢另外一位魅力超凡的企业家——安迪·格罗夫，正是他让谢尔比在英特尔这只股票上获利。早在英特尔公司上市之前，谢尔比的投资管理公司就进行了投资。在1973—1974年的那场大跌来临之前，他就已经减仓一半，获利7倍。早前在梅莫雷克斯公司和其他科技公司股票上的遭遇，加上英特尔股票的大跌，加剧了谢尔比对于科技股的厌恶。稍后，一位朋友将他引荐给英特尔的新任CEO格罗夫，他是一个有话直说的工作狂，天性幽默。谢尔比写下了他喜欢的格罗夫常说的一句话："只有两种公司——快公司和死公司。"于是，谢尔比以个位数市盈率重新买入这家令人惊奇的公司。从此之后的十多年时间，英特尔一直是纽约风险基金投资组合中的固定成员。

随着谢尔比的事业达到巅峰，华尔街也迎来了20年以来最大的上涨：道琼斯指数上升48%，标普500指数上升58%，谢尔比掌管的纽约风险基金上升68%。在这一年，谢尔比基金赚的钱比上一个熊市以来整整十年赚的总和还多。股市这样壮阔波澜的行情是事先无法预测的。为了避免错过牛市，你需要一直待在股市里，并且，你应该将资本利得和分红所得进行再投资。这个方法是关键，过去是，现在依然是，但这一因素经常会在基金持有人累积财富中被忽略。谢尔比的纽约风险基金就是个典型的例子。如果你在一开始就投资了1万美元，之后将历年的分红所得都装进兜里，那么到了1986年，资产会增长到17 902美元。但如果你将分红进行再投资，资产就会达到75 074美元！

很多投资者会认为，让自己的钱继续放在基金里，这个过程太过无聊或风险太大，因而没有选择分红再投资的方法。他们采取快进快出、杀进杀出的策略，这种策略自从20世纪30年代杰拉尔德·洛布的畅销书对其大肆宣扬之后，还从来没有如此风行过。80年代大量出现的大谈如何择时的股票新闻通讯正好满足了这类需求。

在迅速杀入的阶段，这些“择时”投资者会为其选中的基金带来大量的资金，这样一来，基金必须接纳更多的资金。随后，这些资金也会轻易地撤离，基金管理人需要留足现金以备赎回之用，这样会影响基金的整体回报。“这些择时的家伙十年前差点把我们逼疯了，”谢尔比说，“对于这种人，我们可以容忍一时，但不会一直容忍下去。他们糟糕的行为损害了自己的声誉和信用。我们以增加额外费用的方式遏制这种频繁的切换。”

1987年大崩溃

1981—1987年，银行股的股价几乎增长到原来的3倍，同期，道琼斯指数的表现也令人目眩，在1987年夏天冲过2 000点大关，达到了创纪录的2 722点。与此同时，日本也在庆祝日经指数达到了有史以来的新高峰。但从那之后，无论是东京还是华尔街都一直处于下跌之中。债券的回调和美元的疲软通常是熊市的征兆。

这一次，财富遭受的打击来得迅速而凶猛。到了1987年10月，道琼斯指数飞流而下，大跌了36%，其中包括一天之内恐慌性大跌508点，相当于一天下跌23%，这是有史以来熊市纪录中最为残酷的一天。当时，为了防止大型投资公司遭受股市崩盘的重击，已经设计出来一套称为“投资组合保险”的极为复杂的对冲系统，但事实上，这套系统反而使得股市下跌情况更为恶化。大多数分析师曾预测道琼斯指数会达到3 600点，但实际上只达到了1 700点。现在，伴随着股市大跌，情况开始反转，股市名嘴们开始怀疑全球金融系统是否会分崩离析。

普罗耶科特和戴维斯联名在给投资人的年度信件中提到：“很多人的心中都有一个疑问：美国股市持续上升的好日子还能

持续多久?”这封信在股市大崩盘之前的一个月发出。“牛市目前已经大约持续了5年时间，尽管传统的思维认为……牛市也许很快会终结，但是，一些经济和政治因素向我们显示，股市还会大幅上涨。”

基金经理们对于市场未来升跌的预测并不比他们的客户更准确，而且容易产生误判。如果谢尔比按照公司宣传册预测的观点行动的话，他固然可以回避一些市场的下挫，但谁能够保证当股市重振的时候，这种照本宣科的方法不会使人错过重要的时机。在管理投资组合的过程中，他不会将自己的主管意见和情感掺杂其间，同时，他建议基金投资人也都这样做。

市场下跌的恐慌持续了几个月的时间，在1988年1月刊出的著名的财经杂志《巴伦》对其年度圆桌会议进行了报道，与会专家们比平时更加悲观。“熊市已经开始了，可能会持续好几年，”费利克斯·朱洛夫面色阴沉地说，“我们已经登上了一艘沉船。”

“对于我来说，更重要的是，”保罗·都铎·琼斯插话道，“问题并不仅仅在于是不是熊市，而是我们能否避免像20世纪30年代那样的全球性衰退。”

“世界各国的大部分股市呈现大幅上升的态势，”电视评论员兼摩托车爱好者吉姆·罗杰斯附和道，“……但这种情况不会超过6个月，到那个时候，我们会遇到一个真正的熊市。我是说真正的熊市，这场熊市将会销蚀金融圈里大多数人的财富，全世界大多数人的财富也会被席卷而去。实际上，我在很多市场可以做空，但我没有这么做，因为我认为它们会彻底关门。”

但事实上，并没有发生全球性经济衰退，也没有发生持续数年的熊市。股票市场照常运营，股价攀升，忠诚的投资者获得了回报。谢尔比掌管的纽约风险基金在股灾之前的表现落后于标普500指数，在股市崩溃期间的损失远远小于大盘。他的投资人也几乎没有人在股灾时恐慌性抛售，因此，他也没有压力必须抛售未来的赢家以筹措现金应付赎回。到了1988年的秋天，这次华尔街现代历史上最具伤痛的日子已经成为遥远的记忆，甚至在纽约风险基金最新的年度报告中根本就没有提到这回事。

由于年度报告在股市崩溃之前已经发送出去，所以，一些只是从纽约风险基金报告中获得信息的投资者并不知道股市发生了大崩溃。他们只是知道在这一年中，纽约风险基金下跌了6%，道琼斯指数下跌了17%，标普500指数下跌了15%。

戴维斯在危机中买入

在戴维斯的公司总部，股市崩溃对于谢尔比的父亲而言是一个令人兴奋的机会。他常常说熊市会帮你赚钱，现在正是一个完美的例子。当电视评论员们还在讨论1987年是否会是1929

年大危机的翻版时，戴维斯已经开始兴奋地动手买进。当戴维斯打电话给交易室下单时，他的办公室经理阿尼·韦德里茨试图以挂断电话的方式阻止他的老板这么做。戴维斯数次打电话过去要求下单交易，韦德里茨数次挂掉电话，如此几次三番。“老板，你必须停止。”韦德里茨恳求道。他认为戴维斯这是在股市大熊市里暂时的反弹中白白消耗金钱。“我是不会停止的，”戴维斯很恼火，“你给我离远点。”

在那个声名狼藉的“黑色星期一”闭市之后，韦德里茨不得不沮丧地告诉老板戴维斯，账面已经亏损了 1.25 亿美元。但这个消息并没有使戴维斯动摇。“账面损失 1.25 亿美元他可以承受，”韦德里茨说，“因为他手中有了一大堆价廉物美的股票。如果真的是钱包里少了 1.25 亿美元现金，他一定会发疯。”

在股市黑色星期一大崩盘后的调查中，纽约证券交易所检查了它所有成员公司的偿付能力，戴维斯的公司顺利通过了这项检测。根据评价机构韦斯的结论，戴维斯的公司是规模最小的公司之一，但也是最有实力、最为稳健的公司之一。戴维斯的公司持有资产的市值（他投资组合的市值）是他实际投资资本的 1.5 倍，这反映出他在投资中使用了融资。但是，像戴维斯这样使用融资开展投资业务的公司很多，相比那些华尔街的大型投行，戴维斯的融资规模简直就是花生与南瓜之比，例如著名的投行美林证券总资产的规模是其资本的 20 倍。只不过，相比戴维斯的公司，一些大公司通常的命运就像过眼云烟，转瞬即逝。

1988 年 11 月 14 日，戴维斯登上了《福布斯》杂志富豪榜。《福布斯》显示这位老人家的净资产是 3.7 亿美元（保守估计），并提到他被推举为传统基金会的主席。对此，谢尔比一语双关地说："我父亲上了富豪榜，太不幸了。"这意味着，如此被关注更多的是令人尴尬，而不是荣耀。就在同一年，谢尔比因其基金在穿越股市牛熊市中的杰出表现而荣登福布斯光荣榜。他跨度长达十年的 19%的复利回报战胜了市场（标普 500 指数）4 个百分点，这一记录也使得谢尔比距离彼得·林奇仅仅咫尺之遥。他的杰出表现让他很难再保持隐姓埋名的低调。"我父亲肯定干得比我好得多，"接近 51 岁的谢尔比承认，"但我干得也不错。"

谢尔比挑选的股票中表现最佳的是房利美，这家公司的正式名称为联邦国民抵押贷款协会。在 80 年代后期，当储贷行业深陷争论之际，谢尔比找到了一个投资角度。按照"危机创造机遇"的观点，他发现房利美是非常明显的受益者，因为它是房屋按揭贷款的买家和数据经手商。

受到同样的掠夺精神的激励，美国各地出现了很多公司侵袭者，他们使得数以百计的地方储蓄银行破产。虽然储贷社的这帮投机钻营的家伙缺乏一个像迈克尔·米尔肯这样的以发行垃圾债券筹集资金的专家帮助他们，但他们最终还是以诱人的高利率发行存单方式筹集到资金。购买存单的人们并不担心其偿付能力，因为美国政府为其提供了担保。同时，存单的卖方将所得现金转移给借款人，对方提供高风险的抵押，例如凡尔赛风格的酒店和富丽堂皇的公寓。价格通常不是问题，因为建筑贷款的获得方常常与借出方存在关联。由于储贷社的偿付能力存在风险，他们会出售所持有的按揭贷款组合以筹集资金。房利美作为最大客户，或者持有按揭贷款组合用以获得利息收入，或者是将它们打包出售获利。无论哪一种方式，房利美过得都很滋润。

20 世纪的整个 80 年代对于保险股而言也是有利的。财险意外险指数在 1974 年从 150 点跌到了 60 点，之后大涨到 400 点。人寿险健康险指数从底部的 140 点大涨到 1 000 点。这样的大涨固然令人兴奋，但是保险行业的利润率始终很低，在一些年头，甚至整个保险业都没有利润可言。

成立于 19 世纪的两家著名的保险公司——美国家居保险公司和美国忠诚保险公司，一直在努力发展。忠诚保险公司在债券投资上损失巨大，而且出售的新保单也不赚钱。于是公司疯狂地寻找各种各样可能赚钱的业务，将业务线拓展至木材、农场、天然气、石油、房地产。它赞助了超级碗橄榄球赛事，并通过全国各地电视广告展示宣传公司优势。但是这些行为反而弊大于利。到了 80 年代末，忠诚保险公司的每股盈利已经从 70

年代末的 3.50 美元下滑到 1.50 美元，股价更是跌到了 5.375 美元，回到了该公司 38 年前的水平。

谢尔比与巴菲特的盖可保险遭遇战

与忠诚保险公司的差劲表现相反，盖可保险公司充分发挥了自己曾经的强项：它比竞争对手有着更低的成本、更低的索赔率。严惩酒驾、改进汽车的前灯和尾灯、降低时速限制以及人口老龄化，这些对于汽车保险公司都是有利因素。但是，在盖可保险股价 1990 年达到 194 美元的高位之后（它的股价从 1970 年的 2 美元进入了一个长长的上升通道），公司开始挥霍自身的优势。公司放弃了原先专注于汽车保险业务的方针，开始涉足房屋保险、航空保险、消费金融领域。当安德鲁飓风侵袭佛罗里达及其附近区域的时候，盖可保险损失巨大。

作为盖可保险的最大股东，巴菲特不愿意坐视公司进入陌生领域，犯下代价高昂的错误。在他的敦促之下，盖可保险 CEO 被解职。1994 年，巴菲特以现金方式收购了盖可保险其余的所有股份，盖可保险成为巴菲特旗下全资子公司。这家他曾经在 1951 年那个周末拜访的公司，现在 100％属于他了。

这一次，轮到谢尔比对巴菲特的方案感到不快了。谢尔比执掌的纽约风险基金持有盖可保险的股份，他反对巴菲特以现金方式收购，因为这涉及税务问题。他倾向于换取巴菲特控股公司伯克希尔·哈撒韦股份的形式完成这场收购，这样可以免税。谢尔比曾考虑反对巴菲特的收购，但是他并没有行使他的“异议权力”，因为这点儿小事与巴菲特有过节不值得。

尽管巴菲特很少说保险行业的好话，但拥有了盖可保险公司之后，他又收购了通用再保险公司，继续增加在保险领域的投资。巴菲特数以千计的热心粉丝阅读他俏皮滑稽的年报，乐在其中，就像阅读一项说明书，其中充满了轻蔑的锋芒。这是其中的一些句子①：

> ——（保险）被一系列不利的经济因素所诅咒，长期来看前景黯淡：数以百计的竞争对手、行业准入的低门槛以及在很大程度上无法差异化的产品。②
>
> ——对于任何保险公司报告的盈利数字，你应该保持非常怀疑的态度（包括我们在内）。过去十年的记录显示，即便是很多业内著名的保险公司，它们当初报告给股东的盈利后来被证明错得离谱。③
>
> ——如果你想被别人看好，一定要清楚，买高价的玉米片比买低价的汽车保险要好。④

---

① 大卫·希夫将巴菲特的观点编辑发表在《爱默生·瑞德保险观察》1995 年 11 月以及随后的一期上。

②③④ 伯克希尔·哈撒韦公司 1988 年年报。

——（保险）这门生意存在着在某个年头遭受重创的可能。①

——在大多数行业中，破产的公司一定是耗尽了现金。但是，保险行业不同，你可以破产，但还有现金。因为一家保险公司出售保单即可获得现金，但保险索赔可能会很久以后才发生，破产的保险公司不会没有现金，而是会很久之后耗尽公司的资产净值。实际上，这些“行尸走肉”式的保险公司经常会付出双倍的努力承揽新业务……仅仅是为了获得现金的流入。②

——在这样一个普通商品型行业中，只有运营成本非常低的保险公司，或一些在受保护的特殊狭小的利基市场中存在的保险公司，方能维持较高的利润水平。③

所有的证据都在显示，投资在这样一个糟糕的行业中，收获也极其匮乏。保险公司的管理费用高高在上，发展缓慢，士气消沉，净资产回报率低于社会平均水平，形象缺失。一份流行的新闻通讯（名为《希夫保险观察》，之前的名称为《爱默生·瑞德保险观察》）的编辑大卫·希夫对于巴菲特的评价做出了回应：“我们这个行业充满了各种各样的小丑、傻瓜、蠢蛋……那些毕业于顶尖商学院的年轻人是不会终身陷在保险业

---

① 伯克希尔·哈撒韦公司 1980 年年报。

②③ 伯克希尔·哈撒韦公司 1985 年年报。

的，但谁又能责怪他们呢？这个行业声名狼藉，待遇低下，工作也不再稳定。当你走进曼哈顿任何一家新开的豪华的雪茄吧，你都会遇见很多不在保险业工作的人。”

然而，如果你选对了股票，保险业还是可以提供理想的回报。实际上，不景气的行业往往是赚大钱的所在，巴菲特、戴维斯、彼得·林奇的成功莫不如此。聪明、进取、富有策略的公司往往能在不景气中脱颖而出，它们会战胜平庸的对手，或将对手收购。与此相反，在热门行业（电脑、互联网、生物科技）中，每个人都聪明、进取、富有策略，这些品质对于投资反而是不利因素，因为当你喜欢的公司生产出天才的产品时，竞争对手们很快就会加班加点地做出更好的产品，并且卖更低的价格。

投资者要在这样一个不利的行业获利，只有一个方法——投资于那些能保持运营成本低下的公司。这就是巴菲特和戴维斯一直在使用的手法。二者都在寻找高利润、管理良好、成本低下的公司，例如盖可保险和 AIG。富有灵感的领导力至关重要，“在保险行业，你会见到很多令人惊奇的事，”巴菲特写道，“（这个行业）会将人们拥有或缺乏的管理天赋放大到非常不可思议的程度……”①

很早以前，戴维斯就注意到一个非常重要的因素：保险公

---

① 伯克希尔·哈撒韦公司 1980 年年报。

司持有的资产组合中资产的增值。保险行业的基本情况的确令人失望，但是来自债券、股票以及按揭的收益却是持续增加的，从 1951 年的 3.3 亿美元增加到了 1999 年的 388 亿美元，这些巨大的增长使得投资保险股极为划算。

第十六章/*Chapter Sixteen*

家族第三代进入职场

谢尔比的三个孩子都出生在20世纪60年代，他们是戴维斯家族的第三代：安德鲁、克里斯和维多利亚（小名多莉）。当股市试探性地从1973—1974年的崩溃中复苏时，这三个孩子已经开始接触股票了，他们经常会听到父亲和爷爷之间关于股票的讨论。

戴维斯家的儿童财商教育

早在小学阶段，安德鲁对于股票的热情就已经非常明显。当他的老师要求同学们写一篇关于朝圣者的报告时，安德鲁写了一篇关于梅莫雷克斯公司的报告。老师对他爸爸谢尔比说，她从来没有收到过四年级学生写的公司分析师报告。与此同时，在谢尔比的敦促下，孩子们在塔克西多当地的银行开立了银行账户。每个孩子在帝国储蓄银行的账户里存入了25美元，这是他们收到的圣诞礼物之一。从这里，他们学到了神奇复利的第一课。经过六年的高利率之后，他们惊讶地发现，当初的25美元翻了一番还多。

安德鲁不记得是否学过“72法则”，但是他自己发明的版本更为简洁：“从1美元到2美元，再到4美元的确很不错，但从4美元到8美元，再到16美元简直是神奇。只要等待足够长的时间，下一次的翻番就会让你开始踏上致富之路。”

8岁时，安德鲁已经明白，相对于持有股票而言，储蓄存款只不过是糟糕的替代品而已。父亲谢尔比鼓励孩子们将打零工的收入进行投资，以取得复利式增长。为了让孩子们认识到财务杠杆的威力，孩子们每投资自己的一美元，谢尔比就再借给他们一美元，以1∶1的配资形式让他们进行投资。

在安德鲁买进了价值800美元的泽西联合银行股票之后，谢尔比安排这个小学生股东与银行投资者关系部的工作人员进行了一场电话交流。安德鲁提出问题，然后记下答案。他并不确切明白这些意味着什么，但是股票的表现不错。他在12美元时卖出，然后眼睁睁看着它涨到30多美元。在恼怒之中，他学到了投资生涯的早期教训——过早卖出。然而，他依然获利不菲。

10岁的时候，克里斯就已经明白了《伟大经理人》中的投资理论。当他发现格里·蔡入主联合麦迪逊保险公司后，他买入了这家公司的股票。他曾经听父亲谢尔比说起过“狂野基金”当年的那些故事，从这些故事里，克里斯认定格里·蔡是个非常有能力的名人。在一次夏季露营的活动中，克里斯遇到了一个从威斯康星州麦迪逊市来的年轻人，就问他：“你们这个麦迪逊与联合麦迪逊保险公司有什么关系吗?”

对于早期的投资记录，克里斯和安德鲁都没有保留下来，也记不起他们儿时的投资后来怎么样了。克里斯认为投资应该一直还是在的，在一个被遗忘的股票账户里继续着复利增长。但无论在什么情况下，他们都从来没有抱怨自己没有机会去花这些赚来的钱。他们从父亲谢尔比和爷爷戴维斯那里学到的宝贵一课是：花钱，尤其是乱花钱，是一个令人后悔的习惯。

严防败家子

这些孩子小时候住在曼哈顿中城的公寓里，这里可比父亲谢尔比儿时在塔里敦住的老房子昂贵多了。他们的母亲——温迪——从来不理会戴维斯的节俭计划。虽然她不是伊梅尔达·马科斯*，但她的消费习惯让公公戴维斯非常恼火。她会为圣诞

* 菲律宾前总统夫人，以极度奢侈而闻名。——译者

树买一些手工装饰物，并将住所进行了重新装修。在戴维斯出任大使期间，她为塔克西多公园的家添加了一个正式的花园。她还注重丈夫谢尔比的穿着仪表，谢尔比总是有很多新衬衫、新西服、高档的皮鞋、时髦的袖扣。

尽管生活过得很舒服，但安德鲁始终有种感觉，家里没有什么钱。在他成长的过程中，满耳朵都是戴维斯恼人的节俭咒语："用尽、穿破、凑合着用、将就着用"。公共汽车是他常用的交通工具，他很少有机会见到出租车的里面是什么样子。

1975年，谢尔比和温迪离婚了，之后与办公室的基金助理盖尔·兰辛结婚。盖尔个子高挑、身材苗条、没有废话，但有着微妙的幽默感。她出生于纽约州北部的一个小城镇的普通家庭。当她第一次游览东北湾时，她接受了谢尔比的登山考验。谢尔比带着她登上了1 000英尺的悬崖，那里有扶手和梯子。这次考验比之前温迪的那次登山难度大很多，盖尔登顶之时欢呼雀跃，因为她曾经在山脚下徘徊。她通过了登山的测试，还有更好的消息，她还通过了戴维斯家族的节俭测试。

谢尔比和盖尔又生了三个孩子，这样，谢尔比一共有六个孩子。（这三个孩子还小，由于在写作本书时他们尚未成年，所以在本书的叙述中将他们省略。）

没有了前妻温迪的那种玛莎·斯图尔特式的料理家庭事务，谢尔比只能任由塔克西多的家处于日渐失修的状态，他放弃了花园的打理，因为雇请园丁也是一笔不菲的花费。在屋里使用柴火取暖以节省天然气费用，没人住的空房间连柴火也省了。省下来的取暖费投入他的基金。当假期外出旅行时，他将房子租出去以赚取额外收入。

作为父亲，谢尔比是戴维斯更为成熟的版本，他严肃、偶然开玩笑、沉迷于工作，就像一个监工的工头。在与温迪离婚之后，他在周末去看望孩子们，或偶尔以其他方式联系他们。安德鲁在新的环境中艰难度日，他将这股怒气带进了高中。之后，整整一个夏天，他的继父汤姆·麦凯恩强令他与亲生父亲谢尔比一周共进一次晚餐。这使得父子二人的距离拉近了，他们相处融洽，安德鲁将这种和睦融洽归功于继父的协调。

谢尔比最为关心的是孩子们不要被溺爱坏了。无论他们是在简陋的小木屋里过夜，还是在高档公寓里过夜，他们都会被引导着享受这种经历。他们虽然没有亲手挖游泳池的经历，但他们会打扫落叶，清理积雪。一个夏天，他们清理了大量的马利筋草，以至于填满了在塔克西多的家的整个谷仓。这些可不是轻松的消遣，即使爬山磨破了脚，起了水泡，或骑自行车摔下来，磕了脑袋，他们也从不抱怨。

在去欧洲或科罗拉多州度假滑雪的时候，全家人天不亮就起来，快速地吃完早餐，尽可能早地到达雪道，为的就是不浪费滑雪缆车的全天票。他们会一直滑雪，直到黄昏时分缆车停工为止。如果有任何一位家庭成员停下来休息一下、吃个午餐或在镇上逛一逛，他就会遭到全家人的质问：“你怎么了？你的肌肉罢工了吗？”

有一次在塔克西多家里的游泳池边，克里斯看到他父亲拍打着双臂就像一只搁浅的鱼，看起来有些痛苦。

“你还好吗？”克里斯问。

“我很好。我在做运动。”

“这是在做运动？你从哪里学来的？”

“我自己编的。”

“你怎么知道这对你有益？”

“如果有疼痛感，就一定对你有好处。”

谢尔比一家在塔克西多的家附近做短途旅行时，他举出两个被溺爱坏了的小朋友作为例子，让孩子们防微杜渐。被溺爱坏了这种情况与大手大脚总是紧密地联系在一起，“败家子”这个词在家里一直是最糟糕、最下贱的词。“当安德鲁和我进入高中时，”克里斯回忆道，“当谈到我们女朋友的话题时，父亲问的第一个问题是：她是不是一个败家女？”

小荷才露尖尖角

尽管谢尔比并不打算与孩子们产生距离感，但他还是说服自己，给孩子们成长的空间，让他们在没有父亲的干预或溺爱的情况下，选择自己的兴趣爱好。无论他们是否最终选择华尔街，谢尔比作为父亲都希望他们能像自己一样对所选择的职业充满激情。他会表露自己的偏好，但只是偶尔。当女儿多莉选择在一个国家公园里做道路维护工作时，谢尔比认为这个工作埋没了她的天赋。之后，多莉决定去读医科学校，对于这个决定谢尔比大表赞同，因为他心中还怀有一个愿望：将来有一天女儿多莉能管理戴维斯家族的医保基金。

20 世纪 80 年代，证券市场的短期交易在华尔街卷起狂潮，谢尔比提醒自己的两个儿子——安德鲁和克里斯——对此要有警惕之心。在市场上杀进杀出的投机行为与戴维斯家族一贯秉承的传统格格不入。

“关于投资这件事情，我教育他们，最重要的是我是多么的热爱，”谢尔比回忆说，“即便是在 70 年代那些糟糕的年份。我确信每一个孩子都可以挑选股票，我试图让这件事变得有趣和简单。至于涉及数学的部分，例如会计和数据程序表，这些可以以后再学习。我安排他们参与公司的调研工作，寻找有关公司前景的线索。有时候，我进行公司实地调研时会带上他们，就像我父亲当年带上我一样。”

谢尔比成长于大型爵士乐和股市混合的年代，而孩子们这一代成长于摇滚乐和股市混合的年代。当孩子们到了初中的年纪，谢尔比给他们每人100美元进行公司分析。安德鲁是个数学天才，他可以在心中运算大型数据的加减，这个技能是从父亲谢尔比那里遗传来的。但是，在这三个小荷才露尖尖角的小分析师队伍中，谢尔比认为多莉最有前途。她综合了克里斯对于公司前景的全方位分析法，以及安德鲁的精准分析和细节关注。多莉所作的报告是她两个兄弟的两倍之多，有一次她一周就赚了五六百美元。一次，在听了MCI公司总裁令人信服的演讲之后，她用自己的账户买进了这家公司的股票，并在该股上标明“推荐家族买进”。谢尔比起初并没有在意这个提示，但后来采纳了她的建议，以多莉3美元买入成本的两倍价格买进了MCI公司的股票。

住在塔克西多的时候，典型的场景是这样的。人们会发现谢尔比待在地下室的小房间里，阅读公文包里的资料。每周五的晚上，他和孩子们一起观看黑白电视机中播放的节目，有卢·鲁凯赛真人秀、《每周华尔街》，接着是《每周华盛顿》，这是必定的流程，那台电视机放在厨房的台面上。“我们从来没有讨论过棒球、曲棍球或好莱坞这些话题。”安德鲁回忆说。“我们讨论的话题都是关于股票和政治。”他还记得与父亲谢尔比一起在缅因州阿卡迪亚国家公园沿着陡峭的山间小径远足时，讨论公司盈利和现金流的情形。“尽管我想和爸爸讨论些别的话题，但谈论的内容最终还是这些。”

在学校的教育方面，谢尔比认为成绩的走向要比成绩本身更为重要。他观察孩子们学校成绩的方式与他观察公司利润的变化方式一样：注重上升趋势。如果一个孩子在学期开始之初的成绩就是A，到了期末还是A，这固然好，但相比之下，如果一个孩子在学期初的成绩是C，而期末的成绩是A，这更加令人印象深刻。克里斯、安德鲁和多莉想给父亲的是一条步步高升的趋势线。

尽管这三个孩子沉浸在华尔街（他们那位在曼哈顿证券公司工作的继父也是额外的促进因素），但在高中结束的时候，他们还是对此感到了厌倦。最多产的分析师多莉去哈佛大学读了文学专业，之后到斯坦福大学读了医学。安德鲁就读于缅因州的科尔比学院，读的是心理学专业。这时，《华尔街日报》开始每天出现在他的邮箱里，但他并未订阅该报，安德鲁以为所有的学生都能收到这样的免费报纸。但事实上，这是父亲谢尔比悄悄为他订阅的。

源源而来的《华尔街日报》重新点燃了安德鲁对于金钱游戏的兴趣。他一直是一个勤奋努力的人，他将暑假分成了露营和工作两个部分，包括到一家证券公司工作了两个月，这是他的继父安排的。在科尔比学院读完一年级后，他将专业转成了经济和商务。他与亲生父亲谢尔比平时联系不多，直到三年级时，谢尔比才知道他换了专业。安德鲁修完了足够的学分，可以提前毕业。谢尔比给了他一张支票，金额相当于一年的学费，以鼓励他的勤奋努力。安德鲁选择仍然待在学校，放缓脚步，等着和同学们一起参加毕业典礼。

他和他的同学们有一个共同点：都与他们成功的父辈保持距离。正是由于这个原因，所以，安德鲁从来没有考虑过与父亲谢尔比或爷爷戴维斯一起工作。他也被告知很多次，家庭并不会理所当然地成为他的雇主，甚至不会是他身后最后的靠山。尽管他的父亲在他的生活中并未起着重要作用，安德鲁还是沿着他的足迹，重演了谢尔比的模式。谢尔比当年从学校毕业后被纽约银行录取，安德鲁毕业后被波士顿的肖马特银行录取。谢尔比曾经做过铝、铜、钢铁及其他基础工业品的实习分析师，安德鲁则在潘恩韦伯公司跟着钢铁行业研究专员实习。

1986 年，安德鲁离开波士顿的肖马特银行，到纽约的潘恩韦伯证券公司工作。他很快就成为公司里债券和股票混合型专家，这种混合型的证券类型被称为“可转换债券”，以华尔街的行话说，是“转换券”。可转换债券像债券一样支付利息，但是如果公司普通股股票表现良好，这类证券也存在获得资本利得的可能性。一个高质量的可转换债券可以在股价上升时让投资者获得上升部分 75%～80%的收益，同时其付息特征又使得其下跌空间有限。安德鲁创建了一个 10 分制评价系统用于这类证券品种的对照评选。

在潘恩韦伯证券公司工作的 7 年时间里，安德鲁的职位飙升，很快成为公司副总裁。他成为公司每日简报会上的演讲明星，这个每日简报会由潘恩韦伯证券公司分布在全球各地的 14 000 名经纪人参与，通过电话连线，倾听市场顾问的意见。

毛泽东的粉丝

戴维斯的另一个孙子克里斯加入华尔街的过程则更为曲折一些，在这个过程中，爷爷戴维斯是主要推动力。爷爷身上的那些不为父亲谢尔比喜欢的部分（例如绅士外表之下的势利，加上自以为是的武断），克里斯却为之倾倒，这令人有点费解。克里斯 15 岁时，签约成为在戴维斯缅因州家里的夏季厨师。第二年夏天，已经 16 岁的他取得了驾照，成为家里的司机，常常接送家人往返巴尔港。

在学习期间，他每个周末都去爷爷戴维斯位于松树街 70 号的办公室里上班，将信件放入信封、打印保险信件以及发电传，而发电传这种方式戴维斯从来没有用过。孙子与爷爷的相处非常融洽，交流轻松，这与当年戴维斯、谢尔比父子之间那种有距离的彬彬有礼截然相反。爷孙俩一起讨论政治、华尔街的话题，以及为什么熏肠是一种没有必要的奢侈品。

“有一天，我们路过办公室旁的空地，”克里斯说，“后来，

J. P. 摩根在那块空地上建起了总部大厦，但当时那个地方是街头卖食物的小贩们喜欢的地方。“我问爷爷要 1 美元买热狗。他说：‘你知不知道，如果你将这 1 美元进行投资，5 年之后会翻一番？以后每 5 年都会翻一番，等你到了我的年纪，50 年之后，这 1 美元就会变成 1 024 美元。你现在有这么饿吗？真的需要用 1 000 美元去买个热狗？’我想我当然不至于这么饿。在这短短的一瞬间，他教会了我三件事：金钱的价值；复利的价值；自己带钱的重要性。”

大约在这期间，处于青春叛逆期的克里斯加入了共产党，他佩戴着列宁胸章，赞扬卡尔·马克思，引用毛泽东的话，而不是沃伦·巴菲特的话。他将自己的父亲称为“资本主义的走狗”。谢尔比将儿子这种反叛斥为“巨大扭曲”。

克里斯卧室的墙上挂着切·格瓦拉的画像，用于在政治上对抗挂在爷爷戴维斯办公室墙上的画像：胡佛、杜威、尼克松、福特、基辛格、里根、布什，以及其他一些共和党的大佬们，还有那些印制在羊皮纸上的奖状与证书。

克里斯喜欢动物，从高中时期的暑期度假开始，他就在布朗克斯动物园工作，是义务劳动。他在诊所打扫笼子。作为一个动物爱好者，他认为自己可以成为一个很好的兽医。他参加了康奈尔大学的预科班，并计划成为一个全日制学生，但是学校顾问建议他先用一年时间做些别的事情。当时，远在苏格兰的圣安德鲁斯大学正好在招收美国学生，克里斯提交了申请并被录取了。他原本打算在那里待 1 年，但实际上待了 4 年之久。那里的学费便宜，还可以摆脱父母的监控。“苏格兰是那种你看第一眼就会爱上的地方。”他说。

在苏格兰，当克里斯和女朋友一起住在大学附近的一个放羊农场小屋的时候，他发现了自己的另一种爱好。他将自己的生活费用安排妥当，每周只需要 8 美元：4 美元购买食品、杂货，4 美元偶尔买点啤酒。他毕业时获得了哲学和神学硕士学位，并发现自己对于牧师这个职业很有兴趣。

毕业之后，克里斯在位于巴黎的美国大教堂担任牧师助理。掌管该教堂的利奥神父正好来自戴维斯一家在塔克西多住宅附近的一座教堂，也是戴维斯家的朋友。克里斯就睡在教堂一个阁楼的地板上。几英尺下方有张桌子，电话放在桌子上，他每次接电话时需要斜着身子靠在栏杆边上接听。有一次，他接电话时还从上面掉了下来。如果有人想参观他的“房间”的话，需要经过一个大大的十字架才行。

克里斯在苏格兰期间与爷爷戴维斯见过面，戴维斯曾到苏格兰访问当地的一些人寿保险公司（life insurance 这个词在苏格兰称为 life assurance）。苏格兰这个国家拥有很多执着的储户、坚定的投资者，以及历史上最早有记录的共同基金。很多机构，包括保险公司，都来倾听戴维斯的建议，并通过他的经纪公司下单交易股票。

当戴维斯看到自己的孙子支持毛泽东、反对华尔街、喜欢研究神学，并没有生气。他开玩笑地对克里斯说："哲学和神学为你的投资提供了良好的背景。为了投资的成功，你需要哲学。在你遭受折磨的时候，你需要祈祷。"有一次，克里斯旅行到了伦敦，和戴维斯一起吃晚餐。当时，戴维斯住在伦敦一家著名的酒店里，克里斯住在一个贫民窟的公寓里，因为他有些激进的朋友住在那里。在这种情况下，如何穿衣成了一个问题。克里斯既不能在同屋室友面前穿着夹克、打着领带，很酷的样子，也不能穿着激进分子风格的破衣服进出戴维斯住的豪华酒店。为了避免在两个地方都尴尬的局面，他穿着破衣服离开公寓，将那身资本主义的行头装在塑料袋里。他计划在酒店的公共卫生间里换衣服，但是门卫拒绝他进入酒店大堂。于是，他只能围着酒店绕圈，然后找了一个侧门溜进去。

和爷爷一起吃饭的时候，克里斯说起前后的经过，戴维斯听起来很有兴趣。他很欣赏克里斯居然可以从哥儿们那里找到在伦敦免费的住所。在如何节约这个美德上，这位共和党大佬与马克思主义支持者竟然达成了一致。

这爷孙两人一起在瑞士徒步旅行，当戴维斯与瑞士保险公司的高管会晤时，克里斯就坐在一边旁听。这种场景仿佛是戴维斯带着儿子谢尔比当年情形的重现，只是隔了一代人。实际上，在这段时间，克里斯从爷爷戴维斯身上学到的，比从父亲谢尔比身上学到的还多。谢尔比在帮助克里斯办理了圣安德鲁斯大学入学手续之后，直到克里斯4年之后毕业时，再也没有来过苏格兰。就像之前提到过的，谢尔比与安德鲁失去了联系，与女儿多莉也仅仅是偶有联络，对于多莉最新的恋情也毫不知情。一次，他连续几个晚上打电话到多莉在哈佛大学的宿舍，运气实在不佳，每次都是她的室友接电话，不是说她在上课，就是说她在图书馆，或是在洗澡，诸如此类。之后，他才发现多莉是飞到英格兰去修复恋情了。

克里斯从圣安德鲁斯大学毕业，获得了神学硕士学位。但是利奥神父帮助他认识到他并不适合做牧师。此前，他已经意识到自己比较适合做兽医。这样，他搬回到美国，在波士顿居住。他母亲的家族在当地颇有名望，他哥哥安德鲁也在波士顿实习工作。

由于他的硕士学位和国外的经历，克里斯考虑过在政治和国际事务中的多种职业生涯。他申请过中央情报局（CIA），因为他认为自己早期受到的如何进行公司分析的训练，有助于进行间谍工作。但当中情局向他提出一些“八卦问题”之后，克里斯撤回了工作申请。之后，他尝试着在教育领域找份工作。他向波士顿公共学校发出教师职位的申请，但是由于没有教师资格证而未能成功。

在被拒绝了数次之后，他向波士顿一家投资公司——普特南公司——提出工作申请，但连面试的机会都没有得到。在与该公司秘书闲聊的过程中，秘书告诉他，如果可以早上8：30来的话，她可以安排克里斯与公司老板聊聊。果然，克里斯与老板乔治·普特南终于有机会见了面，但还是没有得到工作机会。他从来没有提到自己是戴维斯的孙子，尽管他知道爷爷与普特南是老朋友。

三个孩子从大学毕业之后，谢尔比每月给每个人500美元零用钱。虽然这种"家庭安全网"足以支付克里斯的房租部分，但他不能只靠500美元而不找工作。从他爷爷戴维斯那里借钱是不可想象的，这个老头连1美元都会拒绝借出，因为这1美元意味着50年后的1 000美元，他不会为杂货食品店的购物券而发狂，也不会用首付款买车。爷爷戴维斯一直坚持认为："你不会从我这里得到任何东西。这样，你就不会失去自己赚钱的乐趣。"

急于找到工作的克里斯仔细查阅了《波士顿环球报》的分类广告，终于发现了道富银行的一则培训计划广告。父亲谢尔比建议，这家银行的基金业务正处于快速发展阶段，正在大量招人。克里斯心中忽然想起来，自己的父亲、哥哥、继父都是在银行得到的培训。可以说，银行和这个家庭有缘。

由于克里斯声称自己在大学里辅修了会计课程，道富银行接受了他。为了弥补这个小小的谎言，他在夜校修了会计和经济学课程，这两门课程他在学校都没有学过。白天，他在波士顿郊区道富银行 IBM 式的校区接受培训。培训结束后，银行安排他在每天交易结束后计算一系列基金的净值。

在经过数月的计算基金数据工作之后，克里斯被一家小型华尔街投资公司挖走了。这家公司的老板和实际运作人是格雷厄姆·田中先生。在成立自己的投资公司之前，田中先生曾经在 J. P. 摩根和丰信国际信托工作过，在那里，他与克里斯的父亲一起工作。当时，田中正在寻找青年才俊，谢尔比鼓励儿子前去申请。克里斯获得新工作后，搬到了纽约。白天，他为田中先生进行分析工作；晚上，他在世贸中心附近的保险学院进修课程。一天晚上，他在学校图书馆里学习，他抬起头来，看到了墙上挂着他爷爷戴维斯的画像。他询问了图书管理员，才知道原来这个图书馆正是谢尔比·卡洛姆·戴维斯图书馆，是他爷爷捐资建造的。

作为田中公司的保险专家，克里斯参加各种会议、拜访各类公司，与 CEO 们会晤，以期区分哪些是脚踏实地的实干家，哪些是徒有虚名之辈。90 年代后期，在一次由全球保险巨头丘博保险公司赞助的早餐会上，他遇到了父亲和爷爷。这是一次重要的相聚，戴维斯家族的三代人一起出现在同一个会议中，对同一家公司进行调研。他们三个人相互都不知道其他两位会参加。

在走廊喝咖啡的休息时间，爷爷戴维斯提出了一个克里斯无法拒绝的机会："过来跟我干吧。"他说："帮我做事。"于是，克里斯离开田中，搬到了戴维斯的松树街公司总部。戴维斯并没有安排他工作，但是出于爷孙俩的亲密关系，克里斯并没有感到失落而不快。

克里斯好奇地想："是不是父亲有意让自己进入这个行业？他安排了我们三个在丘博早餐会上的相会，然后爷爷发出邀请。想想有些令人不可思议。"

第十七章/*Chapter Seventeen*

家族三代全亮相

耄耋之年的慢跑者

戴维斯的年纪越来越大了，与此同时，家族第二代的谢尔比也开始考虑自己的退休问题，家族第三代准备接班。他们已经在其他公司得到了磨炼，证明了自己的能力（安德鲁在潘恩韦伯证券公司，克里斯在田中公司），现在，他们准备接手家族的金融事务。

克里斯离开田中公司后，成为爷爷办公室里的全职员工（爷孙俩的办公桌仅仅咫尺之遥）。克里斯注意到爷爷椅子靠背上搭着一件旧的泡泡纱夹克，蓝色的条纹已经磨平，白色条纹已经泛黄。但戴维斯一直穿着件较新的夹克，从不脱下来，于是克里斯认为这件旧夹克或许只是一件纪念物。一天，他突然问爷爷："椅子上的旧衣服是怎么回事？"

戴维斯说："那是为了应付银行信用审核官员准备的。他们会经常来看看，检查发放出去的融资贷款是否安全。他们会悄悄地来，不会提前通知。如果他们来的时候，没有见到老板迎接，他们会怀疑老板出去玩了，没有人负责。如果他们看到这件旧衣服搭在这里，他们会认为我只是出去喝个咖啡。"

"那件衣服在那里多长时间了？"克里斯问。

"20 年了。"戴维斯回答。

每当爷孙俩离开办公室去参加分析师会议的时候，戴维斯总是一路慢跑，他用手拽住外套，以免被风吹得飘起来。一个八九十岁的老人，穿着西服在风中慢跑，这是个很有趣的画面。对此，戴维斯的解释是："如果一个客户在大街上看到我这个样子，他就知道我不是一个懒惰的人。"

戴维斯每周出一期保险通讯，克里斯会撰写一个段落作为样本。让克里斯吃惊的是，这些自己执笔的段落会原封不动地出现在下一期的周刊上。渐渐地，从写一段到写两段，最终保险周刊的事情由克里斯完全负责。克里斯说："我告诉爷爷，他可以完全放心由我来做这件事。"在两年的时间里，克里斯至少写了 50 篇通讯。他改变了通讯的版式，省去了爷爷每次都印刷的数据，因为现在每个投资人都能从电脑上得到这些数据。他用省下的空间对特别的公司进行分析报道。经过版面改进的每周保险通讯并未吸引更多的读者反馈，影响力与旧版差不多。

于是，克里斯问戴维斯："既然没有什么读者，我们为什么还要费心做这个呢?"

爷爷回答："做这个每周保险通讯并不是为了读者，而是为了我们，为我们自己。将想法写成文字，会迫使你进行深入的思考。"

克里斯从爷爷那里学到了不能仅仅从表面现象来衡量收益。戴维斯教他如何分析保险公司的保单，保险公司新销售的保单尽管短期有持续的报告亏损，但具有内在的潜力，因为保险销售的佣金和市场费用都在前期扣除，而一张在未来 30～40 年可以为公司带来收入的保单已经记录在案。

每天早上，戴维斯仍然搭乘最早班的塔里敦往返火车，但是他的精力已不如从前。渐渐地，他将重担交给了克里斯，而克里斯也乐于接受此任。当克里斯全面接管每周保险通讯的工作之后，他将注意力转到了戴维斯为数不多的几个客户的"公司账户"上。他说服爷爷对管理的这些投资账户收取管理费，而不是仅仅偶尔卖出时收取佣金。戴维斯认为这个建议不错，并任命克里斯为经理。

当戴维斯的客户们发现他让25岁的孙子克里斯（没有MBA学位）管理账户时，出于礼貌，并没有做出什么特别的动作。克里斯说："为什么他们不应该谨慎些？我的历练有限，又年轻，还与老板是亲戚关系。但是，经过一段时间后，事实的结果说服了他们，我并非仅仅依靠裙带关系而得到雇用。尽管我没有MBA学位，但无论是爷爷还是父亲，他们都认为在投资公司中，学历并不是必需的，甚至未必是有用的。"

"爷爷卸下的担子越多，他就感到越轻松。我从他的脸上可以看得出来。他已经放下了重担。"克里斯说。

克里斯接过责任重担之后的那个夏天，戴维斯、凯瑟琳夫妇和他们的一对夫妇朋友一起，在缅因州进行一场龙虾野餐，结果迷路了。他们将车停在路边，然后扛着沉重的装备，穿过树林，沿着一条熟悉的小径走到遍布礁石的海滩。他们顽强地在冰冷的海水里游泳，引燃炭火，喝着波本威士忌炖的肉汤，吃着龙虾。杯盘扫尽，大快朵颐之后，天色渐渐变暗，戴维斯他们竟然无法找到之前走过很多次的来时的林间小道。他在灌木丛间跌跌撞撞，腿也被树枝划出了口子。由于一直不见他们回来，管家打电话给海岸警卫队，海岸警卫队将情况通报给当地警方。救援队伍终于在日出时分找到了他们，两对夫妇在树林中度过了寒冷的一夜。

戴维斯："我不相信技术"

这次出行中发生的失误是戴维斯年老体衰的最早警示。此后，他去办公室更少了，也顾不上克里斯了。戴维斯总部已经没有什么特别的事情需要处理，公司的承销业务也告结束，他的电话通常很安静，在各地的办公室也解散了。数年之前，谢尔比曾经建议父亲应该将公司卖给 E. F. 赫顿公司。但赫顿公司在考察之后，得出的结论是戴维斯的公司除了戴维斯之外，没有什么价值。最终，这个交易未能实现。

1992 年的一天，戴维斯来到克里斯的办公室，带来了一个能装下超大尺寸地图的蓝色活页夹，里面是厚厚的电脑打印稿。克里斯从头翻阅，翻着翻着，他忽然意识到自己正在阅读的是爷爷戴维斯的职业生涯。这些资料按照公司名字的字母顺序，排列在绿色和白色条纹相间的纸上，记录了半个世纪以来的投资损益。克里斯从来没有见过这个打印稿，他知道谢尔比也没有见过。此时此刻，克里斯的感觉就像受邀进入了一个艺术界的隐士从未公之于众的隐秘工作室。

"你看一看这些，然后给我一些建议，卖掉哪些，保留哪些。"戴维斯实事求是地说。"我仔细看看。"克里斯答应道。爷爷居然会征求别人的意见，他感到不可思议，并为此感到荣幸，受宠若惊之余也略感不安，因为爷爷没有问谢尔比同样的问题。克里斯不清楚戴维斯是否愿意让他将资料给谢尔比看。也许，戴维斯间接的意思是让克里斯作为管道，征寻与他关系疏远的儿子的意见或赢得儿子的欣赏。

几个小时后，克里斯将资料放在背包里，骑自行车回到他的公寓。他决定无论爷爷的真实意图如何，他都应该与父亲谢尔比一起阅读这些资料。当天傍晚，他搭乘火车回到塔克西多公园的家里。谢尔比和克里斯父子二人坐在餐厅的桌旁，一页一页翻阅戴维斯给的资料，查看上面的持股记录。

谢尔比留意到这些持股中，有十几只股票是他曾经持有和推荐过的。其中包括丰信信托公司。戴维斯在丰信收购了他儿子的公司（谢尔比、帕尔默和比格斯合伙创办的公司）之后买入了这家公司的股票。还有房利美，谢尔比在80年代初以来持有和推荐过该股。还有纽约风险基金，这样说来，戴维斯也买了谢尔比的基金，但没有声张。还有英特尔，一般说来，谢尔比不会碰科技股，但这家公司给他留下了深刻的印象，以至于英特尔股票是他基金的前十大持股之一。他曾经向戴维斯大力推荐过英特尔，但遭到父亲的一口回绝，戴维斯说："我不相信技术。"

翻阅的过程中，谢尔比一句话也没有说，但是克里斯可以看出他被感动了，因为这些资料表明戴维斯悄悄地采纳了他的建议，并投资了他所钟爱的股票，还投资了他的基金。克里斯回忆说："英特尔、房利美、纽约风险基金，这些词对于父亲而言，是他成年之后，一生都在等待的赞誉之词，但爷爷从来没有亲口说出来过。"

"我相信父亲和爷爷都想与对方联系，"克里斯继续说，"但是他们两人的个性都太执拗，都希望对方先主动，我夹在中间，所以，我的角色是通过这次投资组合的分享让他们能够重新团聚。"

整个晚上，谢尔比和克里斯父子都在翻阅这些资料，它就像一个摸彩袋一样，呈现的投资记录有盈有亏。戴维斯将 3/4 的资产投资在全球范围的 100 家保险公司，其余的 1/4 分布于不同行业、不同规模的 1 500 家公司。戴维斯持有的大部分公司在价值线通讯的评分体系中都位居前列。为什么戴维斯持有这么多只股票呢？谢尔比解释说，这与戴维斯一直没有摆脱"持有 1 000 股"的习惯有关。在戴维斯的投资组合总值成长超过 1 亿美元之后，他给交易商打电话时常常会这样说："查理，给我买进 1 000 股。"当他有那么多资金需要投资，在保持满仓的情况下，他持有很多公司 1 000 股的股票，记录这些公司名字的本子足以与一个小镇电话号码簿相媲美。

谢尔比在掌管纽约风险基金的时候，每只股票的持有单位为 1 万股。1997 年，当克里斯接手的时候，基金的规模更大了，他的交易单位为 50 万股。"50 万股惠普？你疯了吗？"谢尔比会这么问。这个数字在他看来已经是巨额交易，实际上仅仅占基金资产规模的0.5%，但谢尔比一时难以适应这一交易量级的巨大变化。

大钱来自少数的几个赢家

戴维斯交给孙子克里斯的资料记录，清楚地表明了是什么因素使他跻身福布斯富豪榜。带给他真正成功的，并不是那些厚厚的、像电话号码簿的长长股票名单，而仅仅是其中为数不多的几只。这几只股票是戴维斯从60年代起就一直持有的股票——惠氏金融、劳森伯格、沃霍尔。相对于公募基金每年换手率能高达100%的做法，以及大众在股票和基金交易上杀进杀出的短线行为，戴维斯的做法可谓忠诚之极，他在1950年持有的股票，到了1990年依然保留在投资组合里。

他持有的汉克·格林伯格的AIG股票此时价值7 200万美元。他在1962年投资64.1万美元持有的日本东京海上火险公司的股票此时价值3 300万美元。戴维斯另外持有的三只日本股票——三井海上火灾保险、住友海上火灾保险、安田海上火灾保险——加在一起价值4 200万美元。

在美国国内的投资，除了格林伯格的AIG之外，戴维斯排在第二位的最佳投资与巴菲特有关。他竟然持有巴菲特的旗舰公司——伯克希尔·哈撒韦公司——3 000股股票，价值成长为

2 700 万美元。他还从其他五家保险公司中获利 7 600 万美元，包括托马科、怡安、丘博、资本控股、进步保险公司。此外，他还从房屋按揭贷款的打包商——房利美那里赚了 1 100 万美元（这应该感谢戴维斯家族的第二代谢尔比）。

这 12 只股票一共价值 2.61 亿美元，换成今天的计算方法，至少相当于中两次或三次强力球彩票的大奖。戴维斯仅仅用了最初 5 万美元赢得了大奖，这笔奖金用了 50 年的时间来累积，在这个过程中，他仅仅从中提取很少的、可预计的资金就可以过上舒适的生活。一旦他买入了优秀的公司，他最佳的决策就是一直持有，永远不卖出。他坐拥保险股票，度过了每天、每周、每月上上下下的波动。他坐在那里，经过了温和的熊市、严酷的熊市、崩溃、调整，不动如山。他坐在那里，看着分析师们忙忙碌碌地上调和下调公司评级，看着技术图形发出的卖出信号以及基本面的变化。但只要他相信公司继续拥有强有力的领导层以及持续的复利增长能力，他就一直持有。

如果将巴菲特的公司也算作保险公司的话（伯克希尔·哈撒韦公司在保险行业有大量投资），戴维斯十二大持股赢家中有 11 家属于保险公司。唯一例外的房利美也类似保险公司，它既是借方又是贷方，做的是房屋按揭贷款和债券业务。

戴维斯投资组合中的次一级赢家（为他赚了 400 万～900 万美元）也是保险公司。这个名单包括圣保罗、CAN 金融、汉诺威、哈特福德蒸汽锅炉保险公司（出售工业锅炉保险）、肯珀、普美利加、萨菲科、20 世纪、美国人寿、康萨可以及其他一些公司。这个投资组合赢得胜利的关键在于：为数不多的大赢家是那些值得终生进行的投资，而且需要很多年才有可观的升值。戴维斯组合中的十二大赢家股票都是自 70 年代中期以后就一直持有的。任何一个年轻、没有经验的投资新手比之成熟、经验丰富的老手都有一个优势：时间。

在这些资料记录的亏损部分，谢尔比和克里斯发现这里记录了各种各样的失败、炸弹、财富毁灭者或任何股票投资者希望永远不会遭遇的名词。在数以百计的亏损案例中，戴维斯代价最为高昂的一次失败发生在一家名为第一执行官公司的身上，这家公司持续负增长，最终导致 250 万美元化为乌有。在该公司陷入死亡旋涡时，戴维斯不仅没有抛出，而且将其记录在案。

总而言之，戴维斯的错误相对于他的成就而言，就像一只小虫子相对于一头大水牛一样微不足道。他的投资组合再一次证明，就其投资的一生来看，即便买了一大堆表现平平的股票，只要有限的几个表现良好，也足以收获不菲。

令人好奇的是，作为债券“不共戴天”的敌人，戴维斯竟然买了 2 300 万美元的债券组合作为股票投资的补充。考虑到相对于股票数量的量级，戴维斯在债券方面的投资仅仅是象征性的，幸亏仅仅是象征性的。当利率下跌，大部分债券都升值了，但是戴维斯买到的债券却下跌了。如何解释这种低于对标基准的表现呢？原因是他没有买可靠的美国国债，而是买了高收益的垃圾债券，而且他还买了错误的垃圾债券，忽视了其中的致命缺陷，它导致长岛照明、东方航空以及其他几个著名的储贷社欠账不还。戴维斯在股票研究方面的执着顽强放在债券方面却根本不是那么一回事，他在债券投资方面的糟糕表现提醒我们，盲目地选错债券如同盲目地选错股票一样，都代价高昂。

在谢尔比和克里斯怀着钦佩之心，阅读完戴维斯提供的这些资料后，他们开始讨论如果将来有一天，戴维斯没有能力处理他的投资事务时，应该如何做好应对准备。尽管没有一个明确的方案，但大致的想法是，届时将戴维斯的资产放到谢尔比管理的纽约风险基金，以及一系列不久将发行或合并的新基金中。与此同时，克里斯和安德鲁会参与管理这些新的投资组合，如果他们干得不错，他们就可以管理新增的这部分戴维斯资产。两代人积累的财富，以及数量可观的公众投资人的资产，现在交到第三代人的手里。

谢尔比如何从陷入技术性破产的花旗银行获利 20 倍

1990 年，伊拉克的萨达姆·侯赛因和他的“吉斯通式警察”

部队洗劫科威特，由此引发的海湾战争导致石油价格飞升，股市大跌。在道琼斯指数首次突破 3 000 点之后，下跌了 20%。东京股市崩盘，日本道琼斯指数（日经指数）大跌 48%。海湾战争结束后，美国经济陷入短期的萧条。美联储降低利率，股市随着企业利润的改善而有所攀升。苏联上演了 20 世纪的第二场革命，在 70 个小时内，共产主义和米哈伊尔·戈尔巴乔夫被取代。

美国婴儿潮的这一代人将数十亿美元的资金投在了共同基金里，希望投资组合能带来无忧无虑的退休生活。他们旺盛的购买力使得 20 世纪 90 年代的股市成为自 20 世纪 50 年代以来最好的十年。

1991 年的经济萧条相对短暂温和，但这让银行系统出现了紧张气氛。当时的银行业还没有从 80 年代后期的过度放贷中缓过劲来，它们给购物中心、高层建筑以及企业收购兼并提供了太多的资金支持。在陷入窘境的著名银行中，花旗银行实际上已经技术上破产。另外，至少有 40 家银行陷入或接近陷入同样的窘境。

花旗银行曾经是一家不可以说“No”的银行，但它向沦为笑柄的加拿大人罗伯特·康波说了“Yes”，向他提供贷款资助其米提耶斯可计划，去收购美国最大的连锁百货公司。它向房地产投机者说了“Yes”，而房地产市场已经建设过度。而在此时，那些早年借给腐败的、负债累累的拉丁美洲政府的贷款形成了巨大的不良资产，银行业还没有从拉丁美洲呆坏账的打击中恢复过来。

到了 80 年代后期，过剩的商业地产令这家曾经骄傲风光的跨国银行陷入技术性破产的境地，因为“不良资产”达到了总资产的 6%。“不良资产”就是银行那种“我们希望当初没有发放这些贷款”的委婉说法。花旗银行的坏账准备金已经不足以覆盖坏账，它的股价也从 35 美元之上跌到了 10 美元以下。

那个时候，花旗银行只能进行“微量”资本运营了。如果监管当局照章办事的话，花旗会面临被政府没收或清盘的命运。对股东而言，幸运的是，花旗银行被列入“太大而不能倒的类别”[①]。监管当局允许它在联邦政府的监督之下继续经营。在达成的谅解备忘录中，花旗银行承诺所有重大决策均征求美联储和美国货币监理署的意见。

花旗那位糟糕的董事长约翰·里德并不感激政府的主动建议，但至少，他的银行不用被清算了。没过多久，一位来自科威特的石油王子*带来了大笔救急的资金。海湾战争不但是一场保护科威特油田的战斗，同时也挽救了美国最大的银行。

---

① James Grant, *The Trouble with Prosperity*, Times Books, Random House, 1996, P. 175.

* 这里应该指的是后来被称为“中东巴菲特”的沙特王子阿瓦里德，他凭借此次投资花旗一举成名。——译者

银行业的麻烦和萨达姆带来的熊市给谢尔比提供了一个最新的机遇，让他有机会去探索自己熟悉的领域。就像每一个媒体财经版面的读者和财经电视的观众一样，谢尔比满耳朵听到的都是关于花旗银行耸人听闻的爆炸性预测，以及关于富国银行房地产贷款坏账加速恶化的消息。花旗银行和富国银行的糟糕股价已经反映出它们的困境。谢尔比拒绝随波逐流，他认为美联储不会让这类具有一流影响力的银行倒闭（事实上，美联储主席格林斯潘已经下调了短期利率）。

现实的答案打消了他的疑虑。富国银行知晓内情的人告诉谢尔比，银行的贷款问题并没有头条新闻报道的那样严重。银行已经搬迁到了南加州，希望能够受益于该地区的快速发展。在超市自动取款机市场方面，富国银行击败了众多竞争对手。在富国银行主席卡尔·赖卡特身上，谢尔比发现他具有不说废话的领导气质，是那种可以激发戴维斯进行最佳投资的领袖人物。赖卡特告诉谢尔比："我自己在富国银行投资了 5 000 万美元，我不会让你亏钱的。"后来，当富国银行与西北银行合并，又得到了两个得力干将，顶级的经理人迪克·科瓦索维奇和莱斯·彼勒。

带着略有惊惧的心情，谢尔比买入了富国银行的股票。他不愿被动陷于坏消息的惊吓，所以他密切注视着银行业的最新发展情况。"晚上，我会因为对于一些细节的担心而惊醒，第二天，我会电话查询。在 6 个月的时间里，我至少打了 20 个电话。渐渐地，我越来越相信他们已经控制住了麻烦。”

这里还有一个“英雄所见略同”版本的花边新闻：沃伦·巴菲特也买了富国银行股票。就像巴菲特和戴维斯持有相同的保险公司股票一样，巴菲特和谢尔比竟然喜欢同一家银行。

但是这两位伟大投资家对于富国银行的看好并没有令做空的费什巴赫兄弟感到困扰，华尔街大多数有名的悲观主义者都非常不看好富国银行。判断失误令他们管理的资金付出了利尔喷气式飞机以及数以十亿美元计的代价。

花旗银行的情况比富国银行更糟糕，但谢尔比对于花旗全球化的布局印象深刻。当谢尔比还是一个十几岁的青少年时，戴维斯一家去远东旅行，他遇到了花旗银行缅甸分行的头儿。那人将花旗各国的分行比喻为遍布世界的大使馆。40 年后的今天，谢尔比喜欢全球化的公司，花旗的这次危机为他提供了一个捡便宜的机会。尽管它愚蠢的放贷行为，尤其是在第三世界发放的贷款，造成的损失几乎要了它的命（在国外做生意可没有那么容易），但谢尔比认为美国银行当局不会让花旗倒闭。在削减昂贵花费的努力中，花旗的老板们收紧了放贷部门业务的钱包。同时，他们聘请了“品牌提升顾问”帮助花旗——重新命名为花旗集团——利用其声望进行发展。

经过 10 年的时间，谢尔比在花旗的投资获利 20 倍，在花旗与旅行家金融集团合并之后，他得到了更多的花旗股票（因为谢尔比掌管的纽约风险基金本来就持有旅行家金融集团的股票）。合并之后的新花旗集团由桑迪·韦尔、旅行家金融集团的CEO和另一位戴维斯式风格的领导共同管理。一个杰出的领导人往往能带领企业创造出无法用计算器计算出来的成功，韦尔就是一个例子。就像AIG的格林伯格一样，韦尔的任务就是“收购、成长和降低成本”。他完美地达成了这三个目标，并实现了他的承诺：让花旗集团的利润每5年翻一番。

克里斯管理公司的投资账户很成功，这给谢尔比留下了深刻印象。1991年他委任克里斯为新成立的戴维斯金融基金的基金经理。当时新闻上依然是连篇累牍关于银行业危机的报道，整个银行板块呈现出令人无法抗拒的低价格，在这个领域，克里斯的选股能力终于有了大展拳脚的用武之地。此外，婴儿潮的这一代人开始为退休而理财，受益于此，整个金融服务行业进入了新的发展阶段，就像第二次世界大战之后，婴儿潮那代人的父母为子女购买保险而使保险公司受益一样。

“一个普通的基金无法持有90%的金融板块，我希望能够专注。如果我有不错的表现，也许有机会在我父亲退休之后管理纽约风险基金。戴维斯董事会负责这些决策，我希望能向董事会证明自己。”克里斯说。

运用家族“投资于杰出领导者”的投资秘籍，克里斯选择的赢家是艾利·布罗德领导的保险公司——太阳美国公司。30年前，谢尔比的合作者杰里米·比格斯曾经以风险投资的形式参与过布罗德的房屋建筑公司——考夫曼－布罗德公司。布罗德和他的助手们规划建造了2 000个居民社区，大多数出售给了婴儿潮一代。现在，布罗德销售金融产品，销售的对象正是那些当年买他房屋的人。太阳美国保险公司拥有500亿美元的退休资产。基于克里斯的分析，谢尔比将太阳美国的股票列入纽约风险基金的最大持仓股之一。它不负众望，股价持续上涨了20倍。

管理基金的日子并不像听起来那样沉闷无趣。一只管理10亿美元资产的基金，如果平均的换手率达到100%，相当于每年的交易达到了10亿美元。那些供职时间足够长的基金经理人所经手的股票名称足以填满一个小镇的电话号码簿。一些股票被买入，然后获利卖出；一些股票从持有到被卖出，再被重新买入。基金经理或许后悔卖掉一些股票，但也许后悔买入另一些股票。正如作家们不愿意再阅读自己早期的作品，演员们不愿看自己早期的电影一样，基金经理也不愿意思考昔日犯过的错误。

克里斯所犯的一个低级错误是敦促父亲将房利美股票踢出纽约风险基金的投资组合。谢尔比采纳儿子的建议，然而，房利美以4倍的涨幅嘲讽了这个决策。克里斯后来回忆道："是我编造了一个令人无法抗拒的故事，让人不去持有这只股票。房利美渡过了储贷社危机，茁壮成长，他们将房屋按揭贷款打包，然后再次出售。在我编造的故事里，这种意想不到的幸运已经一去不复返了，房利美前景黯淡。但事实是，房利美继续保持了激动人心的前景。自从做了这样的令人遗憾的误判之后，我一直努力不再去先编制一个故事，然后去找数据来支持这个故事。”

在下班之后的时间里，谢尔比和克里斯开始规划着如何逐步清理戴维斯的持股。谢尔比打算先卖出一些差股，用于抵消出售赢家获利的利得税。谢尔比称之为“春季大扫除”。克里斯说：“有一天，我向爷爷提起了春季大扫除，着重强调了这样做可以抵消一部分爷爷所痛恨的税收，但没有提到父亲认为爷爷持有的股票当中，有一些当初买进时就受到了误导。如果提起这些，一定会激起爷爷的怒火。”

“我鼓起勇气直截了当地问爷爷，当他百年之后，希望我们如何处置他的投资组合，”克里斯说，“他的回答令我很吃惊，他说：‘我希望我的钱都放入戴维斯基金里。’他已经经过思考，认为将投资组合交由谢尔比掌管是个鲁莽的策略，如果这样的话，对于管理不善就没有惩罚措施。如果将钱交给基金管理，基金会的董事们会看护好资产。如果谢尔比的表现太差或他的继任者表现太差，董事会可以另寻新的基金经理人。”

克里斯将自己与爷爷的对话转告给谢尔比，没有多久，家族三代人开诚布公地一起讨论了资产转移问题。差股被立即处理掉，投资组合的大部分被保留，等到戴维斯百年之后再出售。

与此同时，纽约风险基金的表现继续领先于同行，并且远远跑赢大盘，谢尔比的基金投资者名单不断扩大。他掌管了从林肯国民保险公司旗下子公司收购来的三只基金，并且将这三只基金重新命名为戴维斯成长机遇基金、戴维斯高收入基金、戴维斯免税收入基金。他分别给每一只基金聘请了新的基金经理。没过多久，又有两只新基金——精选美国基金和精选特别股票基金落入他的囊中。经过了公司内部一番关于管理费和佣金的争论，原先的管理队伍（肯珀）被解雇，基金交由谢尔比管理。谢尔比接手之后，即刻清掉了无利可图的消费股，买入了银行、保险和券商股。

当他完成了这些改造工作之后，精选美国基金与纽约风险基金就像孪生兄弟一样。两只基金的唯一区别在于，后者收取客户佣金，而前者免收佣金。

兄弟齐心

纽约风险基金的管理公司是纽约顾问公司，在这家公司的股东构成中，马丁·普罗耶科特持有55%的股份，因为是他在

60 年代后期创建了这家公司。由于普罗耶科特的控股股东地位，他对于谢尔比的霸主地位构成威胁，因此，谢尔比提出来收购他持有的股份。同时，他将老朋友比格斯手中持有的股份也收购了。克里斯也出资参与了这场收购，为了省钱，他住在格林威治村的一个没有电梯的公寓里。

收购完成之后，纽约顾问公司更名为戴维斯精选顾问公司，由戴维斯家族完全掌控。谢尔比在世界贸易中心负责运作，克里斯在他第五大道的新地址工作。随着摩根士丹利、潘恩韦伯以及其他金融大公司的搬迁，克里斯也将爷爷位于松树街的办公室搬到了纽约上城区。为了原封不动地保留戴维斯的传统，克里斯将爷爷的全部家具一起搬迁，VIP 照片以及各种奖牌，这些物品在新办公场所的会议室里都找到了合适的新位置。

1993 年，克里斯的哥哥安德鲁离开了潘恩韦伯公司，他对于如何穿越公司原有的人际关系网获得升迁感到泄气。在戴维斯家族收购纽约顾问公司之前，安德鲁飞往圣达菲参加一个工作面试，普罗耶科特在那里设立了公司总部。普罗耶科特录用了他，做市场和行政方面的工作。但很快，安德鲁发现自己喜欢的是处理数据和分析公司，正像典型的戴维斯家族的人。谢尔比对安德鲁在潘恩韦伯时在可转换债券方面的成就印象深刻，于是他决定成立一个可转换基金让安德鲁发挥才能，就如同他为克里斯提供金融基金的舞台一样。此外，商业地产的暴跌使房地产股票变得具有吸引力，于是谢尔比让安德鲁和他一起管理一只新成立的房地产基金。

在他们新任基金经理的角色中，克里斯和安德鲁面临着如何在新的市场环境中挑选股票的问题，因为此时的市场，既不像1947年爷爷戴维斯遇到的便宜的市场，也不是1969年父亲谢尔比遇到的过度夸张的市场。

不久之后，安德鲁专心致力于房地产公司的研究，很多是近来刚上市不久的公司。他将家搬到了圣达菲，在那里，他兼顾着投资组合管理和行政事务。安德鲁与克里斯相距有两个时区的距离，克里斯管理着更具声望的金融基金，与父亲更紧密地工作，与爷爷关系融洽，更有可能接棒谢尔比管理纽约风险基金。1993年的一个周末，兄弟二人在科罗拉多的一个滑雪场相会，深入讨论了两人在责任、名声、影响力方面明显的分配不均。

安德鲁告诉克里斯，他并不介意克里斯更为高调的工作方式，他自己更喜欢低调的生活方式。安德鲁觉得自己的个性更接近父亲谢尔比，喜欢平和地合作。兄弟二人相约，一定要维持坦诚的对话，以避免未来发生误解。

宝刀老矣

1993年春天，在一次去瑞士滑雪的旅行中，戴维斯拒绝去滑雪。他在走路的时候，有些奇怪的蹒跚。出于对这个现象的警觉（戴维斯从来不肯错过任何一次滑雪的机会），当他们返回美国时，凯瑟琳送他去看医生。医生检查之后，没有发现什么异样。之后，在塔里敦举办的一次辛辛那提协会午餐会上，戴维斯站起来发表祝酒词，但有些语无伦次，接着忽然向后倒在了椅子上。他试图自己站起来，但无法行走，两个同桌的朋友连拖带拽将他送到出口。

凯瑟琳赶到出事的丈夫身边，将他送往位于曼哈顿河畔的哥伦比亚长老会医学中心。急诊室里的大夫诊断说，戴维斯得了中风，需留院观察。凯瑟琳在医院的豪华病房订了一个房间，那里提供室内现场音乐以及花园里的下午茶。戴维斯现在离不开床和轮椅，病得很重，他接受了头等病房的待遇。经过了两周的治疗，戴维斯不顾医生的命令，一瘸一拐地离开医院，去参加价值线公司董事会的会议。

全家人以一贯的沉着坚毅对待中风，戴维斯家族的人对待受伤、疾病或残疾的态度是“毫不妥协”。在戴维斯女儿戴安娜的丈夫约翰·斯宾塞得了多发性硬化症之后，他的岳父母依然邀请他参加滑雪之旅。尽管他从滑雪坡上跌跌撞撞而下，大家还是加油鼓励他坚持。戴维斯一直很同情关心约翰的病症，这展现了他实际上非常具有同情心的一面。

现在，轮到戴维斯开始以不便的残疾之身旅行了。他不可以走太长的路，疲劳的时候需要轮椅支持。他的医生建议他进行更多的治疗，但是凯瑟琳坚持带他去俄罗斯，并带上了轮椅。他们夫妇二人曾经报名参加乘坐鲍里斯·叶利钦号游艇在伏尔加河上的旅行。凯瑟琳坚持原计划，让克里斯同行。

从伏尔加河的旅行回来后，戴维斯被送回缅因州的家中度过夏天。他的老朋友理查德·默里来探望他。二人坐在门廊，看着海岸线的风景追忆往事。“我可以告诉你，中风对他的脑子造成了损害，”默里回忆说，“他已经无法告诉我杜鲁门是谁，而他当年曾经为杜鲁门的政治对手工作过。”

夏天过后，戴维斯的病情加重，他颤抖得更厉害，记忆力也更差了。他再次被送往哥伦比亚长老会医学中心，他身体衰弱、心神不宁、精神紊乱，并对于由此引起的一系列混乱非常恼火。在爷爷病房外的走廊上，克里斯看到奶奶在哭泣，这是他第一次看到她如此崩溃。“我很害怕，”她说，“我们的好时光已经一去不复返了。”克里斯认为，她能在84岁给出如此定义是一件好事。克里斯说：“如果这是你第一次留意到最美好的日子一去不复返，一定说明你这一生是多么完美。”凯瑟琳在塔里敦的家中安装了一部电梯，并专门聘请了护士给丈夫喂饭、穿衣、吃药，用轮椅推着他四处转转。戴维斯对于这些约束很恼火，经常对护士大声嚷嚷：“离我远点儿。”

戴维斯中风之后，凯瑟琳接管了他在纽约证券交易所的席位，她是（直到本书撰写时依然是）交易所中年纪最大的女性。当戴维斯在 1940 年购买这个纽交所席位时，出于法律的要求，需要一个合伙人，他选择了妻子凯瑟琳，因为他知道她不会横加干涉、胡思乱想或以其他方式妨碍他行事。凯瑟琳并不介意只是挂着戴维斯配偶的标签，仅仅出个名字而已。她对于纽交所的兴趣甚至比对美国国家橄榄球联盟（NFL）的兴趣还要小。40 年来，凯瑟琳从来没有去过交易所。

1994 年年初，一位家庭医生建议凯瑟琳将丈夫搬到一个气候温暖的地方住。谢尔比之前在佛罗里达的霍布桑德买了一个度假屋，是一个位于棕榈滩北部的低调的百万富翁居住的简朴公寓。他敦促母亲在附近租一间房子。戴维斯一向不喜欢佛罗里达平坦的地形，但是凯瑟琳认为那里阳光灿烂，对他有好处，于是她听从了儿子谢尔比的建议。

戴维斯的中风情况愈加严重，他的心智受到了损害。一位医生诊断他得了老年痴呆症（阿尔茨海默病），另一位医生也诊断他得了痴呆。这位曾经在冰冷海港中、在波涛汹涌的大海中游泳的人，现在在后院的游泳池中沾沾水都害怕。一天，他拄着拐杖在租的房子外走动，不慎摔伤了臀部。在此之后，他只能坐在轮椅上，再也站不起来了。可每当谢尔比向他展示最近的投资结果时，戴维斯的精神还是为之一振。戴维斯用 42 年的时间赚了第一个 4 亿美元，谢尔比的基金用 4 年时间帮他赚了随后的 5 亿美元。如果戴维斯更早一些将资产转到谢尔比的基金里，他应该赚的比这多得多。

一家人在佛罗里达度过了春天。凯瑟琳飞往马萨诸塞州参加韦尔斯利学院的校董会，此时，忽然传来戴维斯病危的噩耗。她和女儿戴安娜立刻飞回，守护在戴维斯的床边，家里的其他人也都陆续赶来。当克里斯回来时，走进大门，看到谢尔比坐在床边，轻轻拍着戴维斯的手，让他放心，说一切都会好起来。克里斯说："我被眼前的这一幕感动了。这是我第一次亲眼看到我父亲和爷爷之间最温情的肢体接触。"1994 年 5 月 24 日，戴维斯离世，享年 85 岁。

考虑到戴维斯常说葬礼是对于时间的浪费，一家人围绕着如何举办葬礼争论了一番。当年被问到他希望有什么样的送别仪式时，戴维斯说："最好不要举办这种仪式，因为我的朋友们都很忙，这种事情毫无意义。"凯瑟琳和谢尔比最终找到了一个万全之策（即便戴维斯在世，他也不会反对）：在纽约市中心午时举行仪式。这样，前来道别的人就不会耽误工作了。

很明显，靠近华尔街的圣保罗大教堂是一个上佳选择。但教堂已经被预订举办一场午餐音乐会。经过一番激烈的交涉，圣保罗教堂同意取消音乐会，由此带来的损失由戴维斯家承担。（戴维斯如果活着，是不会同意这样"浪费"金钱的。）

戴维斯一向热爱和支持的爱国者协会派来了 75 名司旗手到

教堂致敬。整个华尔街都能听到风笛手吹奏的悲伤曲调。克里斯引用了爷爷的一段话，发表了感人的讲话。凯瑟琳写下了一句悼词："他是我 65 年以来最亲密的朋友。"戴安娜则举出了父亲如何教育她遵守职业道德的事例。随后，在戴维斯最喜欢的俱乐部——城市中心协会——举办了招待会。

戴维斯留下了一个遗孀、两个孩子、八个孙子和 9 亿美元，这 9 亿美元后来增长超过了 20 亿美元。他在佛罗里达火化，骨灰运回了缅因州。家人将骨灰埋在了自家房屋旁边的空地，并建了一个纪念台。

由于戴维斯指定遗产用于公益，所以，他留下的投资资产清算时可以免征资本利得税。现在这些资产属于戴维斯公益信托，由包括凯瑟琳、谢尔比、戴安娜在内的家庭董事会掌控。在凯瑟琳过世之前，信托收益属于她。将来她过世之后，信托的本金和未来收益都归属于基金会。

戴维斯没有留下什么给谢尔比，戴安娜得到了 500 万美元，但今天的 500 万美元价值远远低于当年她父亲在 1963 年拿走的那 400 万美元。谢尔比公司旗下的基金得到了更多管理资金，但他并未直接得到什么。以父亲为榜样，谢尔比告诉他的六个孩子，别想从他这里得到任何意外之财。当谢尔比进入"回馈"阶段时，他捐了 4 500 万美元给世界联合学院的奖学金，并建立了一个 1.5 亿美元的基金。他基于计划本身的价值而支持他们，但这些行为也在“传递一个信息给我的后人，不要指望依靠家庭的财富而坐享其成”。

自己是自己最大的投资人

由于不用担心缴税问题，谢尔比加快了出售戴维斯投资组合的步伐。他将变现的资金投入各只戴维斯基金，包括从肯珀那里接手过来的精选系列基金。精选基金的董事会希望转到戴维斯家族之后，基金产品能吸引到更多的投资者，他们从来没有想到谢尔比会将他父亲如此多的财富投入基金，以至于该基金 2/3 的资产都来自戴维斯家族。谢尔比，这位曾经为数以千计的小投资人努力赚钱的人，现在为他父亲钟爱的事业而努力奋斗。

“戴维斯基金中有戴维斯家族大量的投资，这使得我们保有优先话语权，”克里斯说，“我们不太关心是否能够吸引更多的投资人，我们更关心的是如何为现有投资人做得更好。这样做，并不是我们出于无私的考虑，而是因为，截至目前，我们自己就是最大的投资人。如果基金净值上升 1%，那么戴维斯家族以及相关的公益事业的获益，远远大于去得到 1 000 万美元的客户投资资金。”

谢尔比大胆而冷静地采取行动，将父亲钟爱的日本保险公司的股票处理掉。历史再一次重演：谢尔比发现 90 年代的日本非常像 20 世纪 30 年代的美国。这两个经济体发展停滞，消费者手头紧、不敢花钱。利率降至历史低点——在日本，利率不到 2%。这样的低利率折磨着保险公司，因为保险公司持有的债券组合无法产生足够的现金去支付索赔，并且有可能无法满足保户的利益需要。

当谢尔比开始出售东京海上火灾保险和其他股票时，日经指数已经下跌了 40%。克里斯对这样的抛售持有异议，他说："爷爷不会这样抛出他钟爱的股票。无论如何，日本已经处于熊市，股市已经触底。这个时候，股市除了向上之外，别无去处。"

谢尔比也同意日本股市会反弹的观点，但他不能肯定近期是否会反弹。无论是以 20 世纪 30 年代为例，还是以稍短的 70 年代为例，历史表明，遭受重大打击的股市如果想恢复，通常需要数年乃至十年的时间。截至目前，日本没有看到任何恢复的迹象。谢尔比的结论是，等待日本的复苏徒劳无益，只会白费时间。1994 年，谢尔比看到美国本土出现了更好的投资机会（就像他父亲在 1963 年发现国外有更好的机会一样），于是与日本说"再见"，将资金投入美国股票，此举非常及时地抓住了华尔街最近一次上涨 300%的好时机。

"坚持住！"

戴维斯金融基金在克里斯的管理下，连续四年超越市场平均回报。1995 年克里斯被提升为风险基金以及它的孪生兄弟基金——精选美国基金——的联席基金经理。他花大量的时间做研究工作。一位记者描述他"因为睡眠不足而眼神呆滞"。在得知克里斯的荣升消息之后，《福布斯》杂志将纽约风险基金从其荣誉榜上除名。谢尔比在这个榜上已经有五年之久，杂志编辑认为，谢尔比过去的辉煌表现不能再作为留在榜上的理由，因为他现在与儿子克里斯共同管理该基金。编辑认为，克里斯只有在未来的某个时点，通过"我们严格的连续性检验"，才能够格。

1994—1997 年，安德鲁管理的房地产基金脱颖而出。但随之而来的是写字楼和商业中心的过剩供给，由于担心破灭，投资者从这一板块撤出资金。撤出的很多资金投入了另一个更为热门的行业：科技行业。对此，安德鲁意志消沉，担心无法完成自己的承诺，他寻求父亲的意见，希望谢尔比给他一些有深度的建议，关于如何应对熊市，就像当年父亲在 1973—1974 年遇见的熊市一样。安德鲁得到了三个字："坚持住!"这并不是他期望得到的，但不久之后，他意识到这三个字是一位"老兵"可以给他的唯一明智回答。

迈入 21 世纪的第一年，房地产以两位数回报强力反弹，相对于科技股的两位数下跌亏损，房地产股是个不错的选择。

第十八章/*Chapter Eighteen*

克里斯接手基金

1997 年，戴维斯家族的第三代克里斯·戴维斯正式接手纽约风险基金的管理工作，这一年距离最近的一次牛市已经是第十六个年头。在这引人注目的时期，代表大势的市场先生的盈利，也就是 PE（市盈率）中的 E（盈利），上升了 4 倍，其中的 P（市场价格）则表现更佳，上升了 8 倍。那些在道琼斯指数黎明之初支付 7 倍市盈率的投资者——当初他们中的很多人还不太情愿——现在却在黄昏之际争先恐后地支付 20 倍的价格。

在这胜利的时刻，谢尔比却急流勇退了。他掌管的基金不仅在 20 年中有 16 年战胜了标普 500 指数，而且在此期间以年化 4.7%的幅度战胜指数。每一个最初 1 万美元的投资已经成长为 37.9 万美元。

谢尔比给了自己一个新的头衔：首席投资官（CIO）。他说：

“克里斯是打四分卫的，我是教练。”为了彰显这种角色的变化，克里斯送给他一件夹克，上面写着“教练”两个字。此时，克里斯的年纪正好是当年纽约风险基金起航时谢尔比的年纪。克里斯证明了自己的实力，赢得了掌舵人的位置。父子二人每周都会见面，他们也经常打电话沟通。谢尔比退居二线之前，纽约风险基金吸引了一大笔新投资资金的加入。这只在1991年30亿美元规模的基金到1997年达到了250亿美元的规模。

市场疯狂再现

克里斯独自掌管纽约风险基金时的市场情形，与谢尔比1969年接手基金时有着一种令人不安的相似之处。谢尔比当时的年代，整个美国只有不到400只股票基金在运作。而现在，基金的成立已经不再受到严苛的管制，华尔街孵化出了不下5 000只股票基金。45%的美国家庭将钱投在了这轮估值虚无缥缈的牛市中。持股比例创下历史新高，而美国的个人储蓄却创下新低。

1969年的时候，市场热点集中在计算机设备、大型主机或以“-ionic”结尾的公司上。现在，市场的热点集中在“.com”、商家对商家的电子商务（B2B）、用户对用户模式（C2C）、芯片制造、网络、互联网公司上。昔日市场上那些“狂野”纵横的家伙，例如格里·蔡、弗雷德·梅茨以及类似的人物，如今被“量化”基金经理以及像瑞恩·雅各布斯这样30出头的互联网传奇人物所取代。据《纽约观察家》的描述，雅各布斯被推上了美国第一互联网基金投资人宝座。在得到这个意想不到的位置之前，雅各布斯只是一个籍籍无名的新闻通讯《IPO价值观察》的记者。在热闹喧嚣的市场上，无论是人还是股票，都会被推到一个不可思议的高度。

令雅各布斯出名的这只投机风格的基金，由雅各布斯一位朋友的兄弟创立，有20名投资人共投资了20万美元。雅各布斯只是将手放在“买入”键上，但是他适逢其时，恰好赶上了互联网的狂潮。* 1998年，他的基金以198%的回报震惊了华尔街。这个结果引发了抢购狂潮，大量热钱涌入，令公司位于长岛巴比伦总部的文件处理工作量陡增。雅各布斯因此登上了《基普林格》杂志的封面，并成为很多溢美文章的报道主角（《纽约观察家》杂志将其描述为“一个马修·布罗德里克式的精瘦且反应敏捷的人”）。

到了1999年，这只互联网基金膨胀到5亿美元的规模，就像当年的格里·蔡一样，雅各布斯觉得他已经可以吸引到足够多的资金，应该脱离原来的公司自立门户了。于是，他从朋友

---

* 正应验了“台风来了猪都能飞”。——译者

兄弟的公司辞职，成立了自己的基金——雅各布斯基金。投资者迅速投入这个新基金1.5亿美元。随着股价的节节攀升以及更多投资资金的涌入，这只基金的资产规模迅速翻番。但随之而来的是，千年虫（Y2K）肆虐引发了互联网崩溃，预言家们之前预计计算机都会崩溃，但是实际发生崩溃的却是计算机类股票的价格。雅各布斯基金损失1/3，以前那些急急忙忙冲进来的客户，现在却要慌慌张张地撤走。

2000年底，根据《纽约观察家》的报道，雅各布斯表示确信自己所选的互联网股票会重整旗鼓，东山再起。但连他自己也不太确信的是，像自己这样一个之前没有经验的人，如何在30岁就能成立自己的基金。

20世纪60年代的那股对于凡是带有“数据”和“-ionic”字样股票的无条件的狂热，在90年代转移到了“.com”和硅谷的新创公司身上。60年代后期，价值投资权威本杰明·格雷厄姆对过热的股市发出警告，但被视为笑柄，无人理会。90年代后期，格雷厄姆的学生沃伦·巴菲特也发出了类似的警告，同样无人理睬。1965年，美联储主席威廉·麦克切斯尼·马丁斥责了那些狂热分子，指出每当萧条过后，股市热烈的表现超出基本面情况时，这些人就大肆鼓吹所谓“新时代”的到来。马丁提醒到，最近的一次新时代是20世纪20年代。

1/4个世纪之后，马丁先生那神秘的继任者、衣服皱巴巴的美联储主席艾伦·格林斯潘大声提示“非理性繁荣”，就像同一年沃伦·巴菲特在伯克希尔·哈撒韦股东年会上说的一样。经过一小段时间的反复之后，道琼斯指数在本已高升的基础之上再次上升 2 000 多点。

总而言之，20 世纪的 60 年代和 90 年代是荒唐、盲目乐观者最好的时代，是谨慎投资者最坏的时代。以价值为导向的基金（纽约风险基金名列其中）落后了，而孤注一掷的成长型基金远远跑在前头。几位著名的老牌基金经理人，包括奥克马克基金的鲍勃·桑伯恩、老虎基金管理公司的朱利安·罗伯逊，彻底地金盆洗手，退出了基金江湖。

1999 年，是巴菲特的公司有史以来最糟糕的一年。记者迈克尔·路易斯写了一本名为《新新事物》的书，描述的是硅谷一帮迅速成功的亿万富翁的故事。他嘲笑巴菲特是一个守旧派，虽然在 1995 年巴菲特还被当作金钱先锋颂扬。路易斯在《纽约时报》上撰写专栏，对那些老旧人物、事物大肆嬉笑怒骂。这些老旧人物也就是那些曾经的金融大佬，例如巴菲特、罗伯逊以及乔治·索罗斯。

在狂飙突进的 90 年代，一个标准美国家庭的财务安排通常是这样的，负债支付日常的账单（最大限度地利用信用卡和房屋按揭贷款），然后将多余资金投入那些“不会亏损”的科技股板块。这个做法与戴维斯的行为方式完全相反，戴维斯储蓄是为了有更多资金去投资，而大众却是投资但几乎没有储蓄。人们憧憬着“借钱、投入”的策略能给他们带来舒适的退休生活，并且这样做的确给他们带了即刻的满足感。

2000 年，市场先生无情地使这些幻想破灭了。股票的下跌幅度远远超过 10%～11%的平均年收益率，科技股板块更是迅速且暴力地回归均值。如梦方醒的输家们此时才意识到，他们能做的最好的投资是还清信用卡，而不是负债投资。

克里斯比雅各布斯大 6 岁，具有更多经验，但是他管理的纽约风险基金的首次亮相并不太理想。1997—1999 年纽约风险基金基本持平，略微超出价值导向型的同类基金。但是，市场先生比价值型投资跑得快，其中科技股是大盘的主要推动力，拥有公司的股份并不能减轻谨慎投资者的痛苦。随着大量资金流入各种雅各布斯类型的热门基金，进入戴维斯基金的资金减少很多。当基金能够击败市场先生的时候，戴维斯顾问公司董事会的董事们可以放手不管。但是，由于大幅落后于市场的表现，现在董事会的董事们开始失去耐心。董事会成员质问克里斯哪里出了问题，建议他应该多聘几个分析师。他们想知道为什么克里斯不买更多的科技股，尽管科技公司当年也很少出现在戴维斯的价值筛选程序中。

克里斯说：“我们是在跑马拉松，而不是百米冲刺。所以，对于短期的表现做事后诸葛亮式的评价，令人不安。整个投资管理行业都只是关心短期表现。顾问、杂志、评级机构所关注的都是这周、这个月、这个季度的表现如何。如果你在6个月的时间里表现不佳，或者2年的时间里表现不佳——但愿不会发生这样的事——你的麻烦就大了。”

“遵循家族的传统，”克里斯说，“我管理的基金一直击败标普500指数。”这个星球上的其他基金管理人也是如此，尽管近20年来75%的管理者并不理解这个目标。对于大众而言，问题在于：如果基金经理管理资本的表现低于平均水平，为什么还有数以百万计的投资者会持续地付费让他们管理？在谢尔比的管理下，纽约风险基金持续跑赢市场平均水平，但是在1998—1999年，克里斯以及像他一样的价值型投资者却少了大众鲁莽行为所带来的快感。

在这段市场纷乱期间，克里斯提拔了公司分析师肯·费因伯格担任纽约风险基金的联席投资经理，这是一个烫手的职位。肯非常注重细节、注重微观，与克里斯注重宏观的风格相得益彰。“我一直欣赏肯的工作，我喜欢有人一起商讨，一起分享研究成果。我爷爷是个独行侠，我父亲在比格斯离开后也是一样。但我喜欢双人舞，这个主意也得到了父亲的首肯。肯和我达成一致，在没有与我父亲沟通的情况下，我们不会买入任何东西。我父亲就像是一个巨大的过滤器，他对很多公司有数十年的了解。”

时代已经不一样了，克里斯无法再像谢尔比和戴维斯当年那样，可以随时拿起电话与上市公司 CEO 们直接沟通。上市公司对于说什么、什么时候说、对谁说都持非常谨慎的态度。以前，一位公司高管一时兴起说的话，现在都要经过律师和公关部门的审核才能说。由于戴维斯基金现在比谢尔比时代规模更大、知名度更高，因此，克里斯比一般经理人更容易接触到上市公司的高管人员。

衡量基金表现的最佳方法：滚动回报率

在克里斯接管纽约风险基金之前，他就注意到那些流行的评级方法没什么用处。“这个行业里的每一个人都被打分，按照 1 年、3 年或 5 年的结果，”他说，“但是这样的评级体系并无法显示连续性结果。例如，我连续 4 年跑输市场，但是，在第 5 年，我的回报是 200％。按照 5 年周期计算，我会得到一个杰出评分，但放在这 5 年期间的每一个年度，却仅有 1 个年度是杰出评分，而其他 4 年却是落后评分。”

“基金的评级也存在误导。让我们看一个例子，假设一只基金在为期 10 年期间名列前 10％，5 年名列前 25％，1 年名列前 50％。这个结果看起来让人觉得这位投资经理已经丧失了对于投资市场的感觉。但事实是，尽管这位基金经理的风格暂时不属于市场流行风格，但让他 10 年名列前 10%的投资策略依然有效。而现有的数据评级方式却无法显示这些。”

“同样的道理，一只基金有可能每一年都在 100 只同类型基金中名列第 30 名，连续 30 年，并且最终以第一名胜出。当其他短期明星排名下降时，一个持续表现优良的基金排名会上升。”

对于克里斯而言，测试一个人的选股才能时，使用“滚动回报率”（rolling return）这个指标是最令人信服的，用它连续追踪一只基金 5 年、10 年。很明显，这个指标只适用于有一定历史的基金，例如纽约风险基金。有人以“滚动回报率”测算纽约风险基金，看看这些时段的结果：1969—1979 年，1970—1980 年，1971—1981 年，如此类推。

在长长的牛市开始之初，投资者会以 10～15 倍的市盈率购买市场先生，所以，这个时候市场上符合戴维斯选股标准的股票数以千计。但在克里斯接手基金时，市场先生的标价已经到了 25～30 倍市盈率，满足戴维斯标准的股票已经少了很多。要想发现一只前景不错、股价合适而且被证明了的杰出公司，已经颇为不易，除非是发生一些坏消息，或令人失望的季度财报导致华尔街抛售该股票。克里斯和肯在牛市的后期，就是利用了市场先生的波动，用券商的术语说即“不稳定加剧”。

危机买入法

克里斯回忆说："在最近的一个滚动期间里，我们基金前 40 只持仓股票中，有 32 只从最低价到最高价之间的涨跌波动幅度超过了 50%，其中的 15 只股票振幅超过 100%。"这种震荡会让股票持有人心惊肉跳，但是会吸引潜在的买家。就克里斯和肯而言，对于一些除了价格不喜欢，其他方面都喜欢的公司，这时忽然变得可以买进了。一位来自晨星——一家基金研究服务公司——的分析师将纽约风险基金称为"坠落成长股的修复中心"。

在"芬-芬"减肥药危机中，制药公司美国家庭用品公司因一个减肥产品据传有致命副作用而面临数十亿美元的诉讼。克里斯和肯认为"该公司股价已经过度反映了法律诉讼可能带来的后果"，于是他们以相对安全和明智的价格买进了该公司的股票。当前景不错的综合大型公司——泰科遭到 SEC 以会计科目"不合规"而进行调查时，他们也买进了这家公司的股票。因为肯和他的助手亚当·希赛尔在进行了充分的数据分析之后，和克里斯一起认为，这仅仅是 SEC 短暂的例行公事。

在纽约风险基金的半年报告中，克里斯和肯告诉投资人，对美国家庭用品公司和泰科公司的投资证明"我们具有在其他人急于卖出时适时买进的意愿"。同样，在其他人抛售好市多和泰乐公司股票时，他们也买进了这两家公司的股票。

但是，这种危机中冲浪式的买入法也并非百战百胜。在市场先生给予朗讯公司的标价从 80 美元跌到 60 美元时，克里斯和肯开始买入。但是这对新股东眼睁睁看着它继续跌到了 20 多美元。“我们认为我们支付的价格合适，但是公司用了一种创造性的会计手法将盈利搞得很糟糕”。在这一点上，朗讯效仿了世界上最大的垃圾搬运公司美国垃圾管理公司的做法，另外一个公司——第一银行也是同样的做法。尽管会遇到这种不顺利的情况，克里斯和肯依然认为，对于那些基本面具有吸引力的公司，是在其遭受不利时以低价买入，还是在其被称赞时以高价买入，当然前者的风险更小。

这种所谓“创造性的会计手法”并不仅仅局限于朗讯公司和垃圾公司，克里斯发现很多上市公司都进行了会计科目的调整，以满足华尔街的预期，形成一种可预见的成功的幻想。那些似乎应该有的盈利，实际上越来越少，所以，用以衡量公司价值的最重要指标也靠不住了。当年，谢尔比开始投资管理生涯的时候，正值牛市第二阶段接近顶峰的时候，同样的事情也发生过。当一切顺利的时候，投资人和监管者都平安无事，但一旦市场崩溃，投资人开始抱怨，监管者就会要求进行调查。克里斯说：“我估计在下一个熊市到来时，会计的戏法会再次被曝光，同样的事情会再次发生。”

价值型投资与成长型投资

一般的基金经理会以疯狂的速度买进和卖出股票，每年都会频繁交易，所有持仓股票都会换手。但戴维斯家族却保持着令人无聊的一成不变的节奏，他们自己仍然是基金的最大客户，通过卖出股票的自我节制保持税务支出的最小化。

2000年的时候，市场的热情令克里斯和肯一反常态地大量抛售股票。市场上的投资者不再耐心等待公司的盈利渐渐推升股价，而是事先已经将股价推高。很多股票脱离合理区间，提前达到了原本2005年才会达到的预期价格。既然未来的繁荣已经提前到来，何必还要等待呢？带着这个想法，他们减持了得州仪器和应用材料公司的股票。

他们还削减了一些银行板块的持股，保留了一些钟爱的银行（富国银行、三五银行），但抛出了美洲银行。利率的提升减少了整个银行业的利润，不良贷款上升，收入平平。在保险板块，他们卖出了丘博公司、好事达公司的股票。在券商板块，他们保留了帝杰、摩根士丹利、添惠。他们依旧持有富国银行、花旗、J. P. 摩根、摩根士丹利以及AIG股票，这些都是谢尔比时代纽约风险基金就一直持有的股票。他们运用谢尔比的国际化投资主题思维，即兴发挥，购买了麦当劳和耐克等，但谢尔比从来不喜欢零售股。

对于克里斯的爷爷戴维斯而言，买一只股票就会拥有一辈子。在戴维斯的一生中，仅仅卖出过为数不多的股票，但他最大的盈利都来源于那些永久持有的股票。到了谢尔比这一代，在他投资生涯的大部分时间里都持有 AIG，但相对而言，他几乎没有永久持有的股票。克里斯挑选了美国运通、麦当劳、富国银行、AIG 和巴菲特的公司伯克希尔·哈撒韦公司作为永久持有的候选对象。时间终将会说明一切。

虽然伯克希尔·哈撒韦或许会成为克里斯的永久持股，但谢尔比掌管纽约风险基金时却从来没有买过这只股票。当巴菲特收购通用再保险公司时，谢尔比的基金以间接的方式拥有了伯克希尔·哈撒韦的股票，因为谢尔比原本持有通用再保险的股票，在此次交易中获得了伯克希尔·哈撒韦的股票。* 无论是盖可保险的案例还是 AIG 的案例都说明，如果你持有一家优秀的保险公司，实际上，最终你都是在为沃伦·巴菲特或汉克·格林伯格工作。戴维斯投资组合中持有的保险公司很多都被格林伯格的 AIG 收购了。90 年代，格林伯格又收购了艾利·布罗德的太阳美国公司。

克里斯看到了跨国公司的发展前景，它们可以在全球配置

---

* 巴菲特是以换股的方式收购了通用再保险。——译者

资产，可以在那里获得最佳的收益。在德国、日本以及其他国外市场，他也看到了机会，越来越多的公司开始学习美国企业，并将运营现代化。尽管他本身避免直接投资于互联网，他却寻找那些网上购物和网上银行的受益者，美国运通和花旗就是两个明显的例子。

“没有一个投资者会认为自己买入股票的价格是高估的。寻求价值的实现，这就是投资。”克里斯同一位记者这样说，并由此卷入了一场没有休止的争论之中。这是一场关于价值型投资与成长型投资的争论，两边持有的观点不尽相同。价值型投资者寻求以合理的价格取得收益（尽管对“合理”的解读或有不同）。成长型投资者愿意为未来的高收益支付明显的高价格。发展初期的公司，即便没有盈利，也会因为人们对于未来可观结果的预期而获得高溢价。在每一个具有前景的公司开始之初，投资者都希望发现下一个微软、沃尔玛、思科或家得宝。

鉴于像微软这样快速成长公司为其创始人所创造的惊人财富，你一定会认为投资于价格高昂、成长快速的股票，会使一些选股者荣登美国福布斯 400 富豪榜。然而，事实上没有一个亿万富翁或准亿万富翁是从这条道上混出来的。戴维斯和巴菲特十位数的身家都来自价值阵营，他们以合理价格购买成长。

“漂亮五十”的命运就是很好的学习案例，显示了高价成长股的危险性。1969—1979 年，当熊市沉重打击了科技股板块之后，投资者涌向了美国最受欢迎的公司，认为这样做是安全的。于是，从可口可乐到辉瑞制药、从默克到麦当劳、从迪士尼到美国运通，那些逃离科技股板块的人为这些高素质公司支付了高溢价。“漂亮五十”中的大多数公司现在比之70年代，无论是规模还是盈利都大很多，作为成长型公司，它们当之无愧是成功的。但是，作为支付了高溢价的投资，它们却未能对得起当年的价格标签。

沃顿商学院的教授杰里米·西格尔在他的著作《股市长线法宝》（*Stocks for the Long Run*）一书中，对历史上的“漂亮五十”给出了正面评价。根据西格尔的研究，如果你在1970年以最高价购买了这50只股票，然后持股不动，不去理会那些账面上的巨大损失，30年后，你的忠诚会得到回报。具有耐心的“漂亮五十”的投资者获得的回报可以追得上标普500指数的表现。

西格尔的研究让成长型投资阵营欢呼雀跃，因为这为“该死的高价成长股策略”平了反。然而，精明的《巴伦》杂志记者指出了西格尔教授观点的两个漏洞：

> (1) 什么样的投资者会如此坚韧固执？他不去理会一开始就跌去70%～80%的持股，并且持有“漂亮五十”超过七任美国总统的任期？等着“漂亮五十”回本，比养活孩子，直到看着他们从大学毕业的时间还长。

(2) 要得到西格尔的结果，你必须时时对投资组合进行“再平衡”调整，卖出一些赢家，然后用这些钱买入一些输家。如果你在当初买入之后一直保持投资组合不动，那么这个“漂亮五十”组合的年化回报仅有 2%。相比而言，银行储蓄账户的利息回报都比这个要高。

因此，如果你支付了过高的价格去拥有世界上最好的公司股票，这依然是一笔糟糕的交易。如果你购买了最昂贵的“漂亮五十”，这是一笔更糟糕的交易。具有更低市盈率公司的股票，比那些高市盈率的股票表现更佳，前者例如吉列和迪士尼，后者例如宝丽来和施乐，后两家公司的股价再也没有回到当年的历史最高点。

“如果你没有支付过高的价格，即便拥有较低成长率（8%～14%）的股票，也可以获利不菲，”克里斯说，“但是华尔街的眼睛只盯着快速成长股。我办公桌上的分析师报告堆积如山，无论是分析哪家公司，无论这家公司卖什么产品，结论几乎总是一样的：该公司的长期增长率将会达到或超过 15%。心中有了这个结论，让我来问问朋友们、分析师们以及其他基金经理人一个问题：那些伟大的‘漂亮五十’的公司，有哪一家从当初到现在，它们的盈利增长率达到了 15%或更高？”

“大家都熟知‘漂亮五十’名单中包括可口可乐、默克、IBM、迪士尼和其他一些杰出的公司，对上述问题，大多数人或许会回答：‘20 或 30 家公司可以达标。’或者，如果他们保守一些，会回答：‘10 或 15 家。’实际上，正确的答案是三家：菲利普·莫里斯、麦当劳、默克。仅仅这三家公司是例外，它们证明了很重要的一点：期望公司长期保持 15%的成长是不现实的。大多数伟大的公司也做不到。那些基于高成长预期而支付高价格的投资人，是在自寻烦恼。”

这就是戴维斯家族、彼得·林奇、沃伦·巴菲特通常会避开科技股的原因。他们开玩笑说自己有技术恐惧症，林奇甚至声称任何比按键电话更复杂的东西都会使自己手忙脚乱。但他们回避的真正原因是科技公司无法预测。谢尔比说：“谁能确定哪一家‘.com’公司一定能发展壮大？哪一家肯定能长久地存活？在所有改变国家的行业中，从汽车到飞机，很多行业中曾经领先的公司都已经不在了。”

1999 年，有一次，克里斯听到沃伦·巴菲特回答一位听众说，他预计接下来的 17 年股票的回报为 6%，比过去 17 年回报的一半还要少。巴菲特这个发人深省的预测基于一个简单的数学计算：1999 年，整个《财富》500 强公司的市值为 10 万亿美元，支持这个市值的是每年 3 000 亿美元的盈利。股东们持有这些资产每年支付的费用大约是 10 万亿美元的 1%，也就是大约 1 000 亿美元。减去这些年度费用之后，他们实际投资所得为 2 000 亿美元。也即是说，当代的投资者以 50 倍市盈率的价格购买了市场先生。由于没有什么东西可以将整个国家的经济按照50倍系数进行反映，巴菲特推测股市应该可以。股市的整体价格迟早会反映整个经济的状况，直到与整个国家经济的盈利水平相一致。但是，在不违背金融学万有引力的情况下，股市不可能再达到之前那样的高度。相对于2 000亿美元的盈利水平而言，3万亿美元的价格标准还算合理，但是如果开价10万亿美元呢？当然不可能。

寄语投资人

世纪之交，喧嚣股市的高估值也让谢尔比变得谨慎。1998年夏天他还以常有的愉快口吻说："大不了，最糟糕的情况是我们陷入萧条。"但是现在，他开始担心亚洲整体的金融混乱情况，尤其是日本银行业的困境。他的好友杰里米·比格斯在远东的旅程中，在上海看到很多巨大的建筑吊车。谢尔比说："天际线边吊车的繁忙景象是市场到顶的标志。"他担心日本大众丧失他们一生的储蓄，因为日本缺乏储蓄保险。他还为中国仓库里堆积如山、没有卖出去的商品感到不安。"你多少应该知道，如果中国被迫货币贬值，就会损害我们的出口，从中国的进口也会压垮美国同行。"他想如果父亲戴维斯将20世纪30年代形容为"令人惊恐的十年"，那么，世纪之交的2000年也是如此。

他怀疑美国经济的管理者——财政部长鲁宾和美联储主席格林斯潘——是在经济严峻的情况下强作笑脸。尽管美联储证明自己有能力遏制通货膨胀，但他怀疑美联储是否能避免通货紧缩——通货膨胀的反面（低价格），它具有潜在的危险。通货紧缩已经在亚洲蔓延，美国会不会是下一站？“通货紧缩很难对付，”谢尔比说，“降低利率无法解决问题，因为银行不愿意贷款、企业不愿意借款，通常，企业会借款用于扩张，但在通货紧缩时，它们没有扩张意愿，因为人们不买它们的产品，人们不买东西是因为手中拮据。”

在通货紧缩的积极方面，谢尔比也提醒自己，亚洲的熊市给美国跨国公司的闲置资金提供了很好的收购机会。当日本、韩国或泰国的优良资产贱卖时，花旗及其同行开始抢购。谢尔比认为日本的银行业情况不像媒体报道的那样糟糕。“在某种程度上，20 世纪 80 年代的美国储贷社危机情况更为糟糕，”他说，“日本能够以个位数的利率走出困境，而美国政府当年为拯救储贷社发行的债券支付了 9%的利息。另外，日本消费者没有像美国消费者那样背负银行债务和信用卡负债。”

无论发生什么样的情况，谢尔比预计股市会停止向前冲刺，恢复到习惯性的慢跑。他说：“如果道琼斯指数继续保持像过去 20 年一样的升幅，那么，20 年之后，它会达到大约 10 万点。我们肯定，这是不可能的事。但是，即便上升的速度放慢到每年

7%～8%，道琼斯指数也会达到 4 万～5 万点。所以，长期而言，还是可以创造很多财富。另外，像 20 世纪 90 年代那样，由企业的利润和市盈率的激增带来意外之财的情况不太可能继续。如果股市在未来的 5～10 年里，在一个交易区间内上上下下，对此我不会感到意外。优秀的选股者会有钱赚，但那些平庸者不会有太大收获。”

在下一个循环中，无论其何时发生，克里斯都认为价格合理的成长股（GAPP）遭受的痛苦要比价格愚蠢的成长股（GASP）少。“一种情况是，大盘下跌 30%，纽约风险基金下跌 15%，”他说，“但这种情况并不确定会发生，无论如何，如果我们的基金和同行的一起下跌，没有人会祝贺那些比飞镖盘损失少的基金经理。如果一个现代的卡珊德拉*告诉我们下一次熊市到来的准确时间，我会在大跌之后筹集资金杀入市场。但可惜这样一位预言家并不存在，人们无法确定灾难何时发生。如果我在为坏的时机做准备，而股市上涨了 15%，就更麻烦了，我可不希望我的基金在原地踏步。”“我们最好的熊市保护机制，就是购买那些具有强劲资产负债表、负债不多、盈利真实、特许权强有力的公司。这些公司能够渡过难关，并最终占据更大优势，因为其他实力较弱的对手会被迫收缩战线或已经倒闭了。”

---

* 希腊寓言中的凶事预言家。——译者

在克里斯和肯合作的早期阶段，纽约风险基金偶尔出现过年中暴跌，但是在千禧年到来之时，他们的基金还是以盈利收官。根据评级机构晨星的统计，纽约风险基金在同类型基金中，连续 6 年表现优异。而戴维斯金融基金则在同行中连续 5 年领先。2000 年，纽约风险基金回报为盈利 10%，同期股市下跌 10%，纳斯达克更是下跌了 50%。

克里斯认为做好投资工作仅仅是纽约风险基金工作的一部分。同样重要的是，说服投资人在投资之后持有较长的时间，以利于取得良好的收益。据《共同基金》杂志报道（2000 年 3 月刊），一个普通的投资人一般持有一只基金的时间不到 3 年。之后，他们会被那些更激动人心的基金所吸引，而此时，恰恰是那些基金即将下跌的时候。这种频繁切换的代价是高昂的。1984—1998 年，基金投资平均的回报超过 500%，但投资人平均获得的回报仅仅是 186%，也就是说有 314%的应有收益在频繁切换中丧失了。人们抛弃所谓“表现平平”的基金，取而代之地追逐激动人心的基金，而后者开始失去光彩，变得平庸，被抛弃的前者却焕然一新。

在糟糕的时候，克里斯希望他的客户能够坚守，耐心等待注定会到来的回归。“我们公司致力于教育客户坚持到底。对于短期的成功，我们不会过于乐观；对于短期的挫折，我们也不会过于悲观。”

第十九章/*Chapter Nineteen*

戴维斯王朝投资成功的秘诀

在经济高速增长的快车道上，每一个10年，总有为数不多但可靠的公司（例如微软、沃尔玛）能跑在前面，成为赢家。如果你能投下四位数的资金在下一个可靠的赢家身上，那么20年以后，你就可以以七位数的身家退休了。

投资微软，有哪一个投资者会不愿意呢？在任何时候，微软的股票看起来都是那么诱人。在这家公司富得流油的发展史上，股价始终保持在30～40倍市盈率的水平。与此同时，它的盈利每24个月翻一番。微软的投资者常常会发现，他们那些“毫无纪律的”随意购买，在两年之后会被证明是捡了个大便宜，他们的耐心得到了丰厚的回报。在微软公司婴儿期即便进行少量的投资，也都得到了良好的回报，就像中了乐透彩票一样。这里有什么秘密呢？每年都有越来越多的公司上市，发现它们之中的下一个微软，这就是投资成功的秘密。但是，如何能挑选出一个可以长期胜出的赢家，如同在沙滩上分辨出哪一只海龟蛋可以孵出一只未来的巨大海龟一样难。

令人惊奇的是，那些热衷于追逐快速成长型科技股的投资者几乎没有赚到什么像样的钱。通常，这些高科技公司的创立者以及内部人士会发大财，但是，对于那些外部投资者而言，他们的游艇在哪里？福布斯400富豪榜中，从来没有出现过投资高科技成长股的投资者，这或许是因为有成功趋势的投资需要具备相互矛盾的能力：既需要具有预知下一个新兴事物的能力以及抓住机遇的勇气，又需要是一个怀疑论者，具有在这个新兴事物被更新事物取代之前放弃固执己见的灵活性。那些长期僵化、固守科技股的投资者会发现自己的纸面富贵迅速蒸发，就像20世纪70年代一样，这样的情况未来还会再次发生。历史有一个习惯，每一个10年的流行行业，都会在下一个10年重创它们的追捧者。

与快速成长型投资相对应的是价值型投资。价值投资者并不关心谁将是可能成功的公司，他们关注的是那些已经成功的公司。根据价值投资之父本杰明·格雷厄姆的说法，当一家公司破产时，它的有形资产（公司存在银行里的现金，以及建筑物、机器设备等）变现所得比当前市值还多，这就是一个理想的价值投资，这就给投资者提供了一个安全边际。如果所有的事情都很糟糕，公司可以进行清算，股东们可以拿回比他们的投资本金还多的资金。但是，问题在于：这个价值型的公司往往会遇到麻烦，并且，那些今天看起来便宜的股票可能会进一步变得更加便宜。

蓬勃火热的快速成长股和稳步前行的价值股之间存在一个中间地带，有一类利润能持续稳定增长、股价又合理的股票。一般而言，合理的股价不会存在于那些热门的行业里，这样，折中型投资自然就不会涉及那些华而不实、危险的领域，例如互联网类股票。

戴维斯的投资风格就属于这种折中型投资。他们以保险类股起家，在儿子谢尔比这代人历经了一段时期不幸的快速成长型投资的实验之后，谢尔比重拾父亲戴维斯的方法，运用到其他领域，尤其是金融行业。

因为折中型投资要求有一个较长的等待时间才能进入收获期，所以，懂一点数学是有益的。戴维斯运用折中投资法长达40年之久，而40年恰好是一个30岁的投资者为自己规划准备退休的时间周期。“投资并不像一些人想象的那样是一件复杂的事情，”克里斯主动说，“投资就是你今天安排好你的钱，希望将来能得到更多回报。这就是投资。对于我们而言，整件事情的关键在于两个问题：买进什么样的公司股？支付多少价格？对于第一个问题的答案是：买那些收大于支的公司股。这样的公司的盈利循环会将股东利益最大化。对于第二个问题，价格经常会被忽略。”

在很久以前，人们买股票是为了获得股息，但是，股息的变动就像人们手中的牙刷一样，上上下下，较为随意，难以预测。现在，公司的利润才是最重要的，在克里斯决定价格是过度的、诱人的还是合理的之前，他会用怀疑的眼光审视公司的盈利情况。

“我们会问自己，如果我们完全拥有这家公司的股权，到年底算账的时候，在除去维持再生产的投资之后，以及为了增长而进行的扩大再生产投资之前，我们的口袋里还会剩下多少。这个计算的结果叫作‘股东盈余’。这并不是一个简单的计算，我们会对股票期权、折旧率、递延税项以及一些细微因素进行调整计算。通常，股东盈余会低于公司财报公布的盈利。”

“我们对公司的负债也非常关心。如果有两家公司盈利一样，股价也一样，表面看起来它们的估值是一样的。然而，如果其中一家公司负债累累，而另一家公司没有负债，那么，在我们眼中，它们就完全不一样了。”

一旦克里斯将那些经常充满幻想的“财报”盈利转为“股东盈余”，他会将持有这些股票能获得的未来收益，与同期的美国国债收益进行比较。国债持有人会得到可预期的收益，而股票持有人的潜在收益会高一些，但不确定性更大。为了便于比较，克里斯将股东盈余转化为另一种形式——盈利收益率，即市盈率（PE）的倒数。这样，一只股价 30 美元的股票盈利 2 美元，其 PE 是 15 倍，其盈利收益率为 6.6％，这高于同期国债收益率。但当一只 60 美元的股票盈利 2 美元时，其 PE 是 30 倍，其盈利收益率为 3.3％，则远远低于国债收益率。

“如果你放弃 6％的国债收益，而去投资只有 3.3％收益的股票，那一定是疯了。除非这家公司在未来能提升其盈利，”克里斯说，“换句话说，这家公司的盈利必须保持增长。”

“事情难就难在，预测 8 年或 10 年的增长是一项挑战。为了使预测贴近真实，这家公司必须相对具有可预测性。你无法预测一家高科技公司 10 年之后的样子。即便你以相对便宜的价格买了科技股（例如我们以 15 倍 PE 的价格投了惠普），也可能需要等上数年时间，其盈利收益率才能赶得上国债。”

戴维斯的投资策略，在经过了 50 年的尝试、犯错、提炼之后，包含了父亲、儿子、孙子三代人的经验精华，每一代人都根据自身的情况进行了适当的修正，以适应时代的变化。但无论如何变化，有十项投资原则始终保持不变。

戴维斯十大投资原则

第一，避开廉价股。

这是谢尔比在 80 年代学到的经验，一些最廉价的股票或许就值那个钱，因为那些公司多是平庸的公司。问题在于，一个平庸的公司会一直保持平庸。该公司的 CEO 会预期好日子就在前头，就像 CEO 们一贯的行为一样。公司或许会重整旗鼓，但这样的复兴是一个并不确定的命题。“甚至即便能够复兴，”谢尔比说，“这种复兴也会比人们预期的花更长的时间。你必须是一个受虐狂，才会喜欢这类投资。”

第二，避开高价股。

价格昂贵的股票或许物有所值，因为它们可能代表着伟大的公司。但谢尔比却拒绝购买这类股票，除非它们的价格相对于其盈利水平合理。“任何公司在任何价格上都未必有吸引力。”谢尔比说。戴维斯一家从来不会为衣服、房子或度假支付过分的价格。为什么投资者要为盈利支付过分的价格呢？说到底，人们买的不就是公司的盈利吗？

克里斯描述这些滋滋带响的热门股所带来的假象是“显微镜下的赌场和牛排餐厅”。这类虚幻的公司的共同标签就是两个字：“狂野”。至于这是不是一家带老虎机的互联网咖啡店，谁在乎呢！无论它是干什么的，只要“狂野”的招牌一亮相，就会受到狂热的追捧。追捧者会以 30 倍市盈率买入这种股票，在接下来的 4 年时间里，“狂野”公司的盈利以每年 30％的速度迅猛增长，大家继续深陷狂野热潮之中。到了第 5 年，“狂野”公司的劲头不太足了，盈利增长仅仅是 15％。对于大部分公司而言，15%的增长已经是很不错的成绩，但是“狂野”的投资者们期望更高。现在，他们开始犹豫，只愿意给出原先一半的估值——15倍市盈率。这样造成的结果是股价腰斩，向下“调整”50%。

到了这个时候，那些账面利润都蒸发殆尽，任何早期购买“狂野”股票的投资者，在经历了短暂的辉煌之后，得到的仅仅是微不足道的6%的年化回报，相对于承担的风险而言，聊胜于无。因为美国国债的回报就是6%，但风险却小很多。

一旦一只快速成长的股票失去其成长性，投资者就沦为残酷数学的牺牲品：当一只股票下跌50%之后，它必须回升100%，才能挽回之前的损失。

第三，以合理的价格购买适度增长的公司股票。

谢尔比认为好的投资对象应该是成长率高于市盈率的公司。他会避免购买“狂野”类股票，会寻找那些“一般”类的股票，例如一家地区性银行股。这个“一般”的股票仅仅具有13%的成长率，并不引人瞩目，股价是10倍市盈率。如果这个“一般”的股票能保持5年这样的表现，并吸引投资者愿意支付15倍的市盈率，那么，耐心的投资者就会在5年之间获得20%的年化回报，而“狂野”类的热门股票仅能获得6%的回报。

有时候，戴维斯家族也会发现一只“隐形成长股”，它有着“一般”的名声，但有着如同微软一样的厚利。低廉的价格、惊人的回报，这是无法抗拒的组合，戴维斯发现的 AIG 以及其他很多股票就属于这一类。

如果 AIG 开始出售心脏起搏器或转基因种子，投资者肯定会给予该公司更高的估值倍数。但作为一家沉闷的保险公司，它从来没有引发非理性的热情或其他。股票的长期被低估可以将下跌风险降至最小。

第四，等待合理价格的出现。

当谢尔比相中一家公司，但如果股价太高不合适，他会耐心等待其价格回落。由于分析师们每年经常会有三四次改变自己的观点，这就创造了可以买进 IBM、英特尔和惠普等公司股票的机会。此外，时不时出现的熊市也是谨慎投资者最好的朋友。正如戴维斯常说的那样："熊市会让人赚很多钱，只不过那时很多人都没有意识到。"

有时候，一个行业会遇上自己行业的熊市。例如 20 世纪 80 年代，房地产业的熊市蔓延至银行业，这给了谢尔比买入花旗银行和富国银行股票的机会。当克林顿政府推出错误性的医疗改革方案时，一流的制药公司（例如默克、辉瑞、礼来等）都大幅下跌了 40%～50%。谢尔比和克里斯在这三家公司都有持股。

任何一家公司都会遇上自己的熊市，当坏消息（例如原油泄漏、集体诉讼、产品召回等）发生时，都会引发股价下跌。

这通常是个买入的好机会，只要这些负面的东西是暂时的，只要它们不影响公司长期的发展前景。

“当你买入一只遭受打击却实力稳固的公司股票时，”谢尔比说，“你只会在买入时承担一定的风险，因为投资者的预期会比较低。”

整个80年代，谢尔比可以选出大量的市盈率仅有10～12倍的成长股。但是，到了市场喧嚣的90年代，再也找不到这样物美价廉的股票了。克里斯和肯从来没有这样的经历，现在他们只好被迫等待市场的下跌了。

第五，顺势而为。

在选择科技股方面，谢尔比非常谨慎，但他并非完全回避这类股票，这一点与两位患有科技恐惧症的著名投资大家——巴菲特和林奇——不太一样。

只要能发现价格合理、盈利真实、经营稳健的公司，他会热心地将其纳入投资组合。否则，他宁愿错过这些经济中最为活跃的部分。他很早就投资了英特尔公司，并获利丰厚。他也从80年代中期开始，就持有IBM公司的股票。他还买过应用材料公司的股票，这一幕类似于“锄头与铁锹的游戏”的现代版。在19世纪的淘金热潮中，那些卖锄头和铁锹的人赚了大钱，但拿着这些工具去找矿的客户们最终却破产了。同样的情况再次上演，应用材料公司卖设备给那些半导体行业的“找矿者”。

第六，主题投资。

对于“自下而上”风格的投资人，他们喜欢投资于那些具有良好属性的公司。只要是有光明的前途，从石油钻机到快餐连锁，各行各业，他们都有可能进行投资。而对于“自上而下”风格的投资人，他们会先研究宏观经济大势，然后找到什么行业可能在当前的经济环境中发展良好，最后在这些行业中选择具体的公司。谢尔比的投资风格既有“自上而下”，也有“自下而上”，二者兼容并蓄，融为一体。每当他将资金投入之前，他都会寻找一个“主题”。在很多时候，主题是显而易见的。

20 世纪 70 年代，肆虐的通货膨胀就是一个明显的主题。谢尔比将以石油、天然气、铝以及其他大宗商品为业的公司，纳入自己主持的纽约风险基金的投资组合，因为这些公司可以从升高的价格中坐收其利。到了 80 年代，已经有迹象表明，在与通货膨胀的战斗中，美联储取得了胜利。这时，谢尔比发现了新的主题：物价回落、利率下降。于是，他削减了在硬资产上的投资，购买了金融类资产：银行、券商以及保险。金融类企业可以从下降的利率环境中获益。

谢尔比在金融类股票上投入了 40%的资金，及时抓住了该行业阔步发展的好时机。这类“隐形成长股”并没有像微软或家得宝一样快速的盈利增长，然而，它们提供的回报却相当喜人。

到了 90 年代，谢尔比和克里斯盯上了另一个主题：婴儿潮人口的老龄化。随着美国历史上最富有的一代人的老龄化，医药公司、健康护理、疗养院成为受益行业。当医药类公司经过一轮大幅上涨之后，谢尔比在耐心等待市场下跌后的机会。

第七，让你的赢家继续奔跑。

典型的成长股基金每年会卖出 90%的资产，然后，取而代之地买入可能更具前景的标的。但是，谢尔比主持的纽约风险基金每年的换手率仅有 15%。戴维斯更是喜欢买了股票以后一直持有，因为这样可以避免为巨额的资本利得缴纳高额的资本利得税。这种“买入、持有”的投资策略可以降低交易成本，减少由于频繁交易而引发的失误。频繁交易的结果，有胜有负，胜负不确定，但交易成本是确定的。

在谢尔比小的时候，戴维斯就不止一次地告诉他，“择时”是徒劳的。谢尔比将这个忠告传给了下一代：克里斯和安德鲁。

“当我们以折扣价购入股票之后，可以长期持有，”谢尔比说，“最终，我们希望看到股票可以以‘合理的价格’卖出。即便它达到了这个点，只要它可以继续保持增长，我们就愿意继续持有它。我们喜欢以符合‘价值’的钱买入，但希望最终它能继续成长。”*

“我可以持有一只股票经历两三个衰退或市场周期。这样的

---

* 意思是以格雷厄姆的价格买到费雪的股票。——译者

话，我就可以知道在不同的经济状况下公司该如何应对。”

第八，投资于优秀的管理层。

戴维斯投资于那些伟大的管理层，例如 AIG 的汉克·格林伯格，谢尔比也遵循同样的逻辑，投资于英特尔公司的安迪·格罗夫、太阳美国公司的艾利·布罗德。如果一个伟大的领导人离开一家公司到了另一家，谢尔比会将资金投入新的公司，这是再次购买管理人才能的行为。当杰克·格朗德霍夫从富国银行到了第一银行后，谢尔比就买了第一银行股票。当哈维·葛洛柏出现在美国运通，他就买了美国运通的股票。

“任何公司的成功都离不开优秀的管理层，这是华尔街公认的真理。但是，一般的分析师会忽略这一点，”克里斯说，“分析师们总爱讨论最新的数据，但在没有评估过领导层情况时，我们从来不会做任何投资。”

第九，忽略后视镜。

“电脑技术的发展使得投资者过于关注过去无穷的数据，”谢尔比说，“人们从来没有像现在一样，致力于从过去找到未来。”华尔街的历史上最有价值的总结就是，历史从来不会一成不变地重复过去。

1929 年大崩溃之后的 25 年，人们一直都避免股票投资，因为他们心中一直存在一种虚幻的臆想：市场即将崩溃。第二次世界大战结束后，人们也避免投资，因为通常认为战争结束后萧条会尾随而来。70 年代后期，人们也在避免投资，因为他们认定 1973—1974 年那样的暴跌会再次上演。

正如谢尔比在 1979 年所写的：“绝大多数投资者花了太多时间，去预防那些我们认为不太可能发生的类似量级的灾难。”

1988—1989 年，人们躲避股票，是为了防止 1987 年那样的股灾再次发生。但是，所有这些预防行为所带来的后果都令人后悔不已，因为每当人们想到预防股灾的时候，恰恰是应该大举投资的好时机。

从华尔街的投资历程中，可以了解很多谬误的存在。例如：

- “只有公司盈利上升时，股价才会上涨。”实际情况是，在公司盈利不振时，股价经常还会表现不错。

- “在高通货膨胀期间，股市会受到伤害。”实际上，在 50 年代初期，这种伤害并未发生。

- “股票投资是对付通货膨胀的最佳武器。”但 70 年代初期的情况告诉人们，事实并非如此。

第十，坚持到底。

“以 1 年、3 年甚至 5 年的时间看，股票是危险的，但是放眼 10 年、15 年却是不同的景象。”克里斯说，“我父亲当年进入股市时，正好赶上牛市顶峰，但经过了 20 年之后，他当初的糟糕已经开始无关紧要。在给股东的信中，我们一再重申：我们在跑马拉松。”

戴维斯投资检查清单

1997 年 5 月 22 日，谢尔比就其主持的纽约风险投资基金中每一只股票的持股原因写下了一个备忘录。这些持股，即便不能满足所有条件，至少应该满足大部分特征。

- 一流的管理以及信守承诺的良好记录。
- 创新研究，使用科技手段将优势最大化。
- 在国外市场的运营如同在国内市场一样优秀。海外市场为美国成熟的公司提供了第二个可以快速增长的空间。华尔街的一些分析师在 80 年代初期就断言可口可乐已经进入成熟期，但是进入国际市场后的良好发展证明了他们预言有误。同样的故事发生在 AIG、麦当劳和菲利普・莫里斯烟草公司身上。
- 销售的产品或服务永不会过时。
- 能提供给股东强劲资本回报的公司，以及心怀投资者利益的管理层。
- 能保持最低成本，使得公司具有低成本优势。
- 在一个成长的市场中，能占有主导地位或能不断扩大市场份额的公司。
- 善于并购竞争对手，并提高其利润率的公司。
- 财务强健的公司。

在这本书编辑修订的几个月中，那些高科技股或高科技基金的投资者目睹了在纳斯达克市场的崩溃中，各种价位成长股的危险。那些欢呼所谓“新时代”概念的先锋，现在开始反思“旧时代”概念，颠扑不破的真理是，过热的市场总是会发现一种方式冷静下来。

无论我们是否已经发现最近的熊市的底部，或者股市是否已经达到一些人猜测的底部，反正在 2000—2001 年的大跌中，市场已经损失了数万亿美元市值，沉重打击了股市大众的热情。但是，股市的下跌却渐渐接近令戴维斯感到舒适的区位，也就是达到了他数十年来坚持的标准：找到低于 15 倍市盈率，同时拥有 7%～15%成长率的公司。

面对高预期以及预期相符的估值，克里斯和他的合作伙伴肯·费因伯格努力寻找那些能让爷爷戴维斯和父亲谢尔比满意的投资机会。他们犯了新手同样易犯的错误，就像谢尔比在梅莫雷克斯股票上犯的错误一样。当买家认为任何价格都不算高的时候，他们在上扬的市场上跟风而上；等到卖家认为不惜血本都应该抛出的时候，等待他们的是财富粉碎机。克里斯和肯持有的朗讯科技股票，也是这种遭遇。但是，总体而言，他们还是坚持了以合理价格购买可靠的成长股的原则，就像他们的先辈一样。他们依靠戴维斯双击来提高回报率，而不是押注于热门投机股。

经历了艰难的时光之后，戴维斯家族发现了“72 法则”带来的快乐，他们意识到如果你能使投资每年增长 10%，你会获得不菲的回报。而如果你能获得 15%或更高的回报（就像戴维斯当年管理自己的投资组合以及谢尔比管理的纽约风险基金那样)，这种极其可观的回报甚至使眼前的回撤看起来更像一个微不足道的假象。

耐心、长期思考和三代人智慧叠加，这些构成了戴维斯王朝投资成功的秘诀。